卓越学术文库

- 教育部人文社会科学研究项目
《汉魏六朝墓券语言研究》（项目批准号：17YJC740012）
- 全国高校古委会项目
《历代买地券辑注》（批准编号：1625）
- 中国博士后第59批科学基金面上一等奖资助项目
《买地券词汇专题研究》（资助编号：2016M590528）

河南省古代契约文书整理与研究

HENANSHENG GUDAI QIYUE WENSHU ZHENGLI YU YANJIU

河南省高等学校哲学社会科学优秀著作资助项目

褚 红 著

郑州大学出版社

郑 州

图书在版编目(CIP)数据

河南省古代契约文书整理与研究/褚红著.—郑州:郑州大学出版社,2018.9
(卓越学术文库)
ISBN 978-7-5645-5317-3

Ⅰ.①河… Ⅱ.①褚… Ⅲ.①契约-文书-研究-河南-古代 Ⅳ.①D927.610.36

中国版本图书馆 CIP 数据核字(2018)第 024949 号

郑州大学出版社出版发行	
郑州市大学路 40 号	邮政编码:450052
出版人:张功员	发行电话:0371-66966070
全国新华书店经销	
河南文华印务有限公司印制	
开本:710 mm×1 010 mm 1/16	
印张:14	
字数:267 千字	
版次:2018 年 9 月第 1 版	印次:2018 年 9 月第 1 次印刷
书号:ISBN 978-7-5645-5317-3	定价:59.00 元

本书如有印装质量问题,请向本社调换

前 言

河南自古以来就是中华民族活动的中心,古代文明的发源地,保存了丰富的古代契约文书资料。这些契约文书既是中原地区下层百姓各种交易的原始记录,又是中国农村历史实态的真实反映,在中原历史文化研究上具有重要的价值。

本书致力于全面收集、科学整理河南地区出土或传世的古代契约文书资料,同时结合同时期的墓志铭、衣物疏、简帛等出土文献,以及道书、史书等传世文献,对河南地区古代契约文书进行释读、整理,实现"拥一书河南地区古代契约文书全见,检一字所有资料皆得"的目标。在此基础上,结合我国古代契约文书的文体特点、语言特征及其在汉语史上的地位与价值,从历史学和民俗语言学的角度对河南古代契约文书中的字、词进行全面研究。语料主要来源是《中国历代契约会编考释》(河南地区)和《故纸拾遗》(五卷本),同时,参考了其他地区同时代的契约文书,并结合实地方言调查,从契约文书行文格式、用字用词、方俗语词等方面开展全面研究,为河南地区古代契约史以及中原历史文化研究提供有益的参考。

全书包括上编、下编两大部分。

上编:河南古代契约文书研究,具体分为四章。

第一章:绪论。讨论了契约的名称及历史演变,确定本书研究的对象,分类阐述河南省现存古代文书的概貌及其研究状况,结合古代契约文书语言特点,提出了研究的方法。

第二章:河南省古代契约文书概况及其构成要素研究。我们共搜集到遗嘱文书、买地券、镇墓文、约束石券、土地买卖文书五类契约文书资料。这些契约文书一般由立契时间、业主姓名、钱主姓名、确定标的、契价与交割、卖主担保事项、中保人署名画押七部分构成,形成了较为固定的格式与套语。

第三章:河南省古代契约文书的语言特点及其研究价值。河南地区的契约文书历史悠久,其语言有"同时性""口语化强"等特点。我们从对大型辞书编纂及其所蕴含的民俗文化等两方面,揭示出这些契约文书的研究价值。

第四章:河南省古代契约文书语词例释。这一部分主要采取了传统训诂学方法,对河南省古代契约文书部分语词发展演变展开研究,重点对其中的190个疑难语词、特色语词等进行了较为详尽的考释,以期对河南方言词汇史及大型辞书修订提供参考。

下编:河南省古代契约文书辑注。我们查阅了迄今为止河南地区所能见到的出土和传世的文物方面的各种论著,共收集到河南省古代契约文书资料(遗嘱文书、索债文书、买地券、镇墓文、雇佣文书、结僱公约等)46件。采取了文献学方法,对每一件契约文书进行了仔细辨识和甄别,进行录文、标点、释义,再定性归纳、定题,对每件文书的疑难语词做出注释。

最后,全书的结语。对上述所有内容进行总结,阐述了河南省古代契约文书语言研究的重要结论,进一步强调了对其展开系统整理与专题研究的重要性及紧迫性。

总之,河南省古代契约文书的文体和用语,多是历史上沿用下来的,所以,只有通过历史的考察,弄清其形成和演变过程,才能对这些契约文书中的语言文字现象有深入的理解。同时,注重横向与同时期其他相关文献进行比较,才能对河南省古代契约文书中语言文字有较为全面准确的解释,为中国古代契约文书的整理与研究奠定良好的基础。

目录

上编　河南省古代契约文书研究

第一章　绪论 …………………………………… 3
　一、契约及契约史 …………………………………… 3
　二、契约形式的历史变迁 …………………………… 6
　三、国内外研究概况 ………………………………… 8
　四、古代契约文书研究的价值 ……………………… 9
　五、研究思路与方法 ………………………………… 13

第二章　河南省古代契约文书概况及其构成要素 …… 15
　一、河南省古代契约文书概况 ……………………… 16
　二、河南省古代契约文书的构成要素分析 ………… 24

第三章　河南省古代契约文书的语言特点及研究价值 …… 35
　一、河南省古代契约文书的语言特点 ……………… 35
　二、河南省出土买地券词语研究对辞书编纂的价值 …… 38
　三、河南省出土买地券与中原丧葬文化 …………… 42

第四章　河南省古代契约文书语词例释 …………… 46

1

下编 河南省古代契约文书辑注

凡例	103
第一章 河南省遗嘱文书辑注	104
第二章 河南省出土买地券辑注	107
一、西汉建元元年荥阳邑王兴奎买田铅券	107
二、西汉黄龙元年南阳郡诸葛敬买地铅券	109
三、东汉永平十六年姚孝经买地券	112
四、东汉延光四年东郡李德买地铅券	114
五、东汉延熹四年钟仲游妻买地券	115
六、东汉建宁二年王未卿买地铅券	118
七、东汉建宁四年雒阳县孙成买田铅券	122
八、东汉熹平二年雒阳县赵奇买地铅券	124
九、东汉光和元年曹仲成买地铅券	125
十、东汉光和二年河南县王当买地铅券	126
十一、东汉光和七年樊利家买地铅券	131
十二、东汉中平五年雒阳县房桃枝买地铅券	134
十三、东汉中平五年雒阳县男子□□卿买地铅券	135
十四、东汉中平五年召陵县性待郎买地铅券	139
十五、东汉□平□年河南县□孟叔买地铅券	140
十六、东汉召陵马荣买地铅券	142
十七、北魏永安元年谯县刘兰训买地铅券	143
十八、宋庆历四年王典买地契券	144
十九、宋至和三年胡进买地券	145
二十、宋元祐元年赵怀为父赵荣等买地契	147
二十一、宋绍圣四年李守贵买地券	150
二十二、宋元符二年赵□买地券	151
二十三、宋宣和六年高通奉为亡祖等买地券	153
二十四、宋宣和七年刘真买地券	155
二十五、金天德二年钱择买地券	157
二十六、金大定十年杜氏为亡父母及张外翁外婆买地券	159
二十七、金大定二十九年董承祖为祖董贵□买地合同	160
二十八、金明昌二年赵通为先祖父母买地券	162
二十九、元宪宗八年冯汝楫为曾祖冯三翁买地合同券契	164

  三十、至元二十五年齐□□为祖先买地券 …………… 165
  三十一、至元二十五年卫辉路齐□□买地砖券 ………… 167
  三十二、元贞二年冯兴等为祖父买地券 …………… 168
  三十三、万历三十七年孙遇诰买地券 ……………… 170

第三章　河南省出土镇墓文辑注 ………………………… 173
  一、东汉延光元年朱书陶罐镇墓文 …………………… 173
  二、东汉桓帝元嘉二年河南缑氏镇墓文 …………… 175
  三、东汉永寿二年陶瓶劾鬼文 ……………………… 176
  四、东汉永康元年唐寺门村成氏镇墓文 …………… 182
  五、东汉建宁三年洛阳赵氏镇墓文 ……………… 185

第四章　河南省出土约束石券辑注 ………………………… 187

第五章　河南省古代土地契约文书辑注 ………………… 193
  一、金大定二十八年修武县马用父子卖地契 ………… 193
  二、清康熙二十三年赵豸生地契 ……………………… 194
  三、清康熙五十九年张士凤官契存照 ……………… 196
  四、清乾隆元年王世德卖地契 ……………………… 198

结语 …………………………………………………………… 200

附录　河南省古代契约文书一览表 …………………… 201

参考文献 ……………………………………………………… 203

后记 …………………………………………………………… 213

上编　河南省古代契约文书研究

第一章 绪论

陈寅恪在《敦煌劫余录·序》有言:"一时代之学术,必有新材料与新问题。取用此材料,以研求问题,则为此时代学术之新潮流。"①语言研究也不例外,近年来利用汉译佛经、敦煌文献、出土文献、碑刻文献等新材料来研究语言,已经成为一种"新潮流"。

契约,特别是古代契约,作为由民间自行订立和保存的法权文书,是当时当地社会经济生活、人文生态乃至乡约民俗的最真实的写照,具有很高的历史和文物价值。英国学者梅因说:"无论是'古代法'或是任何其他证据,都没有告诉我们有一种毫无'契约'概念的社会。"②这说明,自从有人类社会群居生活开始,最简单的商品交易就已存在。正如马克思所说:"先有交易,后来才由交易发展为法制……这种经过交换和在交换中才产生的实际关系,后来获得了契约这样的法律形式。"③

一、契约及契约史

据《中国大百科全书·法学卷》中"契约""合同"条,契约,又称合同,指双方或多方当事人关于建立、变更、消灭民事法律关系的协议,它反映社会经济中的法权行为,是一种社会关系的重要信物,也是官府判断是非、确定债务责任的主要依据④。"契",本义是刻画。《说文·刀部》:"契,刻也,从刀。"引申有书契、券契之义。《说文·大部》:"契,大约也。"徐锴系传引《周

---

① 李孝迁:《中国现代史学评论》,上海古籍出版社2016年版,第231页。
② [英]梅因著,沈景一译:《古代法》,商务印书馆1984年版,第176页。
③ 《马克思恩格斯全集》,第十九卷,人民出版社,1974年版第423页。
④ 中国大百科全书总编辑委员会:《教育》辑委员会《中国大百科全书·法学》,中国大百科全书出版社1984年版,第275页。

礼》郑玄注:"大约,邦国约也。"段玉裁注:"《小宰》:'听取予以书契。'大郑云:'书契,符书也。'后郑云:'书契谓出予受人之凡要。凡簿书之最目,狱讼之要辞,皆曰契。'引《春秋传》'王叔氏不能举其契。'按:今人但与买卖曰文契。"《玉篇·大部》:"契,券也。"《周礼·地官·质人》:"掌稽市之书契。"郑玄注:"书契,取予市物之券也。其券之象,书两札,刻其侧。"宋李昉《太平御览·契券》:"《梦书》曰:'券契为有信,梦得券契,有信士也。'《文心雕龙》曰:'契者,结也。上古纯质,结绳执契。今羌胡征数,负贩记缗,其遗风也。'"①

"约",本义为缠绕,引申有约束之义。《说文·糸部》:"约,缠束也。"段玉裁注:"束者,缚也。"《诗·小雅·斯干》:"约之阁阁,椓之橐橐。"《毛传》:"约,束也。"孔颖达疏:"谓以绳缠束之。"所谓"缠束",就是说在契约中写明当事人应享有的权利和应承担的义务。郑玄曰:"书契谓出予受人之凡要。""大约""凡要""缠束"均是指当事人履行义务的基本要点。

从上述文献对"契""约"含义的解释,我们可以看出,契约自古以来就被人们看作是记事结信的重要手段。契约的产生很早,据传世文献和考古等诸多资料记载,早在西周时期,契约就已应用于奴隶、牛马、兵器、珍异等商品的买卖以及土地的抵押、典当、赠予、交换等方面。实际出现的时间可能更早,而且并不局限于经济领域。

春秋战国是经济、文化空前繁荣的时期,同时也面临着礼坏乐崩、诸侯纷争的复杂局面。在这种形势下,契约也获得了进一步的发展。从先秦诸子著作中,我们不难发现有关的记述:

《管子·问》:"问人之贷粟米有别券者几何家?"

《管子·山至数》:"皮革、筋角、羽毛、竹箭、器械、财物,苟合于国器君用者,皆有矩券于上。"

《管子·轻重乙》:"君直币之轻重以决其数,使无券契之责,则积藏囷窌之粟皆归于君矣。"

《管子·轻重丁》:"所出栈台之织未能三千纯也,而决四方子息之数,使无券契之责。"

《墨子·号令》:"度食不足,(食)[令]民各自占家五种石升数,为期,其在(薄害)[薄者],吏与杂訾。期尽匿不占,占悉,令吏卒微得,皆断。有能捕告,赐什三。收粟米、布帛、钱金,出内畜产,

---

① [宋]李昉等:《太平御览》卷五百九十八《文部》十四《契券》,中华书局1960年版,第2693页。

皆为平直其贾,与主券人书之。事已,皆各以其贾倍偿之。"

以上文字中所提到的都是经济类契约。这些资料表明,不仅私人之间可以有契约关系,而且邦国或官府也可以通过与私人缔结契约来调整各方面的利益关系。这一时期,政治类契约也经常被提及,例如:

《韩非子·主道》:"人主之道,静退以为宝。不自操事,而知拙与巧,不自计虑,而知福与咎。是以不言而善应,不约而善增。言已应,则执其契;事已增,则操其符。符契之所合,赏罚之所生也。"

《韩非子·外储说左下》:"以罪受诛,人不怨上,跀危坐子皋;以功受赏,臣不德君,翟璜操右契而乘轩。"

《商君书·定分》:"诸官吏及民有问法令之所谓也,于主法令之吏,皆各以其政所欲问之法令明告。各为尺六寸之符,明书年、月、日、时、所问法令之名,以告吏民。主法令之吏不告,及之罪,而法令之所谓也。皆以吏民之所问法令之罪,各罪主法令之吏。即以左券予吏之问法令者,主法令之吏谨藏其右券木柙,以室藏之,封以法令之长印。即后有物故,以券书从事。"

其中,《韩非子》试图论证君主与臣下的关系是一种契约关系,即君主可以利用契约来控制臣下,而臣下也可以通过契约而获得奖赏。《商君书》则主张利用契约关系来惩办那些知法犯法的官吏与百姓,以期法律能够得到有效的贯彻执行。《荀子·君道》:"合符节、别契券者,所以为信也。"人们之所以缔结契约,是因为它是缔约各方对彼此权利与义务的承诺,是信誉的保证。这不仅为社会习俗所承认,也为法律所认同。如果发生经济纠纷,司法官员可以根据双方签订的契约来加以解决,即《周礼·秋官·士师》:"凡以财狱讼者,正之以傅别、约剂。"

秦汉时期,随着"大一统"局面的出现,土地私有制的确立,以及经济的发展与繁荣,契约所涉及的领域进一步扩大,其内容更加丰富,形式也更趋规范。流传下来的汉代契约文书中,买卖(贳卖)契约及买地券占很大比重,此外,还有遗嘱(遗令、先令券书)、结僤公约、借贷契约、雇佣契约等。研究这些契约文书,是我们了解秦汉法律与经济关系所不可或缺的一个环节。

张传玺先生在《契约史买地券研究》①一书中把中国契约的发展史分为四个时期。第一个时期是西周、春秋"邦国约"和"万民约"并用期。这时期

---

① 张传玺:《契约史买地券研究》,中华书局2008年版,第9—38页。

契约共有三种,借贷契约叫"傅莂",取予受入契约叫作"书契",买卖、抵押、典当契约叫"质剂"。质剂是买卖契约的名称,这样的质剂也叫小约剂,又因行用于民间,所以也叫作"万民约"。第二个时期是战国至两晋使用私约期。战国是私人工商业大发展的时期,这时的契约,使用的范围更为广泛,雇佣、土地买卖都用契约。土地契约至少有三种,即"买卖契约""租佃契约"和"遗产继承契约"。此外,买卖布匹、衣物,奴婢也都使用契约。第三个时期是东晋到五代使用文券期。这个时期,由于纸的发明,契约开始以纸为材料。政府为征收契税,在契约上加盖官印,当时称文券,后代叫红契或赤契。第四个时期是北宋至民国使用官契和契尾。官契是指由官府印制的"宫板契纸",分为两联,正契部分叫"契本",存根部分叫"契根";契尾是纳契税后由官府开具的收据。

从上可见,契约在历史上使用达数千年,从载体上分有金石契约、竹简契约、绵帛契约、纸质契约等多种,现存的大部分是纸质契约。契约关系着各方的权利和义务,也包含着承诺和信守,它更多地出现在人们的经济交往关系中,如买卖契、借贷契、租佃契、雇佣契、家产分割契等。有时也出现在人们的非经济交往关系中,如收养继承人的养子契,夫妻结婚的婚契,离婚的离婚书、放妻书,解放奴婢的放僮书、放书,家长临终前的遗书,甚至民间结社的条规、社约等。所以,不能认为只有发生经济交往关系中的文字协定才是契约,而在非经济领域中出现的文字承诺及其权利和义务的规定就不是契约。因此,研究古代的契约,一定要兼顾上述经济类和非经济类两个方面,只有这样才能全面反映契约所在时代的特点。

二、契约形式的历史变迁

原始社会末期还没有文字,人们刻木或结绳记事。随着交换关系和契约关系的发生和发展,这种古老的记事方式已不能满足人们的需要,于是产生了"判书"。《说文·刀部》曰:"判,分也。从刀半声。"判书,即以竹木刻划后剖分,使各执半片为信。《周礼·秋官·朝士》:"凡有责者,有判书以治则听。"郑玄注:"判,半分而合者。"判书多用于奴隶、牲畜以及田宅物品的交换、借贷和取予。

殷商时期,有了文字,即今天所称的"甲骨文"。甲骨文多为占卜的卜辞,也有涉及土地、农田的内容,如表示田地界线的"畴"和"疆"字已见于甲骨文;还有"王大令众人协田"的记载。出土于安阳殷墟的甲骨上就刻录有与田地权属相关的文字。[①]

---

① 何本方等:《中国古代生活辞典》,沈阳出版社2003年版,第232页。

西周时期,"判书"逐渐演变为"券书"。根据契约关系的不同性质,券书分为三种,即买卖关系的"质剂"、借贷关系的"傅莂",以及取予关系的"书契"。在实际使用中,"质"和"剂"又有区别,"质"是买卖奴隶、牛马所用的较长的契券,"剂"是买卖兵器、珍稀之物所用的较短的契券。当时,"质剂"由官府制作并设"质人"专门管理。关于三者之别,清末孙诒让《周礼正义》曰:"盖质剂、傅莂、书契同为券书。特质剂,手书一札,前后同文,中而别之,使各执其半札;傅莂则手书大字,中字而别其札,使各执其半字;书契则书两札,使各执其一札。"

商周时期,土地为国家所有,《诗·小雅·北山》:"溥天之下,莫非王土。"土地不许私人买卖,但在贵族之间已经出现了授予、抵押或赔偿等行为。至西周中期,随着社会经济的发展和周王室的衰微,土地国有制开始动摇,在贵族领主之间出现了土地转让的现象。由于当时青铜器鼎盛,所以在一些大宗的土地转让中,为确认土地所有权的合法性,通常铸造宝鼎或铜器,以其铭文详记缔约过程。西周共王时期的"格伯簋"上铭文,实为土地转让契约。其铭文:"佳正月初吉癸子,王才成周。格白受良马乘于倗生,厥貯卅田,则析。"①这是一份与土地有关的抵押、典当的契约文书,具备了契约应用的条款。"佳正月初吉癸子"是订立契约的时间,"格白"和"倗生"是立契双方的名字,"良马乘",四匹好马,是标的,"卅田"是契价,"貯"即貯,当是"赎"的假借字。"厥貯",就是抵押、典当。"则析",析券成议,就是交割。

秦汉时期,随着土地买卖现象的大量发生,土地房屋契约也开始盛行,当时的契约多以竹简木牍为载体。现藏于台湾的居延汉简中"长乐里乐奴卖田券",是我国现存最早的书写在简牍上的土地契约原件。②汉时还出现了刻于山崖上的摩崖石刻契约。清道光三年(1823年),在浙江绍兴富盛镇乌石村跳山东坡上发现的东汉建初元年(76年)的摩崖石刻,真实地记录了当时的土地买卖活动。③今天能见到的较早的汉代土地买卖契约是居延汉简《受奴卖田契》。其文曰:"置长乐里受奴田卅五亩,贾钱九百,钱毕已。丈田即不足,计亩数环钱。旁人淳于次孺、王充、郑少卿,沽酒旁二斗,皆饮之。"④可惜,约文上部字迹模糊不清,应是立契时间、缔约双方的籍贯、身份、

---

① 郭沫若:《两周金文辞大系图录考释》,上海书店出版社1999年版,第二册第65页、第七册第81-82页。
② 《厦门房地产契约契证》,厦门市国土资源管理局,第8-10页。
③ 上面刻有"昆弟六人,共买山地,建初元年造,此冢地直三万钱",一共22个隶书文字。
④ 中国科学院考古研究所:《居延汉简甲编》壹《图录正编》2544 AB,科学出版社1959年版。

姓名等。此外,汉代还有一种特殊的契券形式"墓莂"。"墓莂"也称"冥契"或"买地券",多以铅制,形如汉简,后来砖、瓦、陶质的渐多,也有玉制和木制的。买地券是古人购买坟地时使用的一种契券形式,通常作为死者的陪葬物埋入坟墓。

魏晋以后,由于纸张的普及,质剂、傅莂逐渐被废弃不用,券书之制发展为"合同"形式,即在书两札后,再合并两札,于并合处骑写"同""合同"或一句较长的吉祥语,以便日后勘合辨验。后来,在土地房屋典卖关系中,交易双方各为单人的广泛使用单契,即只写一份,由典卖方出具;合买合卖等由多人合作的仍采用合同形式。

综上,无论是民间契约,还是官版文书,它们都是国家民族文化瑰宝,是研究经济史、地方史、社会学、方志学、谱牒学等的重要原始资料。

三、国内外研究概况

我国对古代契约较为系统的研究从20世纪二三十年代就已经开始,并逐渐成为历史学的一个分支,为社会史、经济史、土地制度史、赋税史、民法史、民俗史的研究发挥了重要作用。

历代流传下来的契约实物,除大量因岁月销蚀以外,相当一部分因政治原因被人为毁损,保存下来的大多数藏于民间,仅有一小部分被各地的图书馆、博物馆与研究机构所收集。其中数量最多的是徽州契约文书,总数在50万件以上。[①] 敦煌文献的抄写时代最晚至北宋初年,而宋元以来地方契约文书的抄写时代为宋、元、明、清、民国时期,二者时间先后相承,内容互补,反映了唐五代至民国以来写本文献的完整序列。

近年来收集、整理的契约文书者不少,如王钰欣、周绍泉主编的《徽州千年契约文书》(河北花山文艺出版社,1991),张传玺的《中国历代契约会编考释》(北京大学出版社,1995),田涛等主编的《田藏契约文书粹编》(中华书局,2001),唐立等主编的《贵州苗族林业契约文书汇编》(东京外国语大学,2001),刘伯山主编的《徽州文书》(广西师范大学出版社,2005),蔡育天主编的《上海道契》(上海古籍出版社,2005),陈支平主编的《福建民间文书》(广西师范大学出版社,2007),张应强、王宗勋主编的《清水江文书》(广西师范大学出版社,2007),陈金全等编的《贵州文斗寨苗族契约法律文书汇编》(人民出版社,2008),《厦门房地产契约契证》(厦门国土资源与房产管理局,2008),周向华编《安徽师范大学馆藏徽州文书》(安徽人民出版社,2009)、黄

---

① 刘白山:《徽州传统文化遗存的开发路径与价值评估》,《探索与争鸣》,2010年第12期,第76-79页。

山学院编的《中国徽州文书(民国编)》(清华大学出版社,2010),孙兆霞等编的《吉昌契约文书汇编》(社会科学出版社,2010),曹树基等编的《石仓契约》(浙江大学出版社,2010),等等。日本学者也做了很出色的汇集研究工作,如金一清编的《中国土地契约文书集》(财团法人东洋文库,1975),浜下武志、久保亨、上田信他等编的《东洋文化研究所藏中国土地文书目录·解说》(东京大学东洋文化研究所,1983),都是资料丰富的著作。

关于历代契约文书的研究,从目前所掌握的资料来看,主要集中在历史、法律、社会、经济等层面上。在内容上涉及了契约本体的研究,如契约的起源、发展演变、范围特点、格式内容等,也有契约与其他相关问题的探讨,如契约与历史、契约与社会、契约与经济、契约与政治、契约与民俗等。主要代表著作有杨国桢的《明清土地契约文书研究》(中国人民大学出版社,2009)、章有义的《近代徽州租佃关系案例研究》(中国社会科学出版社,1988)、张传玺的《契约史买地券研究》(中华书局,2008)、张德义的《中国历代土地契证》(河北大学出版社,2009)等。但是,综观学者们的研究成果,对记录契约内容的语言文字予以关注并展开研究的不多,仅见陈晓强《敦煌契约语言研究》,以及储小旵博士的数篇宋元徽州契约文书的单篇论文,专门性的词汇演变研究尚不多见。而对河南省古代契约文书进行关注并展开专题研究的更是少而又少。

从2006年开始,河南洛阳民俗博物馆的王支援、范西岳、梁淑群、田国杰等研究人员分别对地契、房契、试卷、书信函件、药单、执照、由单、滚单、串票、收据、发票、广告、婚事文书、过继文书、金兰谱等进行过研究,研究主要侧重于所记载的内容、反映的社会问题、种类、作用等,陆续出版了《故纸拾遗》五卷本(卷壹、卷贰、卷叁、卷肆、卷伍),包括各种契约文书6万余件。这些原始资料与研究论著,为我们对河南契约文书进一步研究提供了条件。但是,关于河南契约文书的基础性研究显得薄弱,尤其是从语言角度展开专题研究极为不够。

基于此,本书以《中国历代契约会编考释》(河南地区)和《故纸拾遗》(五卷本)为主要语料来源,同时,参考其他地区同时代的契约文书,并结合实地调查,从契约文书行文格式、用字用词、方俗语词等方面对河南地区古代契约文书系统整理展开研究,以期为河南省古代契约文书研究以及中原民俗文化研究提供有益的参考。

四、古代契约文书研究的价值

契约文书作为民间社会的法律文书和私家档案,是国家政治、经济、法律制度在基层社会运作的直接反映,可补政书、史志、典章和其他公私文献的缺失,这些契约文书是极为珍贵的史料,具有重要的研究价值。当然,由于契约文书是同时代活的语言的真实记录,保留了大量的口语词、俗语词及口语语法,对它们进行研究,既可以为汉语史研究提供丰富语料,又可以了解当时人们的语言特征和生活习俗,具有重要的研究价值。

(一)古代契约文书具有较高的文物价值

契约文书作为民间社会法律文书和私家档案,细致地反映了中国历史上民间社会生活的真实面貌,在学界有"民间正史"的美称。这使得契约文书本身就是具有收藏价值的文物。河南洛阳民俗博物馆所收藏的契约文书具有数量多、种类全、时间跨度长的特点,这使得其文物标本价值更加突出。通过对这些契约文书纸张的规格、契纸质量、契文格式等方面的研究,我们可以进一步鉴定契约文书的真伪及其文物价值。

(二)古代契约文书具有重要的社会学研究价值

契约文书的内容往往涉及多学科的研究领域。如土地买卖契约,既涉及经济史,又涉及法制史等;宗族文书,既涉及社会史,又涉及经济史、法制史等;诉讼文书,既涉及法制史,又涉及社会史等。这些无疑都为我们进行跨学科的综合性研究提供了丰富资料。它既可与文献记载互相印证,补充文献记载之不足,乃至纠正其谬误,也可以对一些社会经济制度做更深入的研究,还可为个案研究、专题研究以及跨学科的综合研究提供系统资料。

社会的变迁最初起于生产,而生产关系的变迁,必然涉及人际关系,即赖以生存的土地所有权、使用权的转移。地权转移的深刻背景折射了社会经济的变动。土地买卖的原因是多样的,有天灾人祸、有人口增殖、有家庭变故(如生老病死)、有外出经商无人经营土地、有变卖田产充当经营资本等,不一而足。通过地权的转移,深入探讨其背景,无疑是社会史、经济史中重要的研究课题。

土地契约文书对研究土地制度史、法制史有很重要的价值。土地买卖双方都要履行法定手续,当地权转移交割之后,业户要承担交纳赋税义务,而卖方要无重复交易、无典当他人、无威逼、永不反悔等信用,还要承担"亲房内外人等异说",不涉买人之事,双方职责分明。这些法律责任各自认可,画押成交立契为据。

(三)古代契约文书具有重要的语言学研究价值

契约文书多为民间应用文,其语言价值不仅表现在口语化程度高、俗字俗语词多,亦表现在具有应用文书语言的特点,即有固定的文体格式和套语。语言研究是其他各项研究的基础,河南省古代契约文书语料的特殊性使得我们非常有必要对文书语言进行全面的释读、整理和研究,为其他各学科的研究提供一个良好可靠的研究基础,同时亦能促进对契约文书自身的整理研究。

1. 具有重要的语料价值

语言研究的价值与语料的价值有很大关系,因此,选取什么样的语料作为研究对象是首要的问题。语料的时代、真假、所反映的语言面貌等都是语言研究价值的重要因素。洛阳市民俗博物馆藏的契约文书为第一手资料,大多有确定的撰写年代,有的具体到月日,时间明确,除少部分来自明代外,绝大部分是清代和民国时期的契约,它们来自于民间,世俗文书较多,并且这些文书的书写者也多是普通的民众,因此,其中充满了大量的俗字异体、方俗语词。这些俗字俗语反映着当时语言的真实面貌和当时人们使用语言的真实状态,在语料价值上无疑具有得天独厚的优势,具有同时性、真实性和通俗性的特点。

2. 具有重要的语言研究价值

在出土文献语言研究越来越受到重视的今天,如何做到深入发掘河南省古代契约文书的语言价值,把握其语言特点,具有较为重要的学术价值。我们以河南省古代契约文书为研究对象,从共时和历时角度对契约文书语词的来源、系统、构成及其词义演变进行分析研究,具有重要的研究价值。

(1)有助于河南省古代契约文书的文本整理

由于契约文书校录情况的复杂性,河南省古代契约文书在录文、校注方面存在着误释、缺释、误断等现象,我们依据契约文书原卷拓片或照片较清晰的图版,以传世典籍和其他文献为佐证,参考近几年辑录契约文书的著作和论文,加以考订辨识,对所收录的契约文书录文进行校订、考辨等工作,以便学者进一步研究。

(2)有助于汉语词汇史研究

民间契约文书虽行文格式固定,但因其年代跨度大、地域分布广、数量颇丰,而为研究不同时地的词语更替、词义发展提供了方便。从汉语词汇上说,它不仅使用了许多词汇的生僻义,如"平执"之公平执行义,"利"之"混合"义,"听"之"监督、督察"义,"辛"之"希望"义,"奇"之"还有"义,透露出古代契约文书的用词特点,而且展示了相当数量不见于前代文献,或仅存于该契约中的词语或词义。

(3)可以为汉语常用词演变提供新的佐证

常用词演变研究已经成为一项新兴的汉语词汇史研究重要课题。汪维

辉先生提出"常用词演变的研究应该成为汉语词汇史学科的核心内容"①。古代契约文书资料为常用词演变研究开阔了新视野,具有独特的价值。例如,关于常用词"角"对"隅"的替换,牛太清(2003)考订"至迟在南北朝时期……新生的'角'已取代了资格较老的'隅',基本形成了现代汉语普通话中'角'一统天下的局面"②。汪维辉先生利用《东汉延熹四年(161)钟仲游妻买地券》:"四角立封,中央明堂皆有尺六桃券、钱布、铅人。"《光和二年(179)王当买地券》:"故立四角封界,界至九天上、九地下。"《光和五年(182)刘公则买地券》:"中有丈尺,券书明白,故立四角封界。"年份不明《甄谦买地券》:"券书明白,故立四角封界。"重新考证后认为,至迟在公元2世纪中叶,当"角落"讲的"角"已经出现③。

(4)有助于大型字典辞书的修订及编纂

大型字典辞书如《汉语大字典》《汉语大词典》《汉语方言大词典》等,以其所收条目多、释义全面而著称。然而,中国的典籍本就浩如烟海,字词典的编纂又是一个细致琐碎的工作,即便用力再勤,在资料的收集和利用上也难免有遗漏。而出土文献、民间收藏第一手文献更是由于出土时间、整理出版等原因在资料的使用上往往被忽略遗忘。因此,对这些契约文书语言的研究可以为字典辞书提供新的材料,使之在收词、举证、释义等方面存在的问题得到改进。

(四)古代契约文书的发现促进了新学科的诞生

早在20世纪初,国学大师王国维在概括了甲骨文、汉晋简牍、敦煌文书、明清内阁大库档案这几大发现之后,就提出了"古来新学问起,大都由于新发现"的著名论断。这个论断是对中国几千年学术发展史的一个总结。20世纪的学术发展历程证明了王氏的论断是科学的。其后,对甲骨文、汉晋简牍、敦煌文书、明清内阁大库档案的研究一直长盛不衰,都各自形成了一门新学问,即甲骨学、简帛学、敦煌学、明清档案学,有的还成了世界性显学。

契约文书主要是民间在各种社会活动中直接产生的原始文字资料,具有原始性、唯一性及文物性质。因此,契约文书本系一手资料,实为科学研究立论的首要依据。而一般文献记载,即使是当时人的著述,也多是经过人

---

① 汪维辉:《几组常用词历史演变的考察》,朱庆之编《中古汉语研究(二)》,商务印书馆2005年版,第258-285页。

② 牛太清:《常用词"隅""角"历时更替考》,《中国语文》,2003年第2期,第179页。

③ 汪维辉:《著名中年语言学家自选集(汪维辉卷)》,上海教育出版社2011版,第20页。

为加工的东西,实为二手资料。从科学研究来说,无疑前者价值更高。所以王国维先生说,"中国纸上之学问赖于地下之学问"①,这是一个科学的论断。

五、研究思路与方法

学术研究必须有学术理论做指导,除了传统的训诂学理论和研究方法外,我们还借鉴了现代语言学、词汇学、语义学等理论,特别是将词语放在相应的语义场中,来分析和解释河南省古代契约文书中的诸多语言现象。在研究手段上,计算机技术的介入将有助于减轻本项工作的难度与烦杂,增加准确性。

我们首先对所收集的河南省古代契约文书进行断代、辨伪、断句等基础工作,然后输入计算机,建立河南省古代契约文书数据库,在此基础上,利用数据库对这些契约文书词汇进行全面细致的描绘、分析,得出结论。

(一)多学科的视野考察契约文书的内涵及价值

民间契约文书从表面形式上看,大部分属于土地、房屋等物权的交易文书,但是,任何一种物权交易形式都依托在那个时代的政治、法律制度,以及社会、经济模式和民风习俗等的大背景。我们透过契约文书这样一个表现形式,可以考察一个时代的政治、法律制度的形成、演变,以及社会、经济模式的变迁历程。显然,要做到这一点,我们需要借助社会学、人类学、法学、宗教学、民俗学等多学科的理论和方法论来深化我们的研究工作。

自20世纪以来,学者们已经在这方面做了很好的实践。如研究社会史、家族史的学者,从契约文书中分析了社会的基层结构和家族的管理模式,提出了许多重要的学术论点。而研究法制史的学者,从民间契约的书写格式、签订过程、执行状况、纠纷争讼等现象,探究了中国官方法制与民间私约的各个不同层面。

我们在研究河南省古代契约文书时,既要借鉴不同学科理论及思维方式,从不同角度和层面充分发挥民间契约文书独特的史料价值,探索河南地区民风习俗的演变历程及文化特征;又要了解宗教与民间信仰的社会基层和组织形式,解剖政府与民间社会、乡绅与相邻民众错综复杂的相互关系。

(二)社会调查与契约文书的搜集、整理紧密结合

契约文书散落于民间社会,它的搜集和整理,必须通过学者们的辛勤劳动,深入城乡进行社会调查、访谈寻求,这是众所周知的事实。然而,对于民

---

① 王国维:《最近二三十年中中国新发现之学问》,载《静庵文集续编》,《王国维遗书》第五册,上海古籍书店1983年据商务印书馆1940年版影印。

间契约文书的研究,同样需要做社会调查。所有的契约文书都不是凭空而来的,而是有它的交易签约各方的社会背景、经济文化背景。我们应该深入这些契约文书产生的所在地去进行社会调查,尽可能地了解这些地方的经济状况、乡族结构以及民风民俗等各个方面,然后根据这些社会背景材料,结合对契约文书的分析,得出更加接近当时历史事实的论述。当然,通过社会调查,了解契约文书的社会背景,不仅可以更加有效地发挥契约文书的史料价值,还可以扩展其学术内涵,与历史人类学、社会史、乡族史的研究结合起来,提升学术研究的层次。

(三)开展民间契约文书研究的比较分析

民间契约文书所涉及的历史内涵虽然十分丰富,但是它毕竟只能反映某一地域范围内的情况。因此,我们在对民间契约文书搜集整理与研究时,要进行有针对性的比较研究,这样才能较好地把握不同区域间乃至全国范围内的共性和特殊性。如前所述,契约文书所涵盖内容涉及政治史、经济史、法制史、社会史、民俗史等诸多方面,因此,利用民间契约文书进行不同区域间的比较研究,往往可以把问题研究得更加深入而准确。

(四)历时与共时相结合的研究方法

契约文书的文体和用语,多是历史上长期沿用下来的,所以只有通过历史的纵向考察,弄清其形成和演变过程,才能对契约文书中的语言文字现象有深入的理解。同时,横向与同时期其他相关文献进行比较,以期对河南契约文书中的语言文字有较为全面的解释。

总之,我们对河南省古代契约文书字词及其发展演变展开全面研究,详尽考释富有特色的语词,选题具有创新之处。在研究中力求使用第一手文献资料,资料翔实,而且具有较强的真实性、可信性和新颖性。研究成果可为研究契约文书提供较全面的视角,将为语言学尤其是契约文书语言研究做出有价值的贡献。

第二章

河南省古代契约文书概况及其构成要素

河南古称"豫州"。《尚书·禹贡》:"荆、河惟豫州。"简称"豫"。因豫州在九州之中,故河南又有"中州""中原"之称。

"河南"一词,溯源很早。《周礼·职方》及《尔雅·释地》曰:"河南曰豫州。"春秋时,此区用以指韩、魏、宋等国黄河以南地,约当今河南省西起黄河、崤山之间,东至商丘一带地区。战国时改称西周以来的洛邑王城为河南[①]。秦置河南县,汉初改三川郡为河南郡,始用"河南"一词作为政区郡县名。唐分全国为十道,以当时黄河以南、淮水以北地区为河南道。元以黄河南、长江北地区,包括今湖北、安徽、江苏等省江北地区,合建"河南江北行省"。明置河南布政使司,河北三府始划入河南,其辖区大致与今日河南省相当。清沿明制,疆域、行政区划大致与前朝没有大的差别。民国后,河南省疆域无变,只是行政区划有较大变动,有悠久历史的府、州一级建置被撤销,全改称县,直隶于省。北洋政府时期,省县之间设道,河南设阴道,其体制仍沿前清省、府、县三级制,此种体制直至民国十九年(1930年)始由国民党政府明令撤销。

河南地处中原,历史悠久,自古就是中华民族活动的中心,古代文明的发源地,长期是我国政治、经济和文化中心,可谓"一部河南史半部中国史"。悠久的历史给河南留下了丰富的文物古迹和文化遗存。到目前为止,河南拥有2处世界文化遗产,8座国家历史文化名城,199处国家重点文物保护单

---

① 故址在今洛阳市涧西区。

位,馆藏文物 130 多万件,居全国第一,被史学家誉为"中国历史自然博物馆"①。河南作为中原文化的起源地,保存了丰富的古代契约文书资料。

一、河南省古代契约文书概况

我们查阅了河南地区所能见到的出土或传世的文物方面的各种论著、文物考古类杂志和河南等省市博物馆所藏拓片与摹片,调查范围涉及河南出土与传世的各种实物文字资料。目前,我们所收集的资料,从总体上说主要包括两大类:一类是历次文物考古发掘的出土实物文字资料,如砖文、石刻等,一类是传世的实物文字资料,如买地券、镇墓文、土地契约等,这些材料一般有拓片、摹刻或纸质文书传世。具体来说,从内容上看,包括遗嘱文书、买地券、镇墓文、结僆公约等;从材料质地来看,包括石刻、砖文、瓷器、铅券、纸质等种类;从其形式看,早期契约文字均较简略,但有几项必不可少,如:立券时间,买卖双方的姓名、籍贯,所买物品的名称、数量、价格、交钱方式及数额,立契时在旁人姓名、身份等。

(一)遗嘱文书

遗产继承契约和一般契约的性质有别,在宗法制度突出的封建社会中,这种契约往往不是由双方协商缔结的,而是由财产所有者或家长单方面决定其遗产继承人及继承方式,所以,这种契约在当时叫作"遗令"或"先令",这种关系就是"遗产继承"。《汉书·景十三王传》载,刘元"前以刃贼杀奴婢,子男杀谒者,为刺史所奏举,罪名明白。病先令,令能为乐奴婢从死,迫胁自杀者几十六人,暴虐不道"。颜师古注曰:"先令者,预为遗令也。"东汉末年应劭在《风俗通》中记载了西汉后期的一个因财产继承权而争讼的故事,其中就谈到了"遗令"的内容。故事内容是这样的:"沛中有富豪,家訾三千万。小妇子是男,又早失母;其大妇女甚不贤。公病困,恐死后必当争财,男儿判不全得,因呼族人为遗令,云:'悉以财属女,但以一剑与男,年十五以付之。'儿后大,姊不肯与剑,男乃诣官诉之。司空何武曰:'剑,所以断决也。限年十五,有智力足也。女及婿温暖十五年已幸矣。'议者皆服,谓武原情度事得其理。"②这个故事说明了,在汉代为遗产继承而留下的"遗令"是得到社会承认的,也具有法律效力。这份遗令中写有立遗令者、家訾数量、继承人

---

① 本部分内容参考杨育彬、孙广清:《河南考古探索》,中州古籍出版社 2002 年版,第 2 页;吕世范:《河南特色旅游文化》,中国旅游出版社 2007 年版,第 2 页;白建国:《解读一部河南史半部中国史》,河南人民出版社 2009 年版,第 2 页;陈代光:《河南地理志资料选编河南历史地理》,第 6 页。

② 《太平御览》卷八三六引应劭《风俗通》,中华书局影印本 1985 年版,第 3736-3737 页。

及继承方式,还有到场为证的"族人"。这些内容具备了法制文书的要求。

当然,当时的"先令"不仅具法律效力,且先令的设立,必须有官方人员在场,要公证,才能有效。例如,张家山汉简《二年律令·户律》:"民欲先令相分田宅、奴婢、财物,乡部啬夫身听其令,皆参辨券书之,辄上如户籍。有争者,以券书从事;毋券书,勿听。所分田宅,不为户,得有之,至八月书户,留难先令,弗为券书,罚金一两。"①

其后,又称为"遗书""唯令"等。如唐咸通六年(865年)《尼灵惠唯书》:"恐后无凭,并对诸亲,遂作唯书,押署为验。"此外,我国古代遗嘱还有遗嘱特殊的方式,即"家训",或称为"遗训""遗令""遗诫""世范"等。传统家训的内容很广泛,但是大部分的家训都包括分家的内容。现存最早的家训是北朝颜之推的《颜氏家训》,唐代之后比较多,宋代开始盛行,仅两宋就有30余种。明清时期的家训也有直接称为遗嘱的,如明朝杨继盛的《杨忠愍公传家宝训》,又称作《椒山遗嘱》。②

遗嘱通常是在年迈或临终前订立,也有人为了稳妥起见而早立,以防到时候措手不及,河南地区所见《颍川太守何并先令书》即此例。其文曰:"疾病,召丞掾作先令书,曰:'告子恢:吾生素餐日久,死虽当得法赙,勿受。葬为小椁,亶容下棺。'"主要记载了西汉太守何并告诫儿子不要接受追赠的钱物以及薄葬等事,是亲自作"先令书"的方式为之的。它是现存较早的遗嘱文书,"遗嘱格式"中基本具备了立遗嘱的原因、被遗嘱人、所嘱内容等几部分。

(二)买地券

买地券,古代契约中的一种,即"地莂"。叶昌炽《语石》卷五云:"地莂,别也。大书中央,破别之也。古人造冢,设为买地之词,刻石为券,纳之圹中,汉时或刻于砖。太仓陆蔚庭前辈,藏古砖甚富,有建宁元年马氏兄弟买山莂,即冢中砖也。"③作为随葬明品,买地券是葬家为死者虚构的一种置买墓地的契约,这是土地私有制发展在意识形态的反映。所谓周代的"田里不鬻,墓地不请"的时代已成过去。宋人陶榖亦曰:"葬家听术士说,例用朱书

---

① 张家山二四七号汉墓竹简整理小组:《张家山汉墓竹简(二四七号墓)》,文物出版社2001年版,第178页。

② 其中关于家产安排的内容是:应尾、应箕"你两个是一母同胞的兄弟,当和好到老。不可积私财,致起争端";对堂兄要敬让,"祖产分有未均处,他若是爱便宜,也让他罢。切记休要争竞,自有旁人话短长也",等内容(参见邢铁:《家产继承史论》,云南大学出版社2000年版,第115页)。

③ 〔清〕叶昌炽撰;王其校点:《语石》,辽宁教育出版社1998年版,第152页。

铁券,若人家契帖,标四界及主名。意谓亡者居室之执守者,不知争地者谁耶!"①

最早记载于南宋周密《癸辛杂识·别集》卷下"买地券"条,谓:"今人造墓,必用买地券,以梓木为之,朱书云:'用钱九万九千九百九十九文,买到某地若干',云云。此村巫风俗如此,殊为可笑。及观元遗山《续夷坚志》载曲阳燕川青阳坝有人起墓,得铁券,刻金字云:'敕葬忠臣王处存,赐钱九万九千九百九十九贯九百九十九文。'此唐哀宗之时,然则此事由来久矣。"②

汉代土地买卖契约的使用最为普遍,不论大宗的土地买卖,还是少量的土地买卖,都要订立契约,因为作为买方来说,只有握有契约,才算取得了土地所有权。因此,这种契约被人们所重视。甚至人死后也要造一个假地券或照抄一个副件随葬墓中。凡属个人所有财物,均可自行买卖,成交之后订立契约,写作程序和内容大致包括买卖日期、标的(即转让的财物)、价钱(包括已付价钱和所欠钱数)、缔约双方的籍贯、身份、姓名、立契地点、最后付款期限、违约责任,以及"任者""知券""旁人"等担保人和旁证人,对见证人、担保人或中介人还要沽酒若干作为酬谢,均一一写入契约。

从文字格式和内容要点来看,买地券与同一时代的人间契约基本相同。不过,东汉时期的买地券刚刚兴起,所写内容与人间契约几乎完全相同,史料价值很高。东汉末年及魏晋以后,买地券内容的迷信化程度日益加深,其史料价值也相应降低。买地券由于形制简易,文字不多,自古即有赝品③。估计,西汉时期尚未有买地券。东汉时期的买地券较多,今能见到的约有二十余件,但有半数以上疑为赝品。魏晋以后的买地券也有赝品。因此,使用买地券,要注意辨伪。罗振玉在《蒿里遗珍》中也提出:"以传世诸券考之,殆有二种:一为买之于人,如建初、建宁二券是也;一为买之于鬼神,则术家假托之词。"④古人将买地券埋入坟墓,象征着由亡人随身携带,并执守契约,地下鬼神才能予以接纳,亡人与地下鬼神间的土地买卖契约才可能生效。它不同于世间一式两份买卖双方互相持有的契约,亦无须子孙后代珍重保存,直接随葬埋入坟墓。

---

① 〔宋〕陶穀:《清异录》卷四《丧葬》,"土筵席"条,《丛书集成新编》本,新文丰出版公司1984年影印本,第86册,第360页。
② 〔宋〕周密撰;王根林校点:《癸辛杂识》,上海古籍出版社2012年版,第156页。
③ 有学者认为,现存传世的几件西汉买地券,如《西汉建元元年武阳朱忠卖田铅券》《西汉建元三年宏光□□买地砖券》《西汉黄龙元年南阳诸葛敬买地铅券》等,都是赝品。
④ 罗振玉:《蒿里遗珍》之"考释",1914年石印本,第2页。又见罗继祖:《罗振玉学术论著集》,上海古籍出版社2010年版,第3集,第421页。

从历史发展来看,从西汉至明清买地券的质地、券文内容、券文格式、性质都发生了变化。汉代买地券一般刻于铅板或玉板之上,券上文字多半是刻凿而成,也有一些是用铅、铜金属浇铸而成的。另外,还见有少量的朱墨书写,而未经刻凿的。其铭文所涉及的土地买卖内容与现世实际的土地面积、土地价格无关,不具有现世的法律意义,仅具冥世的象征意义。东汉以后的买地券有木质、铅质、石质、铁质、玉质、陶瓷、纸质等,券文内容多格式化,融入了更多的迷信成分,多用方术家言,皆用"天帝"及"如律令"字样,与世间土地买卖合同差距越来越大,其买地性质亦越来越淡,镇墓性质越来越重。此类镇墓文字亦被镌刻或书写到瓶、罐或瓦缶之上。三国、西晋开始,多刻于砖上。从南朝到明清,除砖外还常用石,形制、大小和墓志相像,有的甚至还带盖。地券在墓中多放于墓室内,也有放在甬道或近墓门之处的。地券的出现和使用,反映了土地私有制的发展和土地买卖的盛行。

此外,我们也看到,买地券中通假字现象有着特殊性和普遍性的特点。这一方面反映了当时用字的随意性,另一方面也反映了某些通假字使用的约定俗成性,这些通假字可能在较大范围内得到过人们的许可,所以在不同古籍中多次出现。关于当时用字的随意性,究其原因,首先因为在民间汉字规范程度还是比较低,在书写过程中还存在着比较随意的特点;其次,由材料性质决定,买地券是当时民间随葬之物,一般不会由文化程度高的人写成。

据我们搜集的资料,河南出土(包括传世)的买地券共有31件。具体情况是东汉14件,北魏1件,宋7件,金4件,元4件,明1件。其铭文大多相近。内容无外乎由以下几部分组成:土地买卖年月、买主和卖主姓名、土地面积与地价、购买土地的范围、旁证人姓名等。这些买地券与当时的契约最大的不同之处,恐怕主要在于所用的书写材料。河南省出土或传世的买地券,多数是铅制的,还有少数是用玉、砖制成的。也就是说,买地券所用的材料比现实生活中契约文书的材料更加坚固、耐久。直到纸张已经普遍用于书写契约的元、明时期,买地券仍然是用铅、木、砖、石制作。这或许是人们希望买地券能够保佑死者在另一个世界永远平安、幸福。河南地区早期买地券与现实土地契约较为一致,晚期则充入道教迷信色彩。买地券虽含有道教内容,但它的出土,不仅为研究河南丧葬礼俗、土地买卖提供了资料,也为研究河南地方行政设置、地名沿革提供了宝贵的资料。

(三)镇墓文

镇墓文,又称解谪文、解除文、劾鬼文等,内容是祈求保佑生人的家宅安定,使死者的冢墓稳定,目的是为世人生人解殃祈福,为地下死者解适法过,免受罚作之苦;同时也是为了隔绝死者与其在世亲人的联系,使之不得侵扰牵连生人。主要是民间广大老百姓在使用。罗振玉较早搜集这类文字,并定名为"镇墓文"。他在《贞松堂集古遗文》中说道,东汉末叶,死者每用镇墓文,乃方术家言,皆有天帝及如律令,以朱墨书于陶瓶者为多,亦有石刻者,犹唐之女青文也①。

"镇墓"是一种有着悠久历史的丧葬传统,其目的一方面是驱邪镇恶、安宁墓土,并以此安宁死者;另一方面也希望能护卫生者,为生者祈福,以此维持阴阳两界的平衡。汉代人认为灵魂不灭,死后归阴变鬼是必然归宿。《说文·鬼部》"鬼,人所归为鬼"就是这一观念的反映。然而,尽管在汉代人的想象中冥世是人间社会的翻版,但是就其根本而言,它还是一个令人感到陌生、担心的未知世界。而且,当时人认为阴阳两界是可以沟通的,生人和死人之间虽有分界,但这个分界有时也很模糊。"死"鬼可以随时干扰生人,故这种交往既是福之源,又是祸之根。因而神相对而言较为公正,而鬼却似乎更为难缠。从文献史料记载来看,在战国乃至秦汉人的眼里,鬼魂对生人的影响大都是负面的,轻者戏弄、干扰生人的正常生活,重者致人疾病、伤害牲畜,甚至引起灾害瘟疫,乃至危害生者。因此,当时人对鬼魂是充满畏惧的。即便是亲友的亡魂也以为不见为妙②。基于此,在为死者稳妥安排阴间衣食住行的同时,活着的人也尽可能地依据人间的生活经验和权利,对冥世进行干预,以求得亡者生活的合法与平安,保持阴阳两界基本秩序的稳定。

镇墓文是方士或巫觋为死者解除灾祸的文告,在东汉时颇为流行。《论衡·解除篇》说:"世间缮治宅舍,凿地掘土,功成作毕,解谢土神,名曰解土。"古人迷信,以为修建坟墓就会渎犯土神、得罪地下神祇,即所谓"葬犯墓神墓伯"③者,故死者的家属就得为死者解除罪谪。东汉墓中常见的镇墓文,便是为死者安葬入土举行解除仪式时,方士或巫觋作法劾鬼的遗物。

许多镇墓文中常常有强调"生死异簿"的内容,如"生人入比,死人入棺""生人之死阳解,生自属长安,死人自属丘丞墓""生人得九,死人得五,生死异路,相去万里""生人上就阳,死人下归阴,生人上就高台,死人深自藏,生人南,死人北,生死各自异路"④等。然而,与同期出现的买地券相比,尽管同为随葬文书,都带有安稳墓主的性质,但在具体功用上还是有所不同。买地

---

① 罗振玉:《贞松堂集古遗文》卷一五,1931年石印本,第33页下。
② 彭卫、杨振红:《中国风俗史·秦汉卷》第二节"鬼怪世界",上海文艺出版社2003年版,第583—592页。
③ 宝鸡市博物馆:《宝鸡市铲车厂汉墓》,《文物》1981年3期。
④ 王育成:《南李王陶瓶朱书与相关宗教文化问题研究》,《考古与文物》,1996年第2期。

券完全模仿地上买卖土地的契约文书,是为亡者购买地下生活空间做凭据。而镇墓文更强调"镇墓"作用,它假借天帝特派神师的名义,昭告丘丞、墓伯等地下诸神接纳死者,为死者解除罪责、为生人除去殃咎。

目前,河南地区所见镇墓文共有5件,都是东汉时期的,其后未见发掘报道。具体情况:《东汉延光元年(122)朱书陶罐镇墓文》《东汉桓帝元嘉二年(152)河南缑氏镇墓文》《东汉永寿二年(156)陶瓶劾鬼文》《东汉永康元年(167)唐寺门村成氏镇墓文》《东汉建宁三年(170)洛阳赵氏镇墓文》。这些镇墓文一般出自中小型墓葬,质地主要是陶器。据学者考察,"迄今经科学发掘而得的镇墓文,一般都出自东汉中、小型墓中,说明这些文字是出自民间巫师方士之手,文中使用的语言及反映的思想和习俗有浓厚的世俗色彩,而不是士大夫型的"①。

河南出土镇墓文最早的是《东汉延光元年(122)朱书陶罐镇墓文》,其文曰:"延光元年□□十四日。生人之死易解。生自属长安,死人自属丘丞墓。汝□千日生人,食三谷,无人。土生上,往□人。汝自祈。如律令。"②墓文强调"生自属长安,死人自属丘丞墓",生死异路,不相往来。所以,一面以官文书形式下达指令,一面想办法安抚死者在地下的生活,比如说明已随葬铅人代为服役、承担挖墓动土惊扰地下神祇的罪殃③、随葬黄豆瓜子以缴纳地下赋税等。此外,文中称死者薄命早死,恐故于疾疫,故文中还声明"神药以镇,□家宅□□,七神定家阴阳,死人无□□,生人无过",以防止疫病蔓延至生者,显示出镇墓文的巫术成分。

其后所见的镇墓文在内容、形式上基本相同,大致包含内容是:第一,纪年、月、日;第二,天帝或天帝派使者告死者之家或丘丞墓伯,替死者解适,为生人除殃;第三,言明生死异路,死人归泰山,受冥司官吏的管束;第四,有利于生人或子孙后代的吉利语。此外,在有些镇墓文中还有东西南北、青帝白帝一类阴阳五行的话语。常用的格式是,在文中用"谨告""移""令"等习语,文尾则用"如律令"或"急急如律令"做结束语。绝大多数的镇墓文押韵合辙。

---

① 刘昭瑞:《〈太平经〉与考古发现的东汉镇墓文》,《世界宗教研究》,1992年第4期,第111页。

② 最早载于《贞松堂集古遗文》卷十五。又见于王育成的《洛阳延光元年朱书陶罐考释》,《中原文物》,1993年第1期。

③ 东汉人认为土地归土神所管,破土即对神灵有所冒犯,故要行祭祀,祈求解除罪责祸殃。王充《论衡》卷二十五《解除》篇曰:"世间缮治宅舍,凿地掘土,功成作毕,解谢土神,名曰:'解土'。为土偶人,以像鬼形,令巫祝延,以解土神。已祭之后,心快意喜,谓鬼神解谢,殃祸除去。"

(四)约束石券

约束石券为古代契约之一种。《周礼·天官·小宰》郑玄注引郑众曰:"傅别,谓券书也……傅,傅著约束于文书;别,别为两,两家各得一也。"刘熙《释名·释书契》:"券,绻也。相约束缱绻以为限也。"王先谦《释名疏证补》引苏舆曰:"《文心雕龙》:券者,束也。明白约束以备情伪。"所以,契券亦谓之约束券。因刻于石,故谓之"约束石券"。河南所见约束石券只有一种,名为《东汉建初二年(77)侍廷里父老僤买田约束石券》。该石券提供一些汉代社会史新资料,特别是其中有关土地所有制及"僤"情况,具有较高的史料价值。

(五)土地买卖文书

土地是人们赖以生存的基础,历史上国家财政是建立在土地和人口之上,即赋役制度。任何一个朝代都非常重视土地与户口,"二十四史"的《食货志》几乎都把土地、户口、赋役列为首要内容。在封建社会里除了官田之外,大部分还是民田,土地的兼并、集中往往会直接影响到民生和国家治乱。历史上的流民暴动、农民起义无不涉及土地,他们都要争得土地权和生存权。

据史料记载,汉魏时期就有了土地契约法权的书面形式的存在,至明清间,土地契约文书更加完备周全。这正是适应了土地买卖、租佃等地权转移的频繁和土地买卖形式的多样性。土地契约文书以田契为中心,其他还有山、地、塘、坟地、宅基地等契约,简而统称为"地契"。《辞海》"地契"条:"中国旧时买卖或典当土地所订立的契约,载明其面积、价格及坐落、四至、由当事人和见证人签字盖章,并向当地政府登记纳税后生效。"在民间土地买卖中,口出无凭,怕节外生枝,必须签订土地买卖的契约。土地买卖契约的构成除了买卖双方签押外,还需要有中见人、书写人等中间见证人的签押,以示公正合法。

从法律角度来看,田契可分为赤契(红契、官契)、白契(私契)两种。买卖双方未经官府验证而订立的契据叫作草契或白契;立契后,经官府验证并纳税,由官府为其办理过户过税的手续,在白契上粘贴契尾,加盖县州府衙的官方大印(规定印为正方形,字体为篆体,颜色为红色,这样比较明显,一眼便能认出),这样就形成了官契,或者也叫作红契,只有"红契"具有法律效力。

白契,是民间私人土地买卖的契约文书。一般写在不易风化、较为牢固坚韧、能防水渍的白桑皮纸上,由出卖人立契,内容需有出卖人姓名、出卖原因、土地数量、位置、卖价、交讫时间、租税额、交割入册、官业归属、防止和注意事项等。交易后,双方不许反悔,先悔者要罚款,而原契仍旧生效。此外,如有特殊情况,卖方也须在私契上写明,如卖方原土地上有附属物(青苗、木植、堆房、水碓)、火佃(佃户、佃户住房)等,写明一并卖给对方,更要写明买主,自交割之日起即归业户受业。为了表示契约的公正性,必须有中见人,或称凭中、凭中人、中人、见人等。中见人一般是由年长有声望者担当。书写人,或称书契人、代笔人、代笔,负责书写契约。卖主称立契人、卖契人、契人。上述人员(除业户外)都需要一一画押(签字)。赤契,亦称红契,是经政府登记入册认可的原始文书,收取契税之后加盖政府印钤,故又称为官契。赤契文字内容如同白契,有的重抄白契内容写在统一印制的官契纸上,也有的无印制的官契纸只抄在一般契纸上,但都须加盖政府官印。

根据土地契约文书因土地买卖和地权转移情况的复杂性,又可分出死契、批契、活契等几种。死契,即卖主一次性将地权卖断,不再赎找,不再加价,出卖时收取田价后就将土地所有权转让给买方(业户),并由业户负担国家的税粮。这是永久性的契约,故亦称绝卖契、卖断契。批契,是卖主第一次立契将地权转让给买主(业户)管业后,地权转移过程中即告完成。但是,后来的新业户将此地权再次出卖时,而不用再另立契约,只须在原契上加上批文,载明立契人再次卖给第二业户,并注明第二次交易时买卖双方的姓名、日期、银价等,这种契约亦能生效,称作"批契"。活契,与死契相对而言,具有相当的活动空间。这类契约最为复杂有典契、当契、换契、补契、赎契、添契等形式。卖主立契时没有将地权一次性卖断,留有收回、增添等余地。有的仅属于出典,收取典金;有的属于抵押,称当契,在约定时限内可以向买方偿还买方原典当的金额即可收回地权,如过期不赎,就成为死契。补契(加价契)、添契(加添契)指卖方不是一次性收买方田价银,而是分期收取价银。

现存河南古代土地契约文书数量很多,特别是明清及其之后的土地契约更多。本书重在对古代契约文书进行搜集与整理,我们从中选出较为重要的河南省古代契约文书4件,虽数量不多,但均具有典型性。金代1件:《金大定二十八年(1188)修武县马用父子卖地契》;清代3件:《康熙二十三年(1684)赵豸生地契》《康熙五十九年(1702)张士凤官契存照》《乾隆元年(1736)王世德卖契》。

综上可知,河南省古代契约文书是中原地区下层百姓各种交易的原始记录,是反映中国农村历史实态的各种文字、图表等不同形式的原始记录,在中原历史研究上具有重要的价值。这些契约文书数量丰富,种类多样。我们对其进行了较为翔实的考释,以期为研究者提供一个相对可靠的研究文本。

二、河南省古代契约文书的构成要素分析

河南省古代契约形式已基本成熟，包含了立契时间、业主姓名、钱主姓名、确定标的、契价与交割、卖主担保事项、卖主署名画押、中保人署名画押等八项构成要素，具体如下①。

（一）立契时间

古代契约上要注明立契时间或买卖时间，是一直为业主和钱主双方所重视的。在一般的情况下，立契时间与买卖时间是一致的。这一时间标志着所有权的让渡，在法律上有时效的作用，而且时效应当从立契时开始。

河南地区古代契约多数都有此项内容，日期的写法并不固定，有的写有详细的年、月、日，并有相应的干支；有的则只写有年、月、日，一般不配干支。河南省古代土地契约、买地券、立僤公约等，基本都采用这两种格式。

写有详细的年、月、日并有相应的干支，例如，《西汉建元元年（前140）荥阳邑王兴奎买田铅券》："建元元年夏五月朔廿二日乙巳。"《西汉黄龙元年（前49）南阳郡诸葛敬买地铅券》："黄龙元年壬申五月丙子朔八月乙亥。"《东汉延光四年（125）东郡李德买地铅券》："延光四年乙丑朔三日庚午。"《东汉桓帝元嘉二年（152）河南缑氏镇墓文》："元嘉二年十二月丁未朔十四日甲申。"《宋至和三年（1056）胡进买地券》："维至和三年岁次丙申三月癸丑朔八日庚申。"《金天德二年（1150）钱择买地券》："维大金天德二年岁次庚午四月丁未朔二十四日庚午。"《金大定二十九年（1189）董承祖为祖董贵□买地合同》："维大定二十九年闰五月二十六日乙酉。"

也有部分只写有年、月、日，不配干支，如《东汉永平十六年（73）姚孝经买地券》："永平十六年四月廿二日。"《东汉建宁三年（170）洛阳赵氏镇墓文》："建宁三年九月□日。"《东汉建初二年（77）侍廷里父老僤买田约束石券》："建初二年正月十五日。"《宋庆历四年（1044）王典买地契券》："庆历四年八月初七日。"《宋元祐元年（1086）赵怀为父赵荣等买地契》："元祐元年八月□日。"《宋宣和七年（1125）刘真买地券》："宣和七年五月十三日。"

此外，河南省古代契约文书中也有不写立契时间的。推测其原因有二：其一，买卖契约是绝契，一旦钱货两清，关系也就结束。有契在手，写不写明时间，不很重要。其二，小件货物，买卖立契之后，争议很少。不仅立契时间的书写不被重视，这样的契约本身也不太被重视。至少比土地契约的重要性差得很多。所以人们对于这类契约条款的要求就不那么严格。

---

① 本部分内容参考了于振波：《秦汉法律与社会》，湖南人民出版社2000年版，第142-169页；张传玺：《契约史买地券研究》，中华书局2008年版，第173-229页。

（二）业主（卖主）姓名

卖主（业主）是土地出让者，是缔约双方之一。在议成契立后，则又是"义务"的承担者，因此，卖主在契约上署名是必要的。

从现存的青铜器铭文来看，西周的契约已有卖主姓名，但属于第三人称写法，近于以代书中保人的口吻书写。汉魏开始，古代契约文书中不仅有业主（卖主）姓名，还在卖主姓名之前写明籍贯、政治身份（若无，则不写）及性别等。

河南省早期契约文书中业主姓名大多采取后一种方式。例如，《西汉建元元年（前140）荥阳邑王兴奎买田铅券》："武阳太守大邑荥阳邑朱忠。"《西汉黄龙元年（前49）南阳郡诸葛敬买地铅券》："南阳男子马吉庆。"《东汉建宁二年（169）王未卿买地铅券》："河南街邮部男袁叔威。"《东汉建宁四年（171）洛阳县孙成买田铅券》："洛阳男子张伯始。"《东汉光和七年（184）樊利家买地铅券》："洛阳男子杜歌子。"《东汉中平五年（188）洛阳县房桃枝买地铅券》："同县（雒阳）大女赵敬。"《金大定二十八年（1188）修武县马用父子卖地契》："修武县七贤乡马坊村故税户马愈、男马用同弟马和。"

以上数例均写明了籍贯与性别。当然，我们还注意到，河南省古代契约文书中业主多为男性，偶见女性，但是数量极少，这可能与当时男女社会地位已经开始出现不平等有关。至于明清时期，业主姓名则大大简化，大多只写上姓名，如《康熙五十九年（1720）张士凤官契存照》为"张士凤"、《乾隆元年（1736）王世德卖契》为"王世德"。

这些卖主和所卖产业的关系是清楚的，但在文字上有时并没特别写明，大多数只是写某人买了某人什么东西。例如：《东汉建宁二年（169）王未卿买地铅券》："河内怀男子王未卿，从河南街邮部男袁叔威，买皋门亭部什三陌西袁田三亩。"《东汉光和二年（179）河南县王当买地铅券》："青骨死人王当、弟伎偷及父元兴［等］，从河南□□□□子孙等，买谷郏亭部三陌西袁田十亩。"《东汉光和七年（184）樊利家买地铅券》："平阴男子樊利家，从雒阳男子杜歌子、子弟□买石梁亭部桓千，东比是陌北田五亩。"《东汉中平五年（188）雒阳县房桃枝买地铅券》："雒阳大女房桃枝，从同县大女赵敬买广德亭部罗西造步兵道东冢下余地一亩。"

写明卖主的所有权的也有一些，但数量不多。例如，《西汉黄龙元年（前49）南阳郡诸葛敬买地铅券》："诸葛敬从南阳男子马吉庆卖所名有青茭埠部罗佰田一町。"《东汉建宁四年（171）洛阳县孙成买田铅券》："左骏厩官大奴孙成从雒阳男子张伯始卖（买）所名有广德亭部罗佰田一町。"《东汉中平五年（188）雒阳县男子□□卿买地铅券》："同县男子申阿、仲节、季节、元节所名有当利亭部大阳仟（阡）北高岾佰（陌）西垣冢田一町。"《东汉□平□年河南县□孟叔买地铅券》:"雒阳男子王孟山、山子男元显、显子男富年买所名有……田□亩。"或反言之曰"卖与某人为有"。例如《西汉建元元年(前140)荥阳邑王兴奎买田铅券》:"武阳太守大邑荥阳邑朱忠,有田在黑石滩,田二百町,卖与本邑王兴圭为有。"

值得注意的是,以上各例中出现了"为有""所名有"等语词,即史籍和汉律的"名田"。董仲舒主张"限民名田"。《汉书·食货志》:"以赡不足,塞并兼之路。"《汉书·哀帝纪》记载了丞相孔光等乃奏请"诸王、列侯得名田国中,列侯在长安及公主名田县、道,关内侯、吏、民名田,皆无得过三十顷。"名田,即登记的私有田产,和食税的封邑截然不同。田一旦被"名",就为该名者所占有。所以,"名田"又称为"占田"。不论"名田""占田"或田"所名有",皆表示土地的所有权具备独占性和排他性。

此外,我们也发现河南省古代契约中也常见只有买主未见卖主的。例如,《东汉延光四年(125)东郡李德买地铅券》:"东郡太守李德迁葬于渑池县,买地一亩余。"《东汉延熹四年(161)钟仲游妻买地券》:"今平阴偃人乡苌富里钟仲游妻薄命蚤死……自买万世冢田。"《东汉熹平二年(173)雒阳县赵奇买地铅券》:"雒阳刺使(史)赵奇购迁于雒阳东七里。"《东汉召陵马荣买地铅券》:"东郡太守马荣,南阳召陵人……买地于雒阳东地。"

而且,我们还注意到,汉魏之后特别是宋元时期,这种形式成为河南省古代契约的主流。例如,《北魏永安元年(528)谯县刘兰训买地铅券》:"郡府丞官王将军长史……买地颍阴县之北。"《宋庆历四年(1044)王典买地契券》:"上蔡县郭下市北街西住宅没故亡人王典,今用银钱玖万玖仟玖佰玖拾贯文,就此黄泉赴邑射主边阑买得此地墓地。"《宋至和三年(1056)胡进买地券》:"没故[亡]人胡进,今用钱九万九千九百九十贯文买墓地。"

当然,也有出现卖主的,但是卖主名称与之前契约卖主为实名大不一样,宋金时期河南省古代买地券中卖主均为"黄天父""后土母""社稷主""皇地祇"等道教神名。例如,《宋绍圣四年(1097)李守贵买地券》:"愿比黄天父、后土母、社稷主边买得墓田壹所。"《金天德二年(1150)钱择买地券》:"于后土、皇地祇处买地一段。"《金大定十年(1170)杜氏为亡父母及张外翁外婆买地券》:"[皇][天]后土皇地祇处,买地一段。"

从现存河南省古代契约资料来看,大约在金元时期,民间契约在写法上已发生了根本性的变化,已改变原来第三者的写法为卖主第一人称的写法,表现在对卖主的写法上,一般是在卖主之前冠以"立契人""立卖契人"等字样,以表明卖主在契约关系中的地位或身份。多数还写明卖主产权的由来和出卖产业的原因等,这样就使卖主的身份更加明显。例如,《金大定二十八年(1188)修武县马用父子卖地契》:"出卖地业人,修武县七贤乡马坊村故税户马愈,男马用同弟马和……立契卖与全真门弟子王太和、王崇德为永业。"《康熙二十三年(1684)赵豸生地契》:"立契人赵豸生因为粮银急紧,无处办转。"《乾隆元年(1736)王世德卖契》:"立卖地契人王世德,今立文字,情因差粮紧急,无处起借。"

在封建社会中,由于家族共财之事的存在或有影响,在契约上如何处理卖主与其他家庭成员的关系,社会和官府都很重视,而且形成了比较一致的准则。如,宋代的律令,就有这样的规定:"交易田宅,自有正条,母在则合令其母为契首;兄弟未分析,则合令兄弟同共成契。"①这里所说的母亲和兄弟就是同卖人,同卖人在契约上都是要署名的。现在见到的河南省有同卖人的契约,以《东汉光和七年(184)樊利家买地券》为最早。其写法是:"平阴男子樊利家,从雒阳男子杜歌子、子弟□买石梁亭部桓千,东比之陌,北田五亩。"②其中之"子弟□",即为杜歌子的同卖人。

署名主要采取的方式是,契文中卖主和同卖人共见,契后亦联署联押。如,《金大定二十八年(1188)马用卖地契》,契文作"出卖地业人,修武县七贤乡马坊村故税户马愈男马用同弟马和,自立契将本户下□□地二段,共计贰亩叁厘,立契卖与全真门弟子王太和、王崇德为永业,修盖全真道庵"。契后注有"自立契出卖地人马用押同契人马和押"等字样。

(三)钱主姓名

钱主是缔约的另一方,是缔约关系中权利的一方,在契文中署名及如何署名,也是十分重要的。周代署名简单,一般只有名字,或有封号。汉晋南北朝时期,写法和卖主相同,有的有籍贯、政治身份或性别等。

河南现存古代契约文书多数写有籍贯、性别,有政治身份的也加上。例如,《西汉建元元年(前140)荥阳邑王兴奎买田铅券》书钱主作"本邑王兴圭";《汉建宁四年(171)孙成铅地券》书钱主作"左骏厩官大奴孙成";《东汉中平五年(188)雒阳县房桃枝买地铅券》书钱主作"雒阳大女房桃枝"。从现存河南古代契约来看,写上购买原因的是少数,多数不写原因。明清之后不少契约写上了购买的原因。如《康熙二十三年(1684)赵豸生地契》:"立文契人赵豸生因为粮银急紧,无处办转,今将自己家西滩下地一段,其地南北畛。"《康熙五十九年(1720)张士凤官契存照》:"立卖文契人张士凤因无银使用,今将自己分到房基三分段,四至畛长开列约后。其地坐落□□营,今

---

① 中国社会科学院历史研究所宋辽金元史研究室校:《名公书判清明集》卷九《母在与兄弟有分》,中华书局1987年版,第301页。
② 罗振玉跋《丙寅稿》:"此券近归金陵翁氏,夏间游沪江,得墨本,爰记其后。"仁井田陞、池田温、吴天颖、张传玺均有著录。

凭牙行张标讲说,情愿出卖于赵祯、赵祥名下永远管业。"

河南省早期契约文书中,对钱主的写法已经涉及所有权的让渡。如《西汉建元元年(前140)荥阳邑王兴奎买田铅券》:"武阳太守大邑荥阳邑朱忠,有田在黑石滩,田二百町,卖与本邑王兴圭为有。"

宋金以后,在部分契约上则更为明显地出现了表达产权转让的语句。后来还出现了卖与某人"名下",卖与某人"为永业"等字样。如《金大定二十八年(1188)修武县马用父子卖地契》:"立契卖与全真门弟子王太和、王崇德为永业。"《乾隆元年(1736)王世德卖契》:"情愿立契出卖与孝友里十甲于万珍永远作主。"这样的写法是符合私有财产转让的社会和法律要求的,这是契约写法的一个进步。

明清时期,河南地区的土地契约中还有写出卖主对钱主宗亲关系或称谓的。如《明代万历九年(1581)杨世清卖院地文契》:"立卖院地文字人杨世清为因夏秋分粮使用不便,孤身无处展转,将清自己原在叔杨得川名下置下院地一方……今立契书卖与兄杨上齐为业。"还有写"典与本户""出卖本枝"等的。《明代崇祯十四年(1641)王交英典地文契》:"今立典与本户王时记便种三年,中人言定,典价系艮壹两伍钱。当日交付,良草随地办纳,恐后史信,文约为用。"《清代康熙十一年(1672)王门杨氏、王交兴卖地文契》:"立今立吃出卖本枝民人王忠承业。"用宗亲称谓的,有的确有家族或亲戚关系,有些仅仅是同姓不宗,有的甚至无任何亲戚关系,只是沿用习惯称呼而已。

(四)确定标的

"标的",在契约关系中就是缔约双方所转让的财物。确定标的就是要明确此财物的经济或法律特点。秦汉时期,田地已为个人或家庭所私有,所以,不论大小必有疆界以区分彼此的权属,即田籍的"四至"。在土地买卖关系中,不论是田地或是墓地,都要具体指明某块土地。这块土地要有明确的坐落、四至、面积等。

周代的契约,田地有数量,但坐落和四至往往很少记载。有的即使有坐落,也不很明确。汉代以后,确定标的有很大进步。在早期的买地券文中,标的都比较明确具体,与人间土地买卖契约所书无甚差别。例如《东汉建初六年(81)靡婴买地玉券》记靡婴所买冢田,"南广九十四步,西长六十八步,北广六十五,东长七十九步,为田廿三亩奇百六十四步"。又记"东,陈田比分;北、西、南,朱少比分"①。

河南古代买地券中这种用例很多,例如:《东汉延光四年(125)东郡李德买地铅券》:"东部李校尉,西部黄家后里,南部路,北和睦里。"《东汉建宁四年(171)雒阳县孙成买田铅券》:"卖(买)所名有广德亭部罗佰田一町,贾钱万五千,钱即日毕。田东比张长卿,南比许仲异,西尽大道,北比张伯始。"《东汉熹平二年(173)雒阳县赵奇买地铅券》:"雒阳刺使赵奇购迁于雒阳东七里,计地廿八丈四尺。东家和陆里,西赵家后田。"《东汉中平五年(188)雒阳县房桃枝买地铅券》:"田东、西、南比旧□,北比樊汉昌。"《东汉中平五年(188)雒阳县男子□□卿买地铅券》:"从同县男子申阿、仲节、季节、元节所名有当利亭部大阳仟(阡)北高陆佰(陌)西垣冢田一町,东西长廿五步,南北卅八步,东□东出角佰,广五步,长五十四步,并为田五亩。……田东比沐君谦、沐君高、沐□□;南比章延年、章仲千、章阿□;西比申阿、申仲节、季节、元节;北比申阿、申中节、季节、元节。"

以上此数例中,亩积、四至是很清楚的。但却没有坐落。这一时期有些买地券也有书有坐落、亩积,但是四至不明。例如,《东汉熹平二年(173)雒阳县赵奇买地铅券》:"雒阳刺使赵奇购迁于雒阳东七里,计地廿八丈四尺。东家和陆里,西赵家后田。"《东汉建宁二年(169)王未卿买地铅券》:"从河南街邮部男袁叔威,买皋门亭部什三陌西袁田三亩。"《东汉召陵马荣买地铅券》:"买地于雒阳东地,计廿四丈五尺。"

出现这种情况的原因,可能是这时候河南地区的契约还不很成熟。在买地券中,这样朴实无华地书写标的的状况,没有多久就发生较大的变化,主要原因是由于买地券的迷信化和道教化。东晋以后,迷信程度日益加重。河南古代买地券中这种用例很多。例如:《东汉光和二年(179)河南县王当买地券铅券》:"买谷郯亭部三佰西袁田十亩,以为宅。贾直钱万,钱即日毕。田有丈尺,券书明白。故立四角封界,至九天上,九地下。"《东汉□平□年河南县□孟叔买地铅券》:"上至苍天,下至〔黄泉〕。"《宋庆历四年(1044)王典买地契券》:"买得此地墓地,周流一倾,东至青龙,西至白虎,南至朱雀,北至玄武,四至分明。"《宋至和三年(1056)胡进买地券》:"南北长四步,东西阔三步。东至青龙,西至白虎,南至朱雀,北至〔玄〕〔武〕。"《宋元祐元年(1086)赵怀为父赵荣等买地券》:"其地东至青龙,西至白虎,南至朱程,北至

---

① 初著录于端方《陶斋藏石记》卷一,罗振玉《蒿里遗珍》与《地券征存》,刘承幹《希古楼金石萃编》卷六,杨守敬《壬癸金石跋》,张传玺《中国历代契约会编考释》,仁井田陞《汉魏六朝的土地卖买文书》,池田温《历代墓券略考》均录有释文。文中所引券文均为笔者参校各家后,重新做的校录。

玄武。"《宋绍圣四年(1097)李守贵买地券》:"其地左至青龙,右至白虎,前至朱雀,后至玄武,上至仓天,下至黄泉。陆至分明,各有其处。"《宋元符二年(1099)赵□买地券》:"买□□□,东西广十九步,南北长二十二步。东至青龙,西至白虎,南至朱雀,北至玄武。"《金天德二年(1150)钱择买地券》:"南北长二十一步,东西阔一十七步。其地东至青龙,西至白虎,南至朱雀,北至玄武。"《金大定二十九年(1189)董承祖为祖董贵□买地合同》:"东西一十九步,南北一十九步。东至青龙,西至白虎,南至朱雀,北至玄武。"《金明昌二年(1191)赵通为先祖父母买地券》:"东西十五步,南北十六步二分。东至青龙,西至白虎,南至朱雀,北至玄武。"《元宪宗八年(1258)冯汝楫为曾祖冯三翁买地合同券契》:"南北长二十步,东西阔十七步五厘。东至青龙,西至白虎,南至赤雀,北至玄武。"《至元二十五年(1288)卫辉路齐□□买地砖券》:"买到地一段,南北长一十六步,东西阔一十四步一分八厘七毫五系。东至青龙,西至白虎,南至朱雀,北至玄武。"《元贞二年(1296)冯兴等为祖父买地券》:"买到坟地一所,南北长一十七步伍分,东西阔一十七步二分,计地壹亩贰分。"

  出卖田宅,有时须对定着物的处置取得协议。田地里的定着物有树木、房屋或其他有永久性的建筑物等,房屋庭院则有树木、水井等。有的还有道路、水渠等。定着物卖与不卖,或是否仍旧,要将协议载入契约,以便双方共同遵守。这种做法至少在两汉时已经开始。如《东汉建宁四年(171)孙成铅地券》载有田中"根生土著毛物,皆属孙成",这样的协议是明确的。这样的做法在此后近两千年间,一直沿用着,其名称叫作"批凿",写得更加具体明确。

  关于四至,清代金石家王芭孙曰:"书地界四至,虽自晋太康瓦甋有之,唐人则见于开元廿八年王守泰《记石浮屠》后书东、西、南、北四至之下,又总之曰:'四至分明,永泰无穷。'末加吉语,虽出汉例,在唐为创见。"叶昌炽亦据《记石浮屠》后书四至例而谓"后人田宅署券,盖仿于此"。这些说法都已过时了。如上所述,在东汉的买地券上,已有四至。《东汉建宁四年(171)孙成卖田铅券》要比《晋太康五年杨绍买地甋》早一百多年。唐、宋、元、明、清和民国,都是如此。多数将四至写于田地坐落或亩积之下,也有少数在很醒目的地位写于契约之中的,或以四柱式列于契文之后。如《金大定二十八年(1188)修武县马用父子卖地契》写作:"谨具开坐如后:一、出卖村南竹菌地一段,南北峻,东长贰拾陆步伍分,西长贰拾陆步伍分,南阔壹拾陆步,北阔壹拾步。并次东一段,东长雕拾陆步,西长雕拾捌步半,南阔壹拾步,北无步。"

  从以上用例可以看出,确定标的在契约中是十分重要的事项,三千年来,此项的书写一直为人们所重视。

(五) 契价与交割

议明契价,进行交割,是转让关系的关键性行为,必须载明于契约。《格伯簋铭文》中的"良马乘"对"三十田"来说,就是"契价";"则析"是"析券成议",就是田、马两交分付,后代称之为"交割"。可见契约上的契价与交割一项,由来已久。

汉魏晋南北朝时期,契约中关于契价的写法,一般只写总值。交割一项,往往一并写明。如《汉欧威卖裘契》:"裘一领,直千百五十,约里长,钱毕已。"《汉受奴卖田契》:"田卅五亩,贾钱九百,钱毕已。"赊买的,如《汉张中功贳买单衣契》曰:"贳买皂布章单衣一领,直三百五十三,……钱约至十二月尽毕已。"

河南地区古代买地券中也常见这种用法。例如,《西汉建元元年(前140)荥阳邑王兴奎买田铅券》:"贾钱二万五仟五佰。其当日交评。"《西汉黄龙元年(前49)南阳郡诸葛敬买地铅券》:"直钱二万一千。钱即日毕。"《东汉延光四年(125)东郡李德买地铅券》:"买地一亩余,价直钱万二千。"《东汉延熹四年(161)钟仲游妻买地铅券》:"贾直九万九千,钱即日毕。"《东汉建宁二年(169)王未卿买地铅券》:"亩贾钱三千一百,并直九千三百钱,即日毕。"《东汉建宁四年(171)雒阳县孙成买田铅券》:"贾钱万五千,钱即日毕。"《东汉光和元年(178)曹仲成买地铅券》:"亩千五百,并直九千,钱即日毕。"《东汉光和二年(179)河南县王当买地铅券》:"贾直钱万,钱即日毕。"《东汉光和七年(184)樊利家买地铅券》:"亩三千,并直乃五千钱,即日毕。"《东汉中平五年(188)雒阳县房桃枝买地铅券》:"直钱三千,钱即毕。"《东汉中平五年(188)雒阳县男子□□卿买地铅券》:"贾钱亩五千五百,并为钱二万七千五百五十,钱即日毕。"《宋庆历四年(1044)王典买地契券》:"即日地钱交相分付讫。"

以上契约文书中交割的写法,只说明契价交付的情况,未说明物业也就是所谓标的交付的情况。这从交割是买卖双方当事人履行银货授受的行为这一要求来说,还不够科学。宋代以后,少数契约仍有这样的缺点,但多数契约对交割情况已写得具体明确。例如,《宋元祐元年(1086)赵怀为父赵荣等买地契》:"其钱分付天地神交相讫,自后各不许侵。"《宋绍圣四年(1097)李守贵买地券》:"其买地钱分付与天神明了,两无悬欠。"

(六) 卖主担保事项

物业转让关系在交割之后,一般是钱主对于标的拥有权利;卖主对于标的,在规定的时间之内,承担着协议的义务。权利就是对于标的的所有权。义务是对标的不确、产权不明等情况,要承担责任。从传世典籍记载来看,

汉代已有此项内容。如《东汉光和七年(184)樊利家买地券》:"若一旦田为吏民秦胡所名有,歌子自当解之。"但是,多数汉代契约是没有此项内容。这说明了此时的契约,至少在这一条上,还不成熟。

宋元之后的河南古代契约,卖主担保事项已成为土地买卖契约的重要内容之一,而且写得明确具体。如《宋庆历四年(1044)王典买地契券》:"於后不得侵夺。执此契券为据。"《宋元祐元年(1086)赵怀为父赵荣等买地契》:"其钱分付天地神交相讫,自后各不许侵。"《清康熙五十九年(1720)张士凤官契存照》:"当日交足无欠,自卖之后,永无返悔。地内原有树木亦在卖数,如有户族人等争差者士凤一面承当。"《清乾隆元年(1736)王世德卖契》:"其银当日交足,并不短少。日后倘有户族人等违碍不明等情,并不与买主之事,系卖主一面承当。"

卖主担保事项是卖主的义务,是受社会和法律约束的。河南地区清代产业转让契约上还出现了罚则事项,这是卖主担保事项的发展。如《清康熙二十三年(1684)赵豸生地契》:"其银当日交足无欠,永不幡悔,干罚白米五石,入官公用。"罚则是缔约双方就违约行为议定的处罚事项,一般也叫作"索赔"事项。

(七)中保人署名画押

中保人也叫作中证人,是在买卖关系中充作中介人和证明人的总称。文献记载,春秋战国时期,由于商品货币关系的发展,已有职业中介人出现。可能最早以说合牛、马交易为主,所以称作"驵"。《吕氏春秋·尊师》曰:"段干木,晋国之大驵也。"高诱注:"驵,侩人也。"毕沅新校:"侩,疑与侩通。"《史记·货殖列传》:"节驵会。"《集解》:"驵,马侩也。"《汉书·货殖列传》作"节驵侩"。

河南省汉代契约文书中,中介人和证明人不分,笼统地称之为"时旁人""时证知者""知券约"等。这些名称都有中保人之意。多数中保人不是专业人员,而是买卖双方的亲友、邻居或伙伴等。而且,因为多数是亲戚、朋友,多数契约仅书写姓名或简称姓,不再言及籍贯和任职等。如《西汉黄龙元年(前49)南阳郡诸葛敬买地铅券》:"时旁人丁阳、郭平皆知券约。"《东汉延熹四年(161)钟仲游妻买地券》:"时证知者,□□曾□□□□□□□。"《东汉建宁四年(171)雒阳县孙成买田铅券》:"时旁人樊永、张义、孙龙、异姓樊元祖,皆知张约。"《东汉光和元年(178)曹仲成买地铅券》:"时旁人贾、刘,皆知券约。"《东汉光和七年(184)樊利家买地铅券》:"时旁人杜子陵、李季盛,沽酒各半,钱千无五十。"《东汉中平五年(188)雒阳县房桃枝买地铅券》:"时旁人樊汉昌、王阿顺皆知卷约。"

宋金时期,河南省买地券文书中除了证明人之外,又细分出保人、书契人、见人等不同身份,职责更加明晰。但是,由于买地券多是与鬼神签订的虚拟的契约文书,其见人、证人、书契人等多为道教鬼神,不需或不能画押,所以,见人、证人、书契人等均未见有画押的情况出现。例如,《宋庆历四年(1044)王典买地契券》:"知见:东王公、西王母。书契人:功曹。读契人:主簿。保人:张坚固、李定度。"《宋至和三年(1056)胡进买地券》:"保人:张坚[固]。见人:李定[度]。"《宋绍圣四年(1097)李守贵买地券》:"一、代保人:如后。一、代保人:张坚固。一、代保人:李定度。见人如后。一见:天神;一见人:地祁。"《宋元符二年(1099)赵□买地券》:"见人:岁月主[者](星)。保人:今日直符。"《宋宣和七年(1125)刘真买地券》:"买地人:孝孙男刘真。代保人:岁德、月德。引领人:真符使。牙人:张不明。见人:本土地。"《金天德二年(1150)钱择买地券》:"见知人:岁月星。主保人:今日直符。"《金大定十年(1170)杜氏为亡父母及张外翁外婆买地券》:"见知人:岁月星;主保人:今日直符。"《金大定二十九年(1189)董承祖为祖董贵□买地合同》:"知见人:岁月主。保人:今日直执符。"《金明昌二年(1191)赵通为先祖父母买地券》:"知见人:岁月星。保人:今日直符。"《元宪宗八年(1258)冯汝楫为曾祖冯三翁买地合同券契》:"知见人:岁月主。保人:今日直符。"《元至元二十五年(1288)齐□□为祖先买地券》:"知见人:岁月主。保人:今日直符。"《至元二十五年(1288)卫辉路齐□□买地砖券》:"知见:戊子巳卯日(月);代保人:今日直符申。"《万历三十七年(1609)孙遇诰买地券》:"知见人:岁主神后之神、月主太乙之神。代保人:日主小吉之神。左邻人:东王公。右邻人:西王母。验地人:白鹤仙。书契人:青衣童子。"

宋金之后,河南省土地契约与买地券呈现出明显不同的特点,即其见人、证人、书契人等各种身份的人都必须要画押。例如,《金大定二十八年(1188)修武县马用父子卖地契》:"同立契人马和(押)。引领人部下王守钞(押)。写契人本村王莹(押)。"《康熙二十三年(1684)赵豸生地契》:"全中人赵鸿时画(押)。秦国才(画押)"《康熙五十九年(1720)张士凤官契存照》:"同牙行知见人张怀秀、孙显之。"《乾隆元年(1736)王世德卖契》:"立卖地契文字人王世德(画押)。房税人:王世荣(画押)同中人:于有富(画押)。于渊(画押)。武要状(画押)。于淋(画押)。阎正祥(画押)。"

此外,在河南省汉代的契约文书中,还记载有给中人致酬之事,多为饮酒,由买卖双方平均负担。如《西汉建元元年(前140)荥阳邑王兴奎买田铅券》:"其日共人,沽酒各半。"《西汉黄龙元年(前49)南阳郡诸葛敬买地铅券》:"时旁人丁阳、郭平皆知券约,沽酒各半。"《东汉建宁二年(169)王未卿买地铅券》:"时约者袁叔威。沽酒各半,即日丹书铁券,为约。"《东汉建宁四年(171)雒阳县孙成买田铅券》:"时旁人樊永、张义、孙龙、异姓樊元祖,皆知

张约。沽酒各半。"《东汉光和七年(184)樊利家买地铅券》:"时旁人杜子陵、李季盛,沽酒各半,钱千无五十。"《东汉中平五年(188)雒阳县房桃枝买地铅券》:"时旁人樊汉昌、王阿顺皆知卷约。沽各半,钱千无五十。"《东汉中平五年(188)雒阳县男子□□卿买地铅券》:"沽酒各半。官钱千无六十,行钱无五十。"《东汉□平□年河南县□孟叔买地铅券》:"凡□□、樊□元,皆知卷〔券〕约。沽酒各〔半〕。"

值得注意的是,这种情况在东汉之后未见有用例。但是,却在相似的位置出现了"急急如五帝使者女青律令""急急如五帝女青律令""急急如律令"等新现象。这当也是与买地券现实色彩减弱,道教色彩逐渐增强的演变规律相吻合的。

综上可知,以上七项是以田宅买卖为主的契约的基本条款,如从西周算起,这些条款的齐备和完善过程,经历了一千六七百年,至唐宋时期,才基本定型。当然契约日益完善是人们长期使用契约的经验的结果,但契约样文的流传,也起了很大的作用;宋代以后的标准契约和官版契纸的作用自然更要大一些,其他契约的款式与田宅买卖契约大体相同。只是不同契约对具体内容有其特殊的要求。如典当、租佃、借贷等活契,要写明时限、地租数额或利息比例等。有的除中保人外,还有关于设定担保物权的规定。雇佣契约要有雇佣时限、待遇及一些特殊条款,如工作态度、工具损坏的赔偿、越规行为的责任、疾病死亡等。但所有这些,仍属于缔约双方的权利和义务的范围。

就买卖关系而言,只要交易符合有关法律,双方对标的没有争议,并且做到一手交钱一手交货,买卖就算告成,无须再另行规定期限。而对于赁卖、借贷关系而言,规定期限就显得很有必要了。

第三章

河南省古代契约文书的语言特点及研究价值

契约文书是应用性文体之一,西汉以后历代都有流传,现今所见多属中古、近现代汉语时期。从文献学角度来看,具有历史悠久、数量庞大、分布区域广,语言有"同时性""口语化强"等特点;从语言学角度观察,也很有特色,是汉语词汇史研究中值得关注的一个领域。

一、河南省古代契约文书的语言特点

(一)多用固定的格式套语

契约文书属于应用文体,应用文书的一个特点就是一般都具有稳定的书写格式。这种稳定性表现在,在长期的写作过程中逐渐形成了为大家所接受,约定俗成的惯用格式,而如果这种格式被法定化,则成为规范格式。在这些规范的惯用格式中就有了一些固定的格式套语。这些格式套语不仅是文书书写时的固定用语,也是我们判断区别一种文体的最直观的依据,是这种文体所独有的语言特征。地契的格式用语从汉代开始,经过唐、宋、元、明的不断实践,到清代已经固定化。契约文书中的地契多有规定双方责任义务的条款,这些条款因其约定俗成而成为契约中的套语,基本上包含了契约当事人、成契理由、标的、对价及交付方式、异议担保、契书状态、中人参与并签押等方面,每个部分都有固定的套语,当然这种格式套语不仅是语词上的固定用语,也是契约不可或缺的条款。契约当事人部分的格式套语如:"立永卖地文契人王诰""立文契人赵豸""立买地契人王世德""立卖契人孙耀""立卖地文约人杜桧如"等;成契理由的套语如:"因无钱使用""因为粮银急紧、无处办转""情因差粮紧急,无处起借""因为无银使用""因为使用不给""情因无银乏用""因为使用不便""因为耕种不便"等;标的、对价及交付方式套语如:"滩下地一段,其地南北畛,计地陆亩,东至赵振铎,西至赵振

学,南至山,北至二畛头。……言定时值卖价银一两整,其银当日交足无欠"等。异议担保套语如:"自卖之后,永无反悔""自典之后,永无反悔""恐后无凭,立字存证""空口无凭,立典契存证""恐口难凭,立卖契文字存照""恐口难凭,立契存证""恐后无凭,立卖契存照""恐口难凭,故立永远死契文字为证""恐口不凭,立契存证""恐后无凭,立约存照"等。

(二)习用方俗词语

说来有趣,中国的传世文献里,不论是出土文献,还是纸质文献,愈是接近民间大众的语料,愈具有语言学史价值。因为老百姓的表达是口语性的。文化程度的落后,使老百姓在表达时只有口语性选择,而没有文雅的书面语选择。再加上地契主要属于"私契","官不为理",所以给广大的老百姓赋予广阔的语言表达空间,他们不必为无法写出文理优长的正统文书而着急,在街坊邻居、父老乡亲间,他们可以任意地使用口语、方言、俗语词(而且只能如此。因为他们中间大多数都是文盲),只要把意思表达清楚就行。例如:

[急紧/紧急/急缺]

[办转/起借/凑办]

缺乏银粮叫作"急紧""紧急""急缺"等。

没有办法借到钱,称作"无处办转""无处起借""无处凑办"等。

《康熙二十三年(1684)赵豸生地契》:"立契人赵豸生因为粮银急紧,无处办转。"道光元年(1821)秦广余官纸:"因为急缺使用,无处凑办。"

《乾隆元年(1736)王世德卖契》:"立卖地契人王世德,今立文字,情因差粮紧急,无处起借。"

[滩下地/滩地/河坡地/高堰地/池底地/场地/沟地/三尖地/三坡地/三水地/山地/平地]

以上土地的名称是根据土地的形状及坐落位置命名的。有地势较高的,如"山地""山坡地""高堰地""场地""三坡地";有地势较低的,如"滩下地""滩地""池底地""沟地""三水地"等。《汉语方言大词典》:"滩,山间或高原间平坦而低的地带。"

[小圪柳地/圪堆后路堰地/圪堆后下地/圪垠地]

按,圪垠,亦作"圪梁""圪柳",山西方言词,义指山脊,山岗。土丘,高地,是根据地势命名的。《汉语方言大词典》:"地方。东北官话。你是哪圪人?前缀。附于名词、动词、形容词、量词前,泛指动作持续或短暂、程度等。""圪列,山冈和丘陵。中原官话。""圪柳,弯曲不直。"清光绪丁未年(1907)《米脂县志》:"俗呼山脊曰圪梁。"《咸丰二年(1852)张发越永远死契》:"今将自己祖业地名小圪柳地中地一十二亩,照地起粮纳社。"《同治八年(1869)郭可义典契》:"今将自己分到祖辈圪堆后路堰上下地四亩,计地一段。"《光绪三年(1877)郭可义典契》:"因同治八年(1869)将圪堆后下地五亩今出典于李逢庚名下。"

[白地/熟地/荒地/花地]

以上是根据土地的属性命名的。"白地"是指没有种植过庄稼的地。"熟地"是指经常种庄稼的地。"荒地"是指虽然种植但不产粮食的地。"花地"指不常种庄稼之地。

[争竞/争差/争兢/争端为碍/争碍/争差违碍/争阻]

《汉语方言大词典》:"争竞,争执;计较。""争差""争碍""争阻"等皆此意。《嘉庆年间刘英士卖约》:"如有人争碍者。"《嘉庆五年(1800)董大典地契据》:"如有户族人等争差违碍者。"

[包][包钱/包粮/包地]

《汉语方言大词典》:"包,赔;赔偿。"《乾隆三十八年(1773)王诰卖契》:"地内麦苗买主全收,包麦种一抖。"《道光二十二年(1842)孟铁同子芒生卖契》:"言明此地不取粮包钱五百文。"《道光二十七年(1847)张端卖契》:"外有画字银包割食七钱。"《光绪三十二年(1906)张铁梁典契》:"每一年共包大粮大钱四百文。"

[央/央人]

"央"即"求"之义。"央人"即"请求中人"之义。《嘉庆年间张居让卖契》:"央人说合。"《光绪二十九年(1903)张景元当契》:"央中说合。"

[课]

《汉语方言大词典》:"课,地租。官话。李南力《姜老三入党》:'社上的地不叫他种了,他去求了一次细老头,加了五斗课。'"《同治六年(1867)郭永全当约》:"立课约人郭永全今课到奶奶社地五分整,后以每年课子钱五百文,恐后无凭,照此。"《光绪三十二年(1906)张铁梁典契》:"立课地字人张铁梁,因无地耕种,今课到张同庆名下地二亩,四至坐落俱照前约,同中说合每一年共出地课花二十斤。恐口不凭,立字存证。"《道光元年(1821)秦广余官纸》:"今将自己原分到前坡下地三亩五分计地三段,其地东西畛。东至地稍堰坡根,西至地稍水心,南至前堰根,北至后堰根。……任其卖住穿井安茔。……面批红土沟古路一条出入通行。"

[承当]

按:"承"指承担,担当。《诗经·鲁颂·閟宫》"则莫我敢承"孔颖达疏:"承,当待也。"《史记·秦始皇本纪》:"靡不清净,施于后嗣。化及无穷,遵奉遗诏,永承重戒。"契约文书中的"承",表示订立契约的双方要承担的义务和责任。"承当"同义连文,亦为承担义。首见于吐鲁番出土文书《唐龙朔元年(661)孙沙弥子夏田契》:"祖殊佰役,仰田主了;渠破水□,仰更田仁承当。两主和可立契。"《汉语大词典》引例是《类说》,略晚于吐鲁番出土文书。

二、河南省出土买地券词语研究对辞书编纂的价值

我们查阅了河南地区出土和传世文物方面的各种著作、论文,以及河南等省市博物馆等馆藏拓片与摹片,共收集到确实可信的河南地区两汉买地券17件。这些买地券中含有大量与土地交易相关且为大型辞书失载的疑难词语。本书对这些买地券中的语词进行了抉发、诠释、举证,既便于弄清这些词语的源流,又对古籍整理及大型辞书的编纂有所裨益。

(一)对《大词典》词条立目方面的补正

【適负】

《东汉光和二年(179)河南县王当买地铅券》:"生人无责,各令死者无適负。"①

按:"適负",罪过。"適"在两汉买地券中常见,一般指不好的事情。適,本通"谪"。从语音上看,適,书母,锡部;谪,端母,锡部。锡部叠韵,属叠韵通假。朱骏声《说文通训定声·解部》:"適,假借为谪。"《汉书·陈胜传》:"適戍之众。"颜师古注:"適读曰谪,谓罪罚而行也。"可见,"適"与"谪"可通假。《说文·言部》:"谪,罚也。"《通俗文》:"罚罪曰谪。"谪,就是罪过、惩罚的意思。《诗·商颂·殷武》:"岁事来辟,勿予祸適,稼穑匪解。"朱珔云:"此以適为谪之假借。"高亨曰:"適,借为谪。谴责,惩罚。"《睡虎地楚简·秦律·司空》:"百姓有母及同牲为隶妾,非適罪殴而欲为冗边五岁,毋赏兴日,以免一人为庶人,许之。"负,罪也。同义连用。《资治通鉴·晋惠帝元康九年(299)》:"虽知事小,而按劾难测,骚扰驱驰,各竞免负。"胡三省注:"负,罪负也。"《大词典》未收此词,可补词条。

---

① 出自《文物》1980年第6期。以下引例出处与此同。

【亭部】

[1]《东汉建宁二年(169)王未卿买地铅券》:"买皋门亭部什三陌西袁田三亩,亩贾钱三千一百,并直九千三百钱。"①

[2]《东汉建宁四年(171)雒阳县孙成买田铅券》:"从雒阳男子张伯始卖(买)所名有广德亭部罗佰(陌)田一町,贾钱万五千。"②

[3]《东汉光和元年(178)曹仲成买地铅券》:"从同县男子陈胡奴买长谷亭部马领佰北冢田六亩,亩千五百。"③

按:"亭部",汉代地方基层的行政区划。《汉书·百官公卿表》:"大率十里一亭,亭有长;十亭一乡,乡有三老、有秩、啬夫、游徼……;县大率方百里,其民稠则减,稀则旷,乡、亭亦如之。"因此,汉代地方县的行政区划是县—乡—亭三级,以亭为最基层。亭所统治的地区,汉代称为"亭部"。《汉书·元帝纪》:"(永光四年)以渭城寿陵亭部原上为初陵。"又《汉书·哀帝纪》:"以渭城西北原上永陵亭部为初陵。"《后汉书·章帝纪》:"诏凤凰黄龙所见亭部无出二年租赋。"李贤注:"《东观记》曰:凤凰见肥城句窳亭槐树上。《古今注》云:黄龙见洛阳元延亭部。"有的记载更明确指出土地所在地是属于"××亭部"。《汉书·张禹传》曰:"自治冢茔,起祠室,好平陵肥牛亭部处地。"《三国志·魏志·贾逵传》注引《魏略·杨沛传》亦曰:"后占河南夕阳亭部荒阳二顷。"买地券文书中这种用例繁多,《樊利家买地铅券》所记是"石梁亭部",《东汉中平五年(188)雒阳县房桃枝买地铅券》是"广德亭部",《□□卿买地铅券》是"当利亭部",《王当买地铅券》是"谷郏亭部"。从以上券文里还可以看出,记某块田地在某"亭部"时,也必记在某"千(阡)"或某"千(阡)"某"陌"的某个方向,意在使其位置明确不疑。一则亭部范围较小,二则亭是按远近设置的,因而地界明确。很有意思的是,即使券文记交易之田在某某亭部,但购买人的名籍,仍按县乡里的制度。这种"亭部"的记载,也见于居延汉简:"善居里男子丘张自言与家买客田,居作都亭部,欲取□□。"《大词典》未收此词,可补词条。

【袁田】

[1]《建宁二年(169)王未卿买地券》:"河内怀男子王未卿,从河南街邮部男子袁叔威买皋门亭部什三陌西袁田三亩。"④

---

① 河南出土,载于《贞松堂集古遗文》卷十五。以下引例出处与此同。
② 洛阳出土,载于罗振玉《地券征存》、《蒿里遗珍》(一)。以下引例出处与此同。
③ 出自(日)下中弥三郎:《书道全集》卷三,中村不折藏。
④ 最初著录于罗振玉《贞松堂集古遗文》卷一五《铅券》,又收入《贞松堂吉金图》卷下及《丙寅稿》中。除罗氏外,吴天颖、张传玺、仁井田陞、池田温等均有录文,可参。

[2]《光和二年(179)王当等买地券》:"青骨死人王当、弟[伎]偷及父元兴[等],从河南□□[左仲敬]子孙等,买谷郏亭部北佰西袁田十亩,以为宅。"①

按:袁田,东汉买地券凡2见,其后未见用例。传世典籍亦罕见用例。李家浩先生(1988)认为"袁田"当读为"园田",与历史上"爰(辕)田"无关②。黄景春(2003)释作"辕田""爰田",认为是国家所有而后来赏赐给私人的田地,在汉代则相当于"公田"③。鲁西奇(2014)与其相同,认为本券所说之"袁田",即辕田,意谓可以行车的平地④。今谓买地券中两处"袁田",当与历史上的爰(辕)田无关,黄景春、鲁西奇两位先生疑误。李先生认为袁田即"园田",甚是,但是释义为"园圃与田地",可再商榷。我们知道,买地券书写者多为下层百姓,券文中多见简笔字、同音替代字。从东汉时买地券用例及上下文意来看,此处"袁田",当是"园田"声近简省之字,指称墓地、墓田。"园"字,汉时有墓地之义。《正字通·□部》:"园,历代帝王葬所曰园。汉制陵园有令。如文帝陵名文园,宣帝祖武帝戾太子葬处名戾园,是也。"《史记·淮南衡山列传》:"追尊淮南王为厉王,置园复如诸侯仪。"李贤注:"园,谓茔域也。""园"字可可组成"冢园""坟园""园茔""园陵""园寝"等词,均有坟墓、墓地义。《史记·齐悼惠王世家》:"天子怜齐,为悼惠王冢园在郡,割临菑东环悼惠王冢园邑,尽以予菑川,以奉悼惠王祭祀。"南朝梁沈约《齐故安陆昭王碑文》:"东首茔园,即宫长夜。"《文选·颜延之〈拜陵庙作〉诗》:"哀敬隆祖庙,崇树加园茔。"李善注:"《汉书》注曰:'茔,墓田也。'"《史记·刘敬叔孙通列传》:"先帝园陵寝庙,群臣莫习。"《后汉书·光武帝纪上》:"赤眉焚西京宫室,发掘园陵。"李贤注:"园谓茔域,陵谓山坟。"可为证。《大词典》未见"袁田"一词,但收有"田园"一词,所举书证为《后汉书·窦宪传》与晋陶渊明《归园田居》之一。此例可补充《大词典》失收"袁田"词条。

---

① 洛阳博物馆:《洛阳东汉光和二年王当墓发掘简报》,《文物》1980年第61期;张传玺、池田温、黄景春、张勋燎、白彬等均有录文,可参。

② 李家浩:《汉代买地券中的"袁田"》,《文史》第30辑,中华书局1988年版。其理由有三:首先,"园田"与"袁田"同音,"园"也是从"袁"声;其次,与买地券同时间段的东汉初年到晋之间"园田"有用例,这说明二者同为一词;再次,王当买地券中"买……袁田十亩以为宅"中"袁田"与"宅"的关系,较之陶渊明《归园田居》"守拙归园田,方宅十余亩",两者上面均可以建造住宅。

③ 黄景春:《王当买地券的文字考释及道教内涵解读》,《南阳师范学院学报》,2003年第1期,第16—21页。

④ 鲁西奇:《中国古代买地券研究》,厦门大学出版社2014年版,第31—32页。

(二) 对《大词典》义项缺失的补正

【土著】

[1]《东汉建宁四年(171)雒阳县孙成买田铅券》:"根生土著毛物,皆属孙成。"

[2]《东汉光和七年(184)樊利家买地铅券》:"田比根土著,上至天,下至黄,皆□□行。"

[3]《东汉中平五年(188)雒阳县男子□□卿买地铅券》:"约田中根生土著伏财物,上至仓(苍)天、下入黄泉,悉□□冥有,当□□□讼名有地者。"

按:"土著","著",附着于土地上,即指地中的所有东西。《字汇·艸部》:"著,丽也,黏也。"《国语·晋语四》:"今戾久矣,戾久将底,底著滞淫,谁能兴之。"韦昭注:"著,附也。"慧琳《一切经音义》卷十二引《桂苑珠丛》:"著,附也。"《史记·西南夷传》:"其俗或土著,或移徙,在蜀之西。"《大词典》收有此词,义项有二:①世代定居一地;②世代定居本地的人,此例可以补充缺失义项。

【丈尺】

《东汉光和二年(179)河南县王当买地铅券》:"田有丈尺,券书明白。"

按:"丈尺",比喻明确的大小。《大词典》有三个义项:①谓以丈、尺为单位来计量;②喻深浅;③比喻局促的境地。此例中,"丈尺"为名词,比喻土地有明确的大小,可补充《大词典》义项。魏晋买地券有类似用法。如《天监四年(505)买地券》:"各有丈尺,丘墓之神,地下禁忌。"《普通元年(520)何靖买地券》:"不敢选日问时,不避天下禁忌,道行正真,丘墓营搏□,东西南北各有丈尺。"①明代买地券中也在使用。如《大明国福建福州府闽县安仁乡永北里君山上歧西豪境张孔道买地券》:"上□青天,下至黄泉。方□四至,各有丈尺。"②

(三) 对《大词典》漏引书证的补正

【毛物】

《东汉建宁四年(171)雒阳县孙成买田铅券》:"根生土著毛物,皆属孙成。"

---

① 吕志峰:《东汉石刻砖陶等民俗性文字资料词汇研究》,上海人民出版社2009年版,第150页。

② 李锦华:《马尾文物题刻诠释》,福州市马尾区文体广电局编印1994年版,第164页。

按:"毛物",两汉土地契约,在土地的权利方面,多写有"毛物",称"根生土著毛物。"有两种含义:一指长有细毛的兽类。《周礼·地官·大司徒》:"一曰山林,其动物宜毛物。"郑玄注:"毛物,貂狐貒貉之属。"一指土地上生长的五谷桑麻菜蔬等植物。《汉书·食货志》:王莽时,"城郭中,宅不树艺者,为不毛,出三夫之布。"颜师古注:"树艺,谓种树果木及菜蔬。"这里应指土地上的植物。《大词典》此两义均收,义项①指长有细毛的兽类。举《周礼·地官·大司徒》及郑玄注;义项②特指牲畜。时间跨度大,举唐刘禹锡《救沉志》例,此例可补东汉书证。

【趋走】

《东汉建宁四年(171)雒阳县孙成买田铅券》:"田中若有尸死,男即当为奴,女即当为婢,皆当为孙成趋走给使。"

按:"趋走",奔走服役。《列子·周穆王》:"昔昔梦为人仆,趋走作役,无不为也。"《吴越春秋·勾践入臣外传》:"范蠡对曰:'蒙大王鸿恩,得君臣相保,愿得入备扫除,出使趋走,臣之愿也。'"东汉买地券中常见"趋走给使"连用之例,见引例。给使,服事;供人役使。《墨子·备梯》:"禽滑厘子事子墨子三年,手足胼胝,面目黧黑,役身给使,不敢问欲。"《汉书·张汤传》:"用善书给事尚书,精力于职,休沐未尝出。"颜师古注:"于尚书中给事也。给,供也。"给事,谓服事;供人役使。其他用例还有《光和元年(178)曹仲成买地铅券》:"田中有伏尸,既□男当作奴,女当作婢,皆当为仲成给使。"《大词典》收有"趋走""给使"二词,可补东汉书证。

三、河南省出土买地券与中原丧葬文化

买地券是我国古代以地契形式置于墓中的一种迷信物品,它不是真正的土地契约,而是专供墓主人在阴间使用的买地契约,是明器的一种。它又称"地券""地契",由现实生活中的买地契约演变而来。大约始于东汉,从东汉一直流行到明清,成为我国墓葬文化的一部分。

(一)买地券的宗教来源

从宗教的角度看,买地券也是鬼魂观念和道教迷信的产物。汉代是个具有浓厚迷信信仰的时代,汉人有复杂的信仰,既信仰道教的阴阳五行、方术和谶纬,也信仰传统的鬼魂观念。宗教迷信渗透到社会的各个方面,封禅、求仙、祭祀鬼神,成为上层社会的家常便饭,上层统治阶级如此,民间自然也大肆兴盛。所以,厚葬便成了这一时期丧葬习俗中最显著的特色。

厚葬的主要表现形式就是将生前的衣、食、住、行和财产比附到阴间生活中去,在墓中按生前居室进行构造、装饰,按生前生活所需的东西随葬,其中也把生前的土地买卖契约模拟到阴间生活中去,以便在阴间拥有生前一

样的土地,享受如生前那般的优越生活,或拥有对冢地——阴间的居地的所有权,以免受其他鬼神的侵入。这样,作为象征性的纯迷信的地契便开始在墓中随葬,以便死者在阴间有所凭持。因此,这类买地券充满着迷信的内容。

东汉末期,迷信语言渐多。如券文多言冢地四至时说"上至仓天,下至黄泉"①、"东至青龙,西至白虎,北至玄武,南至朱雀";土地多是从"后土""地夷王"之类的神灵那里买来的;土地的价值总是"九万九千九百九十九贯文";券文的见证人多是"东王公、西王母"等。为了使地券在阴间产生其"法律效力",所以不少券文之末常有"一如五帝使者女青诏书"一类的话。许多券文都说,当墓主确立起对冢地的所有权之后,便可不受鬼神的侵犯。券文清楚地打上了鬼神和道教迷信的烙印,有的还画有符篆,说明地券已作为压胜和迷信之物。

《贞松石集古遗文》卷中收录的东汉延熹四年(161)的一方地券,上面写道:"延熹四年九月丙辰朔,卅日乙酉直闭。黄帝告丘丞、墓伯、地下二千石、墓左、墓右、主墓狱吏、墓门亭长,莫不皆在。今平阳偃人乡苌富里钟仲游妻薄命蚤死。今来下葬,自买万世冢田。贾直九万九千。钱即日毕。四角立封,中央明堂,皆有尺六桃券,钱布,钿人。时证知者先□曾王父母□□□氏知也。自今以后,不得干扰生人。有天帝教。如律令。"亦可为证。

(二)买地券与中原丧葬习俗

买地券自东汉出现以来,一直作为我国墓葬文化的一部分而流传,直到明清。买地券的用材因时代不同而有变化,东汉时多刻在长条形的铅板上,也有少数用玉板和陶柱的。三国、两晋时,多刻在砖上。从南朝到明清,除砖外,还有用石的,形制、大小和墓志相像。宋代还有用木券和铁券的。历代地券一般为二三百字。五代到宋,有的地券是一行顺书,一行倒书,很奇特。地券多放于墓室内,也有放在墓的甬道或近墓门之处的。

尽管从东汉到清地券的内容、格式、用材都在不断变化,但地券功能始终不变,即作为阴间的地契——向冥界买地、钱地两清的"幽契",券文始终充满着宗教迷信的色彩,尤其跟道教迷信密切相关。

关于汉代墓葬的方向,晋郭璞《葬经·内篇》:"地有四势,气从八方,故葬以左为青龙,右为白虎,前为朱雀,后为元武。"②这是说,墓葬的方向以南

---

① 河北省文化局文物工作队:《望都二号汉墓》,文物出版社1959年版,第13页(《[光]和五年砖地券》,原文"上"字不清楚)。

② 郭璞:《古本葬经》,东方文化书局1977年版,第11页。

为主。《礼记》中有所谓"葬于北方,北首,三代之达礼也。"①就是说,死者的墓向北方,头亦北向。这种观念在东汉《白虎通》中"崩薨""论葬北首"等部分也有记录②,可以知道,死者北首是一个流传长久的传统。其原始意义,可能是基础一种北方属阴,故为死者魂灵所归的观念。在招魂仪式中,招魂者升屋,北向呼唤死者,也是由于相信死者灵魂向北方而去。③

《东汉中平五年(188)雒阳县男子□□卿买地铅券》:"中平五年十二月戊申朔七日甲寅,雒阳男子□□□,从同县男子申阿、仲节、季节、元节所名有当利亭部大阳仟(阡)北高坭佰(陌)西垣冢田一町,东西长廿五步,南北卅八步,东□东出角佰,广五步,长五十四步,并为田五亩。贾钱亩五千五百,并为钱二万七千五百五十,钱即日毕。约田中根生土著伏财物,上至仓(苍)天、下入黄泉,悉□冥有,当□□□讼名有地者。时诣者,营冢长丞。营三得甫卿,卿无适甫。卿子男胡□、网得、元平及阿、仲节、元节、季节,当□□□田决□不能如平,平如故。田东比沭君谦、沭君高、沭□□;南比章延年、章仲千、章阿□;西比申阿、申仲节、季节、元节;北比申阿、申中节、季节、元节(正面刻辞)。时旁人泠阿车、王伯玉、刘唐、许伯雁、王元□、师□金,皆知券约。矢□所这,对为券书。沽酒各半。官钱千无六十,行钱无五十(背面刻辞)。"④

券文叙所买冢田是由一块长方形田之东连接一块长条形田组成墓地,合计五亩⑤。这块呈"瓦刀"形的墓地,是依照长方形的墓室和长条形的墓道这种墓圹形制去确定购买的。就洛阳汉代墓葬分期而言,东汉晚期流行的是带斜坡墓道的前堂横列型墓葬形制,买地券所述冢田的地块形状与之契合,可以推测□□卿墓的墓形与王当墓雷同,为多人葬墓。当然相对冢田来说,地下墓室的面积要小得多,即地面主要用来在墓室上面覆土为高冢。

券文又有"上至仓(苍)天、下入黄泉",言及地下世界的结构构成。春秋

---

① 孔颖达等:《礼记注疏》卷9,上海中华书局据阮刻本校刊,第16页。
② 《白虎通》,上海书店1989年版,卷10,"崩薨""论葬北首",第17a页。
③ 松田稔:《中国古代の魂招きにおける方位观变迁》,《宗教研究》53卷1辑,No. 240,(东京)同文馆1979年版,第47—65页。他认为在殷—楚文化系统中魂是无所不知的,因为向四方招魂,如《楚辞》中所记载,而在周文化三《礼》系统中,认为人死魂向北方而去,北首,乃殷人在定居之后追怀北方游牧生活之表示,后转为北方代表幽阴之处。
④ 赵振华、董延寿:《东汉雒阳县男子□□卿买地铅券研究》,《中原文物》,2010年第3期。
⑤ 据赵振华、董延寿的《东汉雒阳县男子□□卿买地铅券研究》(《中原文物》,2010年第3期)一文研究可知,汉制田二百四十步为一亩,西边的田为950平方步,约合3.96亩;东边的田为270平方步,约合1.12亩。两田相加为5.08亩。据铅券的亩价和总金额,则合田5.01亩,大概是田边某处内凹处造成的。

时期,《左传》中常被引述的"郑庄公掘地见母"的故事,有"不及黄泉,勿相见也"的话。此处"黄泉"一般都解释为"死后世界",但此世界中到底情况如何,则不得而知。由考古材料来看,"黄泉"一词很可能最初只是指在挖掘墓室时到达一定深度时所涌现出来的地下水,后来成为"墓穴"的代称。《孟子·滕文公下》:"蚓上食槁壤,下饮黄泉。"《庄子·秋水篇》:"且彼方跐黄泉而登大皇,无南无北。"《管子·小匡篇》:"杀之黄泉,死且不朽。"王充《论衡·别通篇》:"穿扩穴,卧造黄泉之际。"《汉书·武五子传》:"黄泉下兮幽深,人生要死,何为苦心。"这些例子中的"黄泉"都不必有"死后世界"的含义。

汉代,一些比较明显的死后世界是泰山(太山)以及与之相关的蒿里。光和二年《王当等买地券》:"光和二年十月辛未朔三日癸酉,告墓上、墓下、中央主土,敢告墓伯、魂门亭长、墓主、墓皇、墓丞:青骨死人王当、弟[伎]偷及父元兴[等],从河南□□[左仲敬]子孙等,买谷郏亭部北佰西袁田十亩,以为宅。贾直钱万,钱即日毕。田有丈尺,卷书明白。故立四角封界,界至九天上,九地下。死人归蒿里,地下[不得]何[止],他姓[不得]名佑。"①

综上,我们可以看出,买地契是死者向冥界买地、钱地两清的一种券文,供死者在阴间所凭持,以确保死者在阴间冢地居室的合法性。它与墓地购买和道教鬼神崇拜有关。作为宗教迷信的产物,它自成一类,构成我国墓葬文化的一部分。从东汉一直延至明清,其功用和内容始终如一。

---

① 《洛阳东汉光和二年王当墓发掘简报》原报告附有原券照片、摹本图影及录文。张传玺、池田温、黄景春、张勋燎并著有录文。兹据摹本图影,参合张、池田二氏的释文。

第四章 河南省古代契约文书语词例释

河南省契约文书中含有不少方言俗语词,较真实地反映了同时代的口语,对它们进行考察,有助于汉语词汇史研究,具有重要的词汇学、方言学、辞书学价值。本章以河南省古代契约文书为依托,对其中的疑难词语,以及具有地方特色的词语进行了汇释,同时参照《汉语大词典》《汉语方言大词典》等工具书,探讨其对大型辞书修订所具有的积极价值。

本章对汇释词语的编排,词目按音序排列,以便翻检。词目下,汇释河南省古代契约文书中该词目的字形变易词、意义相近词、语用相关词,以使读者对该组词语在河南省古代契约文书中的用法有较为全面的了解。例如,在词目"过割"下汇释了"起割""交割"等词;在词目"打兑"下汇释了"伴纳""办纳""展转""点转"等词。具体词语的考释,主要包括:

(1)释义。释义有待进一步考证的,用"存疑"标明初步观点,并做简要分析说明;

(2)列举该词语在河南省古代契约文书中的典型用例;

(3)结合所举用例,对该词意义及用法详细分析,并进一步将语例扩展到其他文献用例,以期对该词、该义在河南省古代契约文书中的用法有较为全面的了解;

(4)对该词语及其词义在《汉语大词典》《汉语方言大词典》等大型辞书中的收录、释义等情况做简要分析。

【比】

音"毗",相连接;紧挨着。

[1]《西汉建元元年(前140)荥阳邑王兴奎买田铅券》:"其当日交评,东比王忠交,西比朱文忠,北比王之祥,南比大道。"

[2]《西汉黄龙元年(前49)南阳郡诸葛敬买地铅券》:"田东比贺方,南

比沈大义,西尽大道,北比郑江生。"

[3]《东汉建宁四年(171)雒阳县孙成买田铅券》:"田东比张长卿,南比许仲异,西尽大道,北比张伯始。"

[4]《东汉中平五年(188)雒阳县男子□□卿买地铅券》:"田东比沐君谦、沐君高、沐□□;南比章延年、章仲千、章阿□;西比申阿、申仲节、季节、元节;北比申阿、申中节、季节、元节。"

按:比,相连接;紧挨着。《汉书·诸侯王表》:"诸侯北(比)境,周市(匝)三垂,外接胡、越。"颜师古注:"比谓相接次也。"《论衡·物势》:"或诎弱绶跆,踵蹇不比者为负。"《广雅·释诂一》:"及,至也。"《玉篇·至部》:"至,达也。"清刘淇《助字辨略》卷四:"至,犹及也。"在买地券中,"比、及、至",均为相邻之义。以上例证除了例[1]指现实中的土地相邻外,其余四例均指坟田处于其他家族墓地之间。例[4]中"田东比沐君谦"四句,指所买冢田处于三个家族墓地之间,东临沐家(大概是三兄弟)、南临章家、西、北两面伸入了申家墓地。加上天地,冥间墓地界限六至。根据近年洛阳邙山、万安山陵墓调查钻探资料,东汉时期大型家族墓地有外围方形墙垣内列多个墓冢者,可为证。

【毕】

完毕;完成。

[1]《西汉黄龙元年(前49)南阳郡诸葛敬买地铅券》:"诸葛敬从南阳男子马吉庆卖所名有青乐埠部罗佰田一町,直钱二万一千,钱即日毕。"

[2]《东汉延熹四年(161)钟仲游妻买地券》:"自买万世冢田,贾直九万九千,钱即日毕。"

[3]《东汉建宁二年(169)王未卿买地铅券》:"亩贾钱三千一百,并直九千三百,钱即日毕。"

[4]《东汉中平五年(188)雒阳县男子□□卿买地铅券》:"贾钱亩五千五百,并为钱二万七千五百五十,钱即日毕。"

[5]《东汉□平□年河南县□孟叔买地铅券》:"贾钱万,即日毕。"

按:完毕;终了。《广雅·释诂三》:"毕,竟也。"《集韵·质韵》:"毕,终也。"《尚书·大诰》:"天亦惟用勤毖我民,若有疾,予曷敢不于前宁人攸受休毕。"孔颖达疏:"毕,终也。"汉魏时期,除了"毕"之外,表示"完成"之义的词,还有"毕成""交毕""毕了"等。《汉书·王莽传上》:"诸生、庶民大和会,十万众并集,平作二旬,大功毕成。"《后汉书·显宗孝明帝纪》:"冬物毕成,可祭者众。"《后汉书·礼仪志中·腊条》注:"秦静曰:'古礼,出行有祖祭,岁终有蜡腊,无正月必祖之祀。汉氏午祖,以戌腊。午南方,故以祖。冬者,岁之终,物毕成,故以戌腊。而小数之学者,因为之说,非典文也。'"《三国志·吴志·韦曜传》:"司马迁不加疾恶,为陵游说,汉武帝以迁有良史之才,欲使毕成所撰,忍不加诛。"

【仓天/苍天】

"仓"通"苍",指上天。

[1]《东汉中平五年(188)雒阳县男子□□卿买地铅券》:"约田中根生土著伏财物,上至仓天、下入黄泉,悉□□冥有,当□□□讼名有地者。"

[2]《东汉□平□年河南县□孟叔买地铅券》:"上至苍天,下至〔黄泉〕。(下约阕十字)(上阕六、七字)凡□□、樊□元,皆知卷〔券〕约。沽酒各〔半〕。"

按:《说文·艹部》:"苍,艹色也。"段玉裁注:"引申为凡青黑色之偁。"《广雅·释器》:"苍,青天。"《诗·王风·黍离》:"悠悠苍天。此何人哉!"毛传:"据远视之苍苍然,则称苍天。"《汉语大词典》未收"仓天"一词,但收了"苍天",举《诗·王风·黍离》以及《史记·龟策列传》,此词既可补"仓天"词目,又可补失收的东汉时期出土文献用例。

【丞掾】

郡守下的官吏。

《西汉哀帝(前6—前1)颍川太守何并先令书》:"何并为颍川太守,'疾病,召丞掾作先令书,曰:告子恢:吾生素餐日久,死虽当得法赙,勿受。葬为小椟,宣容下棺。'恢如父言。王莽擢恢为关都尉。建武中以并孙为郎。"

按:汉魏时期三公府属官的统称。三公府分曹(部、处)治事,各曹主管官员叫"掾"。《后汉书·马援传》:"此丞掾谁,何足相烦。"又《后汉书·卢植传》:"亟遣丞掾除其坟墓,存其子孙,并致薄酹,以彰厥德。"曹操《告涿邢太守令》:"敬遣丞掾修坟墓,并致薄辄,以彰厥德。""丞"为重要的官吏。《通典》卷三十三《总论郡佐》:"郡之佐吏,秦汉有丞、尉,丞以佐守,尉典武职。""掾"为职位较低的属吏,亦称掾佐、掾史,主各曹事。司法属吏有狱掾、贼曹掾、决曹掾等。

【乘传】

指古时驿站用四马驾驶的快车。

《东汉永寿二年(156)陶瓶劾鬼文》:"冢之符昼,制日夜□□,乘传居署,起度阁梁,董摄录佰鬼。"

按:"署",指驿站。"乘传"之称始于汉代。《史记·田儋列传》:"田横乃与其客二人乘传诣雒阳。"《汉书·文帝纪》:"乃令宋昌骖乘,张等六人乘六乘傅诣长安。"汉如淳曰:"律,四马高足为置传,四马中足为乘传,一马二马灰鞀传。急者乘一乘传。"颜师古注曰:"传者,若今之驿,古者以车,谓之传车"。因为"乘传",为古时的驿车,一般为使者官员乘坐,后人常用"乘传"咏任官或官员出使。唐李贺《春归昌谷》:"终军未乘传,颜子鬓先老。"后泛指使车。《清史稿·礼志十》:"行日,工部给旗仗,兵部给乘传。"

【大女】

成年女子。

《东汉中平五年(188)雒阳县房桃枝买地铅券》:"中平五年三月壬午朔七日戊午,雒阳大女房桃枝,从同县大女赵敬,买广德亭部罗西步兵道东冢下余地一亩,直(值)钱三千。即毕。"

按:大女,指十五岁以上的成年女子,一般与"大男"相对而称。此则买地券中买卖双方均为女子,可知汉代女子和男子一样也可以主持签约,收买付卖,具有和男子一样的法律地位。《管子·海王》:"终月大男食盐五升少半,大女食盐三升少半,吾子食盐二升少半。"居延汉简作为同时期的出土简牍资料,对于我们研究汉代买地券中词语问题可以起到较好的佐证作用。据耿慧玲研究,在居延汉简中有关"大男"的简共9枚:"子大男辅年十九岁""居延复作大男王健""复作大男丛市""□大男铁""弟大男辅年十九""父大男相年六十用谷三石"等;有关"大女"的简数量丰富,有30枚。如:"妻大女止耳年廿一用谷二石一斗六升大""妻大女昭武万岁更孙弟卿年廿一""妻大女昭武万岁里□□年卅二""妻大女至年十九""妻大女弟卅四用谷二石一斗六升大""妻大女信年十八""妻大女男弟年廿八用谷二石一斗六升大"等,在对这些资料详细分析后,作者得出结论,一般来说,大家似乎都接受一种年龄的区划法:大男、大女——十五岁以上;使男、使女——七岁至十四岁;未使男、未使女——六岁以下,并不论其是"赋税说"或是"使役说"。① 永田英正在《居延汉简烽燧考——特以甲渠候官为中心》进一步研究认为:"十五岁以上的男女称为大男和大女;十四岁以下七岁以上的男女称为使男和使女;六岁以下的男女称为未使者男和未使女。"② 张俊民对居延汉简中大量的资料进行了研究,他认为,"使"在汉简中用于界定人员的年龄有固定时间段,"使"的年龄在7~14岁。小于其者称"未使",大于其者称"大男(女)"。③ 均为其证。今所见东汉时期买地券之主人,除孙成券明言其为"左骏厩官大奴"之外,余皆称券主为"大男"或"大女",其社会经济身份难

---

① 耿慧玲:《由居延汉简看大男大女使男使女未使男未使女小男小女的问题》,载于简牍学会编辑部主编《简牍学报》(1980年第7期),第249-274页。
② 永田英正:《居延汉简烽燧考——特以甲渠候官为中心》,载于《简牍研究译丛》(第二辑),中国社会科学出版社1987年版,第260页。
③ 张俊民:《简牍学论稿·聚沙篇》,甘肃教育出版社2014年版,第369页。

以确考。然由"大男""大女"(即成年男女)之称谓观之,其社会地位不会太高,很可能即一般平民。《大词典》收有此义项,举《管子·海王》与贾思勰《齐民要术·大小麦》的例子,可补东汉书证。

【打兑/点转】

置备,与"点转"义同。

[1]《明代天启七年(1627)郭宇卖地文契》:"立卖地契约文字人东刘里郭宇因为缺少使用,别无打兑。"

[2]《清代康熙十一年(1672)王门杨氏、王交兴卖地文契》:"立卖地文字人杨氏、王交兴因为缺少,别无点转。"

按:打兑,置办,契约常用语。《汉语方言大词典》收有"打兑"一词,属于北京官话。例如:"我是说给我打兑玩喽,就该享清福了。"此例可补《汉方》中河南省洛阳方言点,以及文献用例。洛阳地区契约文书也常用"展转""点转",与"打兑"词义相同。"展转"例,如:《明代万历九年(1581)杨世清卖院地文契》:"立卖院地文字人杨世清为因夏秋分粮使用不便,孤身无处展转,将清自己原在叔杨得川名下置下院地一方……今立契书卖与兄杨上齐为业。""点转"例,如:《清代康熙十一年(1672)王门杨氏、王交兴卖地文契》:"立卖地文契人杨氏、王交兴因为缺少,别无点转,将自己村南坡地一段……今立吃出卖本枝民人王忠承业。"此外,我们发现"伴纳""办纳"等词,与"打兑"词义相同。"办纳"例,如:《明代崇祯十四年(1641)王交英典地文契》:"立典地文字人王交英因为缺少使用,今将自己村南□□坡□根地四汕,土木想连。……今立典与本户王时记便种三年,中人言定,典价系艮壹两两伍钱。当日交付,良草随地办纳,恐后史信,文约为用。"如"伴纳"例,《清代康熙十一年(1672)王门杨氏、王交兴卖地文契》:"立卖地文契人杨氏、王交兴因为缺少,别无点转,今将自己村南坡地一段……当日一定交付齐足,外无欠少,如良草随地伴纳,恐后失信,文约为用。"

【丹书铁券】

古代方士用以呪邪镇鬼的朱文符书。

《东汉建宁二年(169)王未卿买地铅券》:"时约者袁叔威。沽酒各半,即日丹书铁券,为约。"

按:"丹书铁券",或言"铁券丹书",汉代常语。它本是帝王颁赐功臣授以世代享受某种特权的铁契,可以称为"天子"与凡庶之间的契约。《周礼·秋官·司约》说:"书于丹图。"郑玄注:"今俗有铁券丹书,岂此旧典之遗言。"《汉书·高祖本纪》:"高祖与功臣符作誓,丹书铁契,金匮石室藏之宗庙。"所言"丹书、铁契、金匮、石室",即以铁为契,以丹书之,将皇帝与功臣、重臣的信誓用丹砂写在"铁券"上,装进金匮藏于用石建成的宗庙内,以示郑重和保证"铁券"安全。《后汉书·祭遵传》:"丹书铁契,传于无穷。"又《周礼·秋官·司约》:"小约剂书语丹图。"郑玄注:"丹图未闻,今俗语有丹书铁契,岂此旧典之遗言。"此种契约分为左右两半,左半赐给功臣,右半收藏在宫中。如功臣或其后代犯罪,便取券合之。于是皇帝追念其功,予以赦免。用铁来制成契券,是为了长久保存。官方有金属契约,民间也有金属契约,而且品种更为繁多,铅质土地契约便是一例。

【旦】

通"但",有仅仅之义。

《东汉永寿二年(156)陶瓶劾鬼文》:"永寿二年五月,□□□□亡。直天帝使者旦[为]□[氏]之家,填(镇)寒署(暑)□□□□移大黄印章,追佼四时五行,追逐天下,捕取五[厉]。"

按:"旦"下三字漫漶,此句与西安出土初平四年(193)王氏陶瓶文"谨为王氏之家"①的辞例相同。《东汉阳嘉二年(133)曹伯鲁镇墓文》"天帝使者谨为曹伯鲁之家移央去咎。"谨,同仅。《古书虚字集释》卷五说:"仅,但也"。可见"但""仅"的含义相同,可以互训。由此推测,此句可以补为"但为□氏之家"。

【僤】

里中的一种自愿组成的互相性组织。

《东汉建初二年(77)侍廷里父老僤买田约束石券》:"侍廷里父老僤祭尊于季、主疏左巨等廿五人,共为约束石券。里治中乃以永平十五年六月中造起僤,敛钱共有六万一千五百,买田八十二亩。僤中其有訾次当给为里父老者,共以客田借与,得收田上毛物谷实自给。"

按,石券中的"侍廷里父老僤",当是侍廷里左巨等二十五人建立的名叫父老僤的组织。关于"僤"这种组织,有两种解释:一是《周礼》郑注提到的街弹之"弹"。汉代县下有乡,乡下有亭,亭下有里,里所管辖的范围不大,有二十五家、七十二家或百家之说,也有八十户或一百一十户之说。街弹为里官治事之所。二是坛,是坛社的意思。坛指用土筑起的高台,用于祭祀。因坛建社,坛社是一种民间组织。汉代的里社中还有私社,即按行业或门第自行结合起来的组织。父老僤这样的坛社也是私社,是由侍廷里中有一定资财的、有充任里父老资格的二十五家自愿组织起来的(因为二十五家共敛钱六万一千五百,平均每户须出钱二千四百六十,当时一般农户是交不起的)。在汉印中经常见到"僤"字,如东僤祭尊和成僤之印,印上的"僤"字与石券上

---

① 唐金裕:《汉初平四年王氏朱书陶瓶》,《文物》1980年1期,第95页。

的"僤"字完全一样,含义也应相同。此外,还有孝子单祭尊、酒单祭尊、宗单祭尊、千秋乐平单祭尊、千岁乐平单祭尊印和工里弹印。这些印上的"单""弹"字与"僤"读音通。《说文·人部》"僤"字下引《周礼》曰"句兵欲无僤",今本《考工记·庐人》此句中的"僤"字作"弹"。此互通之证,可知当时的"单""僤""弹"三字皆通用。所谓的东单、成僤、孝子单、宗单、工里弹等均应为一种组织的名称。而且,在此券中"里僤"并称,可以看出,"里""单—僤—弹"之名,就其组成规模而言,二者是一样的。从二者的历史情况来说,"单"是一种公社组织,它随着土地私有制的发展,必然逐渐走向衰微。"里"则是国家机器,而人们的聚落形态又未发生根本性变化,不管其名称有过什么变动,总是不会消失的。

【法赙】

《西汉哀帝(前6—前1)颍川太守何并先令书》:"何并为颍川太守,疾病,召丞掾作先令书,曰:'告子恢:吾生素餐日久,死虽当得法赙,勿受。葬为小椁,亶容下棺。'"

按:"法赙",古代官吏死后,朝廷按照规定赠予的治丧财务。沈家本《历代刑法考》:"《唐律》,卒官,家无手力不能胜致者,仰部送还乡,即此意。据《汉书·何并传》,是汉法凡死官者皆有法赙,不必其家无手力也。"[①]"赙"有"送给丧家的布帛、钱财"义。《说文解字·贝部》:"赙,助也。从贝尃声。"《礼记·檀弓上》:"孔子之卫,遇旧馆人之丧,入而哭之哀,出,使子贡说骖而赙之。"《春秋·隐公三年》:"秋,武氏子来求赙。"《汉书·何并传》:"吾生素餐日久,死虽当得法赙,勿受。"如淳曰:"公令,吏死官,得法赙。"颜师古注:"赠终者布帛曰赙,音附。"汉代法赙制度,诸侯王、王太后、官吏等,依其生前地位高低,死后享有不同的法赙礼遇。《后汉书·中山简王焉传》:"焉,永元二年薨。自中兴至和帝时,皇子始封薨者,皆赙钱三千万,布三万匹;嗣王薨,赙钱千万、布万匹。是时窦太后临朝,窦宪兄弟擅权,太后及宪等,东海出也,故睦于焉而重于礼,加赙钱一亿。"随着社会形势的变化,法赙所指亦有变更。《后汉书·济北惠王寿传》:"自永初以后,戎狄叛乱,国用不足,始封王薨,五百万,布五千匹。时唯寿最尊亲,特赙钱三千万,布三万匹。"《大词典》未收"法赙"一词,可补失收词条。

【分擘】

分管、分掌。

---

① 沈家本:《中华现代学术名著丛书·历代刑法考》,商务印书馆2011年版,第70页。

[1]《宋元符二年(1099)赵□买地券》:"东至青龙,西至白虎,南至朱雀,北至玄武。内方勾陈,分擘掌四方。"

[2]《金天德二年(1150)钱择买地券》:"其地东至青龙,西至白虎,南至朱雀,北至玄武。内方勾陈,分擘四域。"

[3]《至元二十五年(1288年)卫辉路齐□□买地砖券》:"内方勾陈,管分擘四域;丘丞墓伯,封步(部)界畔;道路将军,齐整阡陌。致使千秋万载,永无灾咎。"

按:"分擘",为买地券、镇墓文常用习语。本义为分开;剖裂。《说文·手部》:"擘,扐也。"段玉裁注:"今俗语谓裂之曰擘开。"《广雅·释诂一》:"擘,分也。"又《释言》:"擘,剖也。"《玉篇·手部》:"擘,裂也。"秦汉以来传世文献常用本义,如《史记·刺客列传》:"既至王前,专诸擘鱼,因以匕首刺王僚。"《文献·张衡〈西京赋〉》:"剖析毫厘,擘肌分理。"李周翰注:"虽毫厘肌理之间亦能分擘。"《大词典》收有此词,有三个义项,即分配、分离、分攻,未收此义项,当补。

【风伯雨师】

司风之神。

《东汉永寿二年(156)陶瓶劾鬼文》:"□□□旦(殚)女(汝)婴,执火大夫烧汝骨,风伯雨师扬汝灰,没[汝]□者,使汝筑灰垣五百□。"

按:"风伯"有两义,《淮南子·原道训》高诱注:"风伯,箕星也。"《汉书·扬雄传》应劭曰:"飞廉,风伯也。"可见,"风伯"当是指箕星或飞廉讲的。"风伯"与"雨师"常连用。"雨师",司雨之神,其义有三,《山海经·海外东经》郭璞云:"雨师谓屏翳也。"《艺文类聚》卷二引《风俗通》云:"玄冥,雨师也。"《列传》云:"赤松子神农时雨师。"可见"雨师"当是指屏翳、玄冥或赤松子讲的。

【封界】

堆土为界。封,堆土、起垄。

《东汉光和二年(179)河南县王当买地铅券》:"故立四角封界,至九天上,九地下。死人归蒿里地下,□□□何□姓□□□佑富贵,利子孙。"

按,《小尔雅·广诂》:"封,界也。"《礼记·檀弓》:"吾见封之若堂者矣。"郑玄注:"封,筑土为垄。"《左传·僖公三十年》:"(晋)又欲肆其西封。"杜预注:"封,疆也。"《吕氏春秋·孟春纪》:"王布农事,命田舍东郊皆修封疆,审端径术。"高诱注:"封,界也。"《大词典》收有此词,举例为《荀子·正论》:"天下之大隆,是非之封界,分职名象之所起,王制是也。"可以补东汉疏证。

【伏尸】

死尸,尸体。

[1]《东汉光和元年(178)曹仲成买地铅券》:"田中有伏尸,既□男为奴,女当作婢,皆当为仲成给使。"

[2]《东汉中平五年(188)雒阳县房桃枝买地铅券》:"田中有伏尸,男为奴,女为婢。"

[3]《东汉中平五年(188)召陵县性待郎买地铅券》:"如地中伏尸,男为奴,女为婢。券卒年葬地一顷,钱十五万,以供葬事殡。"

[4]《东汉召陵马荣买地铅券》:"买地于雒阳东地,计廿四丈五尺。□□□姓。如地中伏尸,男为奴,女为婢。"

[5]《明万历三十七年(1609)孙遇诰买地券》:"立券之后,故气伏尸,永不侵争。"

按:先秦传统文献已见用例,如《战国策·魏策》:"伏尸百万,流血千里。"或作"伏死"。《管子·山至数》:"故伏死满街,兵决而无止。"《汉书·主父偃传》:"古之人君一怒必伏尸流血,故圣王重行之。"中古文献沿用,如《魏书·昭成子孙列传》:"天文多变,占者云当有逆臣伏尸流血。"道教文献亦有用例,如宋代张君房《云笈七签》第一部:"但解浇土公,逐去伏尸耳。"又第三部曰:"伏尸灭落,保魂宁神,玄母回光,奉帝玉仙,右命太一,乃及兆身。"元末明初《道法会元》:"黑煞咒成符,取气以黑涂之,出诀,禁颠邪,除五墓,断山魈伏尸,追狐狸精怪,兼辟瘟疫一切疾病。"又曰:"断伏尸,加车上,用砖户书符,埋所在蒿里。"《大词典》收有此词,第三个义项为倒在地上的尸体。指死者。所引文献用例是前蜀杜光庭《行军仆射醮宅词》:"其有伏尸故气,金土邪精,滞爽游魂,幽灵暗魄,各乘善力。"《大词典》书证明显偏晚,且只有一个例证,此例既可把书证提前至东汉时期,亦可补后期文献用例。

【符昼】

指方士或巫觋驱使鬼神所用的符录和咒语。

《东汉永寿二年(156)陶瓶劾鬼文》:"豕之符昼,制日夜□□,乘传居署,趆度阁梁,董摄录佰鬼。"

按:"符"即符录。"昼",读如咒。《集韵·宥部》:"昼,陟救切,音咒。"是其音近可通之证。"符咒"是指方士或巫觋驱使鬼神所用的符录和咒语。一般地说,"符"指的是用朱笔或墨笔所画的一种点线合用、字图相兼且以屈曲笔画为主的神秘形象,道门中人声称它具备了驱使鬼神、治病禳灾等众多功能。《云笈七签》卷四五:"符者,三光之灵文、天真之信也。"李荃《阴符经注》谓:"阴,暗也;符,合也。天机暗合于行事之机,故曰阴符。"关于符的起源,有人认为它是由古代君主传达命令或调兵遣将用的凭证发展起来的。

开始时以竹为之,后来用金、铜或玉制成,双方各执一半,合之以验真伪。《史记·信陵君列传》:"公子遂行,至邺,矫魏王令代晋鄙。晋鄙合符,疑之。"道教依据此等特质,摹写所谓天符、地符,用以沟通人与神鬼的世界。另外,还有人认为,符与桃梗传说也有一定的关系。《荆楚岁时记》:"桃者五行之精,压服邪气,制百鬼。"《后汉书·礼仪志》刘昭注:"桃印,本汉朝以止恶气,古时端午以彩缯篆符。"咒,又称"祝",指一些被认为对鬼神、自然事物、社会现象有神秘感应或禁令性质的语句。咒语与符箓一样,都是远古时代巫术的直接产物。《礼记·郊特牲》所录《蜡辞》说:"土反其宅,水归其壑,昆虫勿作,草木归其泽。"在道教中,咒语与符箓常常是结合使用的。道门中人行其术,或以咒语为主,兼之符箓,或以符箓为主,兼之咒语。

【父老】

汉代的乡官,无俸。里父老为主管一里事者。

《东汉建初二年(77)侍廷里父老僤买田约束石券》:"建初二年正月十五日,侍廷里父老僤祭尊于季、主疏左巨等廿五人,共为约束石券。"

按:古代对掌管乡里事务的年长者的尊称。《公羊传·宣公十五年》:"什一行而颂声作矣。"何休注:"在邑曰里,一里八十户,八家共一巷,中里为校室。选其耆老有高德者,名曰父老。"①唐代沿用旧制。唐杜佑《通典·职官》一五《乡官》:"大唐凡百户为一里,里置里正一人;五里为一乡,乡置耆老一人,以耆年平谨者,县补之,亦曰父老。"此外,根据此券文中"即訾下不中还田,转与当为父老者"记载,这说明了,侍廷里的里父老,是由有一定资财的人担当的,如果某人的资财达不到标准,便罢职,改由僤中另一个有资财的人充任,僤中的田也随之转给具备条件当里父老的人管理。当然,能否提任里父老的关键在于资财多少,改变了先秦时里父老由乡中德高望重的人充任的做法。《大词典》收有此词,只有一个义项"对老年人的尊称",举例为《史记·张释之冯唐列传》:"文帝辇过,问唐曰:'父老何自为郎?家安在?'"司马贞索隐引颜师古曰:"年老矣,乃自为郎,怪之也。"此例可补《大词典》失收义项。

【富贵】

富足、富有;富裕而显贵。

《东汉光和二年(179)河南县王当买地铅券》:"死人归蒿里地下,□□□何□姓□□□佑富贵,利子孙。"

按:富,《玉篇·宀部》:"富,丰于财。"《书·洪范》:"二曰富。"孔传:

---

① 周文柏:《中国礼仪大辞典》,中国人民大学出版社1992年版,第846页。

"富,财富备。"《论语·学而》:"富而无骄。"邢昺疏:"多财曰富。"贵,《玉篇·贝部》:"贵,高也,尊也。"《易·系辞上》:"卑高以陈,贵贱位矣。"富贵,富裕而显贵。《大词典》3:1569页收有此词,举《论语·颜渊》、唐韩愈《省试颜子不贰过论》等书证,中间跨度过大,此例可补东汉书证。

【忓悋/忓悋】

表示干犯、触犯之意。

[1]《宋元符二年(1099)赵□买地券》:"故气邪精,不得忓悋。"

[2]《金天德二年(1150)钱择买地券》:"故气邪精,不得忓悋。"

[3]《明金昌二年(1191)洛阳县赵通买地券》:"故气邪精,不得忓悋。先有居者,永避万里。"

[4]《至元二十五年(1288)卫辉路齐□□买地砖券》:"故气精不得忓悋。先有居者,永避他所。"

按:"忓悋",干犯、触犯,买地券习语。毛远明先生认为"悋"之"侵占"义是由"悔恨"义引申为"耻辱"义,而后经语法功能的变化成"侵辱、冒犯"义。赵家栋认为"忓""悋"二者语义只是相关,不能视为同义。"悋"是"悋护"义,其词义应为"悋""护"组合,即因吝贪而干护,其语义并不是由"耻"义辗转引申而来。董志翘认为"悋"的"贪而不施""靳己所有"义引申出"占据"义,从而引申为"侵占"义①。我们认为董说为是。今查历代买地券,"忓悋"在东汉以来,一直都有用例,只是所用词形变化不同。《唐元和九年(814)乔进买地牒》:"其钱交付讫。其后更不得忓悋。如有忓悋,打打你九千,使你作奴婢上至天,下至皇泉。"《后唐天成元年(926)钱氏买地券》:"故气邪精,不得忓悋。"《后蜀广政十一年(948)山南节度使张虔钊买地券》:"故气邪精,不得忓悋。"有的作"干犯"。如,《宋嘉熙元年(1237)五月十日李氏地券》:"故气邪精,不得干犯。"有的作"争占"。如,《宋熙宁八年(1075)江注地券》:"邪精故炁,各不在争占。"《宋嘉泰元年(1201)叶九地券》:"魍魉邪神,不得争占。"《大字典》《大词典》均未收此义,当补。

【缑氏】

古地名,一作侯氏。春秋周地。在今河南偃师东南,因山得名。地当伊洛平原东部嵩山口,历为军事要地。

《东汉桓帝元嘉二年(152)河南缑氏镇墓文》:"元嘉二年十二月丁未朔十四日甲申,黄帝与河南缑氏真□中华里许苏阿铜□刑宪女合会,神药以

---

① 董志翘:《也释"忓悋"》,载《汉语史研究集刊》第十二辑录,巴蜀书社2009年版第285—292页。

镇,□冢宅□□,七神定家阴阳,死人无□□,生人无过。"

按:缑氏,古地名。公元前520年周王子朝之乱,晋籍谈、荀跞等来助周平乱,曾驻军于此。汉刘向《列仙传·王子乔》:"王子乔者,周灵王太子晋也。好吹笙,作凤凰鸣。游伊洛之间,道士浮丘公接以上嵩高山。三十余年后,求之于山上,见桓良曰:'告我家:七月七日待我于缑氏山巅。'至时,果乘白鹤驻山头,望之不得到,举手谢时人,数日而去。"

【沽酒各半】

[1]《东汉建宁四年(171)雒阳县孙成买田铅券》:"时旁人樊永、张义、孙龙、异姓樊元祖,皆知张约,沽酒各半。"

[2]《东汉光和七年(184)樊利家买地铅券》:"时旁人杜子陵、李季盛,沽酒各半。"

[3]《东汉中平五年(188)雒阳县男子□□卿买地铅券》:"矢□所这,对为券书。沽酒各半。"

按:"沽",买的意思,且多指买酒。沽,通"酤",《广韵·暮韵》:"'沽',同'酤'。"《论语·乡党》:"沽酒市脯不食。"陆德明释文:"沽,买也。"刘宝楠正义:"沽与酤同。《说文》云:'酤,一宿酒也。一曰买酒也。'……《广雅·释诂》:'沽,卖也'。酤为买卖通称,《说文》《广雅》各举其一耳。"买地券中常见"沽酒各半""沽酒半"等说法。各半,指各半斗(五升)。朱德熙、裘锡圭(1980):"东汉买地券讲到对'旁人'的酬劳常常说'沽酒各半'或'沽各半','半'是指半斗。"[1]后世买地卖地者,各出酬金矣,省作"沽各半",义亦略同。罗振玉(2003)也说:"券文中之旁人,殆即今之中人,沽酒各半,殆今日所谓中费,买主卖主分任之耶。"[2]张传玺(1995)认为由土地买卖双方各出钱买半斗(五升)酒[3],以宴饮的形式庆贺成交,酬劳知券人、旁人等,以联络阴间感情。虽然行文时往往与其前的"旁人"等相连续,但是沽酒者必定是立约人,即土地的买主和卖主。"沽各半"是古代民间契约中常用语,较早的用例,如《西汉神爵二年(前60)节宽德卖布袍券》:"神爵二年十月廿六日,广汉县廿里男子节宽德卖布袍,陵胡隧长张仲孙用贾钱千三百,约至正月□□。任者□□□□□。正月书符,用钱十。时正旁候史张子卿、戍卒杜

---

[1] 朱德熙、裘锡圭:《战国时代的"料"和秦汉时代的"半"》,《文史》(第八辑),中华书局1980年版,第3页。

[2] 罗振玉:《雪堂类稿·丙·金石跋尾》,萧文立编校,辽宁教育出版社2003年版,第61页。

[3] 张传玺:《中国历代契约会编考释》,北京大学出版社1995年版,第48页。

忠知卷约。沽酒二斗。"①《汉长乐里乐奴卖田契》:"古酒旁二斗,皆饮之。"《东汉建宁二年(169)王未卿买地铅券》记其从袁叔威处买田,"钱即日毕。时约者袁叔威,沽酒各半"。"沽各半"指订立契约的双方各买一半的酒来酬谢证人和书写契约的人《大词典》收有"沽酒"词,义项有二:①从市上买来的酒;②卖酒。此例可补《大词典》失收义项。

【谷郏亭部】

汉河南县城西偏北,谷城与郏山之间,距谷水不远。

《东汉光和二年(179)河南县王当买地铅券》:"光从河南□□□□子孙等,买谷郏亭部三陌西袁田十亩,以为宅。"

按:东汉时期亭部之一。《水经注·谷水》:"东北过谷城县北,又东过河南县北,东南入于洛。"注文称:"谷水又径河南王城北,所谓成周也……《地理志》曰:河南河南县,故郏、鄏地也。京相璠曰:郏,山名;鄏,邑名也。"同书卷一五《洛水》记洛水合共水、临亭水后,"又东,枝渎左出焉……枝渎东北历蒯乡,径河南县王城西,历郏鄏陌。杜预《释地》曰:县西有郏鄏陌,谓此也。枝渎又北入谷"。则谷郏亭部当在汉河南县城西偏北,谷城与郏山之间,而距谷水不远。所发现之王当墓正处于郏山(北邙山)之南,北邻谷水(今涧河),属于谷郏亭部。《续汉书·郡国志》河南尹"河南"县下刘昭补注引《帝王世纪》云:"(河南县)城西有郏鄏陌",则谷郏亭部当属河南县,其位置则与上考之河南县皋门亭部、长谷亭部不远。

【官大奴】

指左骏厩官骑奴之长也。

《东汉建宁四年(171)雒阳县孙成买田铅券》:"建宁四年九月戊午朔,廿八日乙酉,左骏厩官大奴孙成,从雒阳男子张伯始卖(买)所名有广德亭部罗佰(陌)田一町,贾钱万五千。"

按:汉代买地券中,除了此例之外,尚有1例,《东汉建武中元元年(56)徐胜买地券》:"建武中元元年丙辰四月甲午朔廿八日乙酉,广阳太守官大奴徐胜从武邑男子高纪成,卖所名有黑石滩部罗佰田一町,贾钱二万五千,钱即日毕。"②汉代的出土汉简中不乏用例。邢义田(2012)"官大奴杜同"下引

---

① 罗振玉,王国维:《流沙坠简》,《屯戍丛残考释·杂事类》,中华书局1993年影印本,第193-234页;林梅村、李均明编《疏勒河流域出上汉简》,文物出版社1984年版,第43页。

② 现存山东省博物馆,最先著录于《文物》,1972年第5期,第60-62页。券文公布后,方诗铭先生在翌年的《文物》第五期发表了《从徐胜买地券论汉代"地券"的鉴别》一文,指出了契券为伪品。其后学者多从之。

例为"葆舆官大奴杜同俱移簿"(73EJT8:51A)、下文引"官大奴杜同年廿三"(73EJT8:52A)。① 但惜未做进一步的分析。又《居延汉简》(E.P.F22:825AB):"月甲午朔己未,行河西大将军事、凉州牧、守张掖属国都尉融,使告部从事城武威、张掖、酒泉、敦煌大守、张掖、酒泉农都尉、武威大守言,官大奴许岑祭酒□从事主事术、令史霸。"②值得注意的是,悬泉汉简中除了"官大奴"之外,还有"官小奴""官使奴"等称呼。如,"官大奴工师则""官使奴工师则""官小奴司马纵□"等③,这些都值得做进一步探究。两汉时期史书文献已见用例。如《史记·田叔传》:"任安为卫将军舍人,与田仁居门下,卫将军与此两人过平阳主家,主家令两人与骑奴同席而坐。"又见《汉书·昌邑王传》:"贺过弘农,使大奴善以衣车载女子。"颜师古注:"凡言大奴者,谓奴之尤长大者也。"

【关都尉】

置于边郡关隘之都尉官,掌征货物税,稽察旅客往来。

《西汉哀帝(前6—前1)颍川太守何并先令书》:"王莽擢恢为关都尉。建武中以并孙为郎。"

按:据《汉书·百官公卿表》可知,都尉是郡太守下专佐武职的官吏,由于边郡军事任务重,西汉时都尉亦置曹辟吏,开府治事。据《汉书·地理志》载:敦煌郡有阳关都尉。治阳关;玉门都尉,治玉门关,《流沙坠简》簿书十二简:"大始三年闰月,卒西朔己卯,玉门都尉护众谓千人尚、尉丞棘署就。"其中提到玉门关都尉。关都尉和一般都尉一样,亦有属官,《居延汉简释文》有"关啬夫""关佐"之记载。可知,设关之地,不拘在郡县治所,但必为扼要之地。此外,从《汉书·地理志》来看,一郡一都尉的往往是内郡,边郡则多有二或三个以上的都尉。汉简所见都尉有五大类,即部都尉、郡都尉、关都尉、属国都尉和农都尉。部都尉、郡都尉和关都尉皆属郡守管辖。《汉官仪》和《汉旧仪》说边郡"置部都尉、千人、司马、侯";《汉书·冯奉世传》如淳注:"边郡置都尉及千人、司马,皆不治民也。"由此可见,都尉府有都尉、千人、司马、侯四官。《汉书·百官公卿表》说元狩二年(前121),"复增属国,置都

---

① 邢义田:《〈肩水金关汉简(壹)〉初读札记之义》,《简帛》(第7辑),上海古籍出版社2012年版,第179-192页。
② 纪向军:《居延汉简中的张掖乡里及人物》,甘肃文化出版社2014年版,第194-195页。
③ 张俊民:《悬泉汉简所见汉代复姓资料辑考——敦煌悬泉置出土汉简多见人名综述(三)》,载于雷依群、徐卫民主编《秦汉研究》,三秦出版社2007年版,第194-220页。

尉、丞、侯、千人"，可知属国都尉府亦有四职。

【广德亭部】

在洛阳。汉因秦制，十里一亭。

《东汉建宁四年(171)雒阳县孙成买田铅券》："建宁四年九月戊午朔，廿八日乙酉，左骏厩官大奴孙成，从雒阳男子张伯始卖(买)所名有广德亭部罗佰(陌)田一町，贾钱万五千。"

按："广德亭部"，即《东汉中平五年(188)雒阳县房桃枝买地铅券》所称之"广德亭部"，其地虽不能确考，但属雒阳县则并无疑问。孙成所买冢地一町，亩数不详。而下引房桃枝买地券所买冢地同属广德亭部，亩价三千钱，则孙成所买冢地或为五亩。

【龟筮】

用蓍草占卜休咎或卜问疑难的事；占卦。

[1]《金天德二年(1150)钱择买地券》："生居城邑，死安宅兆，龟筮协从，相地袭吉，宜于河南府洛阳县金谷乡南北张村之原。"

[2]《明金昌二年(1191)洛阳县赵通买地券》："祭主畀赵通奉为殁故先祖父母诣灵，龟筮协从，相地袭吉。"

[3]《元宪宗八年(1258)冯汝楫为曾祖冯三翁买地合同券契》："遂于本州岛岛河内县旧居冯封村正北偏西，旧祖茔坟西南方，龟筮协从，择此高原，相地袭吉，堪为宅兆，立契券。"

按：龟卜与蓍筮的合称。周代的占卜就有龟、筮、筵箪，以及星占等。先秦传世文献多有记载。《尚书·洪范》："龟筮共违于人，用静吉，用作凶。"《尚书·大禹谟》："鬼神其依，龟筮协从。"《礼记·表记》："是以不废日月，不违龟筮。"《管于·权修》："上峙龟筮，好用巫毉。"《易·蒙》："初筮告，再三渎，渎则不告。"王弼注："筮者，决疑之物也。"《诗·卫风·氓》："尔卜尔筮，体无咎言。"《史记·高祖本纪》："平生所闻刘季诸珍怪，当贵，且卜筮之，莫如刘季最吉。"《大词典》未收此词，当补。

【椁】

棺外的套棺。

《西汉哀帝(前6—前1)颍川太守何并先令书》："何并为颍川太守，疾病，召丞掾作先令书，曰：'告子恢：吾生素餐日久，死虽当得法赙，勿受。葬为小椁，裛容下棺。'恢如父言。王莽擢恢为关都尉。建武中以并孙为郎。"

按：古代棺有两重，外曰椁，内曰棺。《说文·木部》："椁，葬有木臭也。"段玉裁注："木臭者，以木为之，周于棺，如城之有臭也。"《广雅·释言》："椁，廓也。"《周礼·地官·阎师》："不树者无椁。"郑玄注："椁，周棺也。"

《汉书·楚元王传》:"嗟呼!以北山石为椁,用纻絮漆其间,岂可动哉!"颜师古《汉书注》曰:"言止作小椁,才容下棺而已,无令高大也。亶读曰但。"

【过割】

交易双方过户或转移产权手续的过程。

[1]《明代天启七年(1627)郭宇卖地文契》:"当日一并交齐无欠,其地良草随契过割。恐后无凭,故立契书为照。"

[2]《清代雍正十年(1732)梁管卖河滩地文契》:"地内粮草随即过割明白,恐后无凭,特立卖契永远为据。房亲梁缵宗(押)琦(押)。"

按:《汉语大词典》收有"过割""交割"两词。《汉语大词典》:"过割,旧时田宅买卖、典当或赠与所办的过户或转移产权手续。交割,交易双方银货两讫,结清手续。"二者并无多少区别,从洛阳地契文书中看亦是如此,皆移交手续之谓也。与"起割"义同。河南地契文书中"过割"习见,跟"起割"并无明显区别。

【蒿里】

本为山名,在山东泰山之南,传为人死后所归之处。

《东汉光和二年(179)河南县王当买地铅券》:"死人归蒿里地下,□□□何□姓□□□佑富贵,利子孙。"

按:本为山名,相传在泰山之南,为死者葬所。因以泛指墓地;阴间。一说,字本当作"薧"。《说文·死部》:"薧,死人里也。"《玉篇·死部》:"薧,薧里,黄泉也,死人里也。"《汉书·广陵厉王刘胥传》:"蒿里召兮郭门阅,死不得取代庸,身自逝。"颜师古注:"蒿里,死人里。"《东汉夏承碑》:"抱器幽潜,永归蒿里。"也可写作"耗里"。如《东汉熹平二年(173)张叔敬瓦缶》:"敢告移丘丞墓柏……耗里伍长。"东汉买地券镇墓文中"蒿里"多见。《东汉初平四年镇墓瓶》:"慈告丘丞墓伯、地下二千石、蒿里君、莫黄墓主……"从上古音看,耗,晓母,宵部;蒿,晓母,宵部。应属同音通假。我们认为,此种通假应为地方书写习惯造成,或当时写别字而成。

【华荣】

开花。

《东汉光和二年(179)河南县王当买地铅券》:"即欲有所为,待焦大豆生,铅券华荣、鸡子之鸣,乃与□神相听。"

按:华,《说文·华部》"华,荣也"。《诗·周南·桃夭》:"桃之夭夭,灼灼其华。"又可作动词,指开花。《礼记·月令》:"(仲春之月)始雨水,桃始华。"荣,《尔雅·释草》:"草谓之荣。"郝懿行义疏:"草谓之荣者,《夏小正》'荣芸''荣鞠'是也。"《国语·晋语四》:"谚曰:'黍稷无成,不能为荣。'"韦昭注:"荣,秀也。"遍查其他各种文献,尚未发现"华荣"一词。《翟氏衣物疏释文》:"宋泮故妻翟氏□随身所有衣物,人不得认名,认名须桃券华生,叚鸡子雏□。"此句中"华生"一词,从出现语境相同来看,其语义当与"华荣"相同。《大词典》有两个义项:①繁荣;②浮华。"华荣"这里为"开花"的意思,可补充义项。

【黄帝/黄】

黄帝,或简称"黄",指主管生人爵录和死人籍簿的神灵。

[1]《东汉永寿二年(156)陶瓶劾鬼文》:"永寿二年五月,□□□□亡。直天帝使者旦[为]□[氏]之家,填寒署(暑)□□□□移大黄印章,迫佼四时五行,追逐天下,捕取五[厉]。"

[2]《东汉建宁三年(170)洛阳赵氏镇墓文》"建宁三年九月□日,黄帝青鸟□□曾孙赵□□□造新冢,恐犯先□,岁月破煞□□□葬者得适□□□,以曾青□木之精,置中人厌除,四方土害气消也,佑利死者。"

按:黄帝,主管生人爵录和死人籍簿的神灵。《文选·幽通赋》:"黄神邈而靡质兮。"李善注:"黄,黄帝也。"东汉时期的镇墓文说:"黄神生五岳,主生人录;召魂召魄,主死人籍。"①可见黄帝是主管生人爵录和死人籍簿的神灵。因而东汉的方士或巫觋在劾鬼时常假借黄帝的名义,去驱鬼镇邪。他们还制造黄神使者印章,来作为驱鬼镇邪的神灵之物。《抱朴子·登涉》载:'古之人入山者,皆佩黄神越章之印",以避妖邪。释玄光的《辨惑论》骂道士"造黄神越章,用持杀鬼",讲的就是这回事。在传世的汉印中,还有"黄神越章"等贡神之印的实物。'因此"大黄印章"即黄神之印。

【祭尊】

僤之官长,犹祭酒。

《东汉建初二年(77)侍廷里父老僤买田约束石券》:"建初二年正月十五日,侍廷里父老僤祭尊于季、主疏左巨等廿五人,共为约束石券。"

按:祭尊,汉代村社组织的主持者。宋李复《濡水集》卷五《回严司理书牍》曾曰:"承观古印二组,'祭尊'非姓名,乃古之乡官也。昔于《说苑》载乡官又有'祭正',亦犹'祭酒'也。"李氏所说甚确。汉代乡里之官作"祭尊""祭酒"者是很多的,如《隶释》卷十六《中部碑》中有"里祭酒"题名十四人,传世汉印中又有许多"里祭尊"印,印例和"单—僤—弹祭尊"完全一样。此外,传世许多汉代的方寸印有作"单—僤祭尊"或"单祭酒"。如"千岁单祭酒""千岁单祭尊印""新宇单祭尊""千岁单祭尊毋极印""东僤祭尊""弹祭

---

① 郭沫若:《奴隶制时代》,人民出版社1973年版,第91页。

尊印""益寿单祭酒"等。"祭尊"亦作"祭正"。瞿中溶《集古官印考证》卷八又著录汉"祭正"引。关于其职守,洪适《中部碑》跋曰:"此碑所书'里祭酒',虽未详所出,殆是闾里高年,如'乡三老'之类者。"(《隶释》卷十六)洪说甚是。"祭尊"即"祭酒"。其名称源于先秦古礼。《汉书·伍被传》颜师古注引应劭曰:"礼,饮酒必祭,示有先也,故称'祭酒',尊之也。"又引如淳曰:"祭祠时唯尊长者以酒沃酹。"《续汉书·百官志二》刘昭注引胡广亦曰:"官名祭酒,皆一位之元长也。古礼,宾客得主人馈,则老者一人举酒以祭于地,旧说以为示有先。"官名"祭酒",便是从古礼中的这种职位所引申出来的。战国秦汉时期若干官职,特别是一些文学之官中的元长者,往往以此为称。如荀况在齐襄王时因"最为老师",就"三为祭酒"(《史记·荀卿传》)。两汉之时,以"祭酒"为名的官职是极为多见的,如诸曹之中,西汉有"西曹南阁祭酒"(《汉旧仪》卷上);东汉有"议曹祭酒"(《后汉书·卫飒传》),又有"南阁祭酒"(《说文·许冲上〈说文〉表》),等等,不胜繁举。可见,僤、里和其他组织中都有祭尊,祭尊是当时对里父老长者的尊称,主祭祀之事。石券上的父老僤祭尊于季主持僤中共立约束石券,当是僤中的领导。券文末第二行人名上端似有父老二字,下为周伟、于中山、于中程、于季等。这说明于季既是父老僤的祭尊,又是侍廷里的里父老之一。

【家室】

指家属;家庭成员。

《东汉光和二年(179)河南县王当买地铅券》:"王当、当弟伎偷及父元兴等,当来人臧,无得劳苦苛蒡,勿繇使,无责生人父母、兄弟、妻子家室。"

按:"家室"一词,最早见于《诗经》。《诗·周南·桃夭》:"之子于归,宜其家室。"毛亨注:"家室,犹室家也。"陈奂传疏:"《孟子·滕文公篇》:'丈夫生而愿为之有室,女子生而愿为之有家。'桓十八年《左传》:'申繻曰:女有家,男有室,无相渎也,谓之有礼。'此家室互言也。浑言之,室亦家也。"《后汉书·桓荣传》:"如有不讳,无忧家室也。"《淮南子·修务训》:"舜作室筑墙茨屋,辟地树谷,令民皆知去岩穴,各有家室。"《大词典》收有此词。义项①:家庭;家眷。举《诗·周南·桃夭》《孟子·滕文公篇》《吕氏春秋·慎势》以及三国魏曹操《存恤从军吏士家室令》等书证,此词可以补充东汉时期例证。

【贾钱】

价钱,物品价格。

[1]《西汉建元元年(前140)荥阳邑王兴奎买田铅券》:"贾钱二万五仟五佰,其当日交评。"

[2]《东汉建宁二年(169)王未卿买地铅券》:"买皋门亭部什三陌西袁

田三亩,亩贾钱三千一百,并直九千三百,钱即日毕。"

[3]《东汉建宁四年(171)雒阳县孙成买田铅券》:"建宁四年九月戊午朔廿八日乙酉,左骏厩官大奴孙成,从雒阳男子张伯始卖(买)所名有广德亭部罗佰(陌)田一町,贾钱万五千。钱即日毕。"

[4]《东汉中平五年(188)雒阳县男子□□卿买地铅券》:"贾钱亩五千五百,并为钱二万七千五百五十,钱即日毕。"

按:"贾钱",即价钱,物品价格。贾,见母,鱼部;价,见母,月部。见母双声,属双声通假。《说文·贝部》:"贾,贾市也。从贝,两声。一曰坐卖售也。"段玉裁注曰:"贾,凡卖者之所得,买者之所出,皆曰贾。俗又别其字作价,别其音入祃韵,古无是也。"贾,有囤积居奇和价钱两个意思,后者后世写作"价"。《小尔雅·广言》:"贾,价也。"《集韵·祃韵》:"贾,售直也。或从人。"《论语·子罕》:"求善贾而沽诸。"《礼记·王制》:"命市纳贾以观民之所好恶。"郑玄注:"贾,谓物贵贱厚薄也。"《说文新附·人部》:"价,物直也。"《集韵·祃韵》:"价,售值也。"敦煌汉简亦见用例。《神爵二年(前60)节宽德卖布袍券》:"神爵二年十月廿六日,广汉县廿里男子节宽德卖布袍,陵胡隧长张仲孙用贾钱千三百,约至正月□□。任者□□□□□。正月书符,用钱十。时正旁候史张子卿、戍卒杜忠知卷约。沽酒二斗。"《大词典》未见"贾钱"一词,但是收有"价钱"一词,所举书证为唐陈子昂《上蜀川军事》。时代明显偏晚,此例可提前到东汉时期。

【假赁】

租借。

《东汉建初二年(77)侍廷里父老僤买田约束石券》:"即僤中皆訾下不中父老,季、巨等共假赁田也。"

按,假赁,即租借之义。假、赁,均有租借之义。《广雅·释诂二》:"假,借也。"又曰:"赁,借也。"《集韵·祃韵》:"假,以物贷人也。"又《沁韵》:"赁,以财雇物。"汉代,季、巨等僤内成员都可租种,但需要交租。假,《广雅·释诂二》:"假,借也。"《集韵·祃韵》:"假,以物贷人也。"《汉书·宁成传》:"乃贳贷陂田千余顷,假贫民,役使数千家。"颜师古注:"假,谓雇赁也。"《后汉书·孝和孝殇帝纪》:"勿收假税二岁。"李贤注:"假,犹租赁。"《东京梦华录》:"左右两军,自有假赁所在。"《大词典》收有此义项,但举例为《魏书》、唐刘知几《史通·自叙》及宋代孟元老《东京梦花录·杂赁》,此例可将书证提前到东汉时期。

【交评/交毕】

当作"交毕",指买卖成交。

《西汉建元元年(前140)荥阳邑王兴奎买田铅券》:"建元元年夏五月朔

廿二日乙巳,武阳太守大邑荥阳邑朱忠有田在黑石滩田二百町,卖与本邑王兴圭为有。众人李文信。贾钱二万五仟五佰,其当日交评。"

按:"交评"当作"交毕"。毕,犹俗言买卖成交。《尔雅·释诂下》:"毕,竟也。"《集韵·质韵》:"毕,终也。"《书·大诰》:"天亦惟用勤毖我民,若有疾,予曷敢不于前宁人攸受休毕。"孔颖达疏:"毕,终也。"两汉及以后契约文书中,除了用"毕"之外,表示"完成"义的词主要还有"毕成""交毕""毕了"等词。《汉书·王莽传上》:"诸生、庶民大和会,十万众并集,平作二旬,大功毕成。"《后汉书·显宗孝明帝纪》:"冬物毕成,可祭者众。"《后汉书·礼仪志中·腊条》注:"秦静曰:'古礼,出行有祖祭,岁终有蜡腊,无正月必祖之祀。汉氏午祖,以戌腊。午南方,故以祖。冬者,岁之终,物毕成,故以戌腊。而小数之学者,因为之说,非典文也。'"《三国志·韦曜传》:"司马迁不加疾恶,为陵游说,汉武帝以迁有良史之才,欲使毕成所撰,忍不加诛。"

【界畔】

畔,本指田界,这里指墓穴的边界。

[1]《宋元符二年(1099)赵□买地券》:"□丘丞墓伯,封步界畔。"

[2]《金大定二十九年(1189)董承祖为祖董贵□买地合同》:"东至青龙,西至白虎,南至朱雀,北至玄武。内方勾陈,分掣四域。丘丞墓伯,封步界畔。"

[3]《元宪宗八年(1258)冯汝楫为曾祖冯三翁买地合同券契》:"内方勾陈,分掌四域,丘丞墓伯,封部界畔,道路将军,齐整阡陌。"

[4]《元至元二十五年(1288)齐□□为祖先买地券》:"内方勾陈,分掌四域,[丘](立)丞墓伯,封步界畔。"

按:《说文·田部》载有"畔,田界也"。段玉裁注:"田界者,田之竟处也……一夫百亩,则畔为百亩之界也。"《左传·襄公二十五年》:"行无越思,如农之有畔,其过鲜矣。"唐傅奕《请废佛法表》:"耕能让畔,路不拾遗。"宋张君房《云笈七签》卷一百:"耕者不侵畔,渔者不争岸。"引申则指界限,与"界"同义。《广雅·释诂三》:"畔,界也。"清段玉裁《说文解字注·田部》:"畔,引申为凡界之称。"文献中用例很多,如林则徐《会奏英国船英国趸船奸夷现已驱逐并饬取切结情形折》:"大抵该夷于一切事宜,紧一分则就绪一分;松一分则越畔一分。"章炳麟《菌说》:"动与植有汗漫而无畔也。"同义联合而为复合词,本指田间边界,引申则泛指一些边界。其用例如,《左传·桓公十七年》:"疆场之事,慎守其一,而备其不虞美。"孔颖达疏:"疆场,谓界畔也。"南朝·梁·陆倕《感知己赋》:"或欲涉其涯涘,求其界畔,则浩浩洸洸,彪彪洒洒。"《汉语大词典》收有"界畔",义谓"边界"。《元典章·兵部三·驿站》:"插立标竿,明示界畔。"与"畛"义同,《庄子·齐物论》:"夫道未始有封,言未始有常,为是而有畛也。"成玄英疏:"畛,界畔也。"

【堇】

严肃,谨诚。

《东汉永寿二年(156)陶瓶劾鬼文》:"豖之符昼,制曰夜□□,乘传居署,趆(越)度阁梁,堇摄录佰鬼。"

按:堇,同谨,谨诚、严肃之义。《管子·五行》:"修概水上,以待乎天堇。"尹知章注:"堇,诚也。言天子能以中正自修,以概自平,上待天诚也。"《荀子·礼论》杨倞注:"谨,严也"。东汉买地券和镇墓文中多见用例。如《卢县曹氏瓶朱书解除文》:"天帝使者,堇为曹伯鲁之家移殃去咎。"《灵宝张湾汉墓出土四件镇墓瓶》:"天帝使者,堇为杨氏之家镇安隐冢墓,堇以铅人金玉为死者解适。"或用"谨"字。如《东汉建和元年(147)瓶》:"天帝使者,谨为加氏之家别解地下后死妇。加亡方年二十四,等汝名籍,或同岁月,重复钩校日死,或同日鸣,重复勾校日死。"《宋宣和六年(1124)高通奉为亡祖等买地券》:"谨用钱玖万玖千玖百玖拾玖文省,并五色□□,买得葬茔一所。"《天顺元年(1457)黄三处士墓地券》:"丘承墓伯,谨肃界封。道路将军,齐整阡陌。"

【九天/九地】

"九天",天上的最高处。"九地",地下的最深处。

《东汉光和二年(179)河南县王当买地铅券》:"故立四角封界,至九天上,九地下。死人归蒿里地下,□□□何□姓□□□佑富贵,利子孙。"

按:九天,指天的极高处。九地,指地的极深处。九,古人常用以表示数的极点。王应麟《困学纪闻》:"九天九地之数。乾纳甲、壬,坤纳乙、癸。自甲至壬,其数九,故曰九天;自乙至癸,其数九,故曰九地。"又说:"九天九地之说者,九天之上,六甲子也,九地之下,六癸酉也。"《奇门遁甲》曰:"九天之上,利以扬兵;九地之下,利以伏藏;太阴六合之中,可以逃亡。冬至阳遁,天上直符,后一九天,后二九地,前二太阴,前三六合;夏至后阴遁,天上直符,前一九天,前二九地,后二太阴,后三六合。"传世文献亦有用例。《孙子·形篇》:"善守者藏于九地之下,善玫者动于九天之上,故能自俣而全胜也。"《后汉书·皇甫嵩传》李贤注引《玄女三宫战法》:"行兵之道,天地之宝。九天九地,各有表里。"

【距】

大也。

《东汉永康元年(300)唐寺门村成氏镇墓文》"天帝曰:乍告天上使者、凶之吏,今有小杜里成氏后死子,男年十一,英建寿冢,为距足瓶十八物□神药,□绝钩疰,重□君央,便死利生,[不]相防池。"

按:"距"通"巨",大。"距足瓶"即大脚瓶的意思。因这种瓶的形状为小口、短颈、浅腹、大平底,故称"距足瓶"。这是按照此瓶的形状命名的。《淮南子·氾论》:"体大者节疏,蹠距者举远",高诱注:"距,大也。"《后汉书·祭祀志上》:"其下用距石十八枚,皆高三尺,厚一尺,广二尺,如小碑,环坛立之。"

【绝钩注】

解除疾病。

《汉永康元年(167)唐寺门村成氏镇墓文》"天帝曰:乍告天上使者、凶之吏,今有小杜里成氏后死子,男年十一,英建寿冢,为距足瓶十八物□神药,□绝钩注,重□君央,便死利生,[不]相防池。"

按:绝钩注,解除注病,即以宗教法术解除注鬼注害生人的问题。"注",通"疰",病也。《广雅·释诂》"疰,病也。"《释名·释疾病》:"注病,一人死,一人复得,气相灌注也。"《太平御览》卷七四三引作"疰病"。"绝钩注"与"解注"的含义相近。《释名·释疾病》:"注病,一人死,一人复得,气相灌注也。"毕沅疏证:"注,《太平御览》引作'疰'。"注,一种慢性传染病,有注入和久住之义。东汉至魏晋南北朝的镇墓文中多见用例,有"解注","解……复重句校"等说法。20世纪50年代洛阳西郊汉城遗址出土陶瓶朱书"解注瓶"及傅世汉陶瓶有"死人精注","绝□□注"而外,临潼斜口乡高沟村汉墓出土《东汉初平元年(190)刘氏瓶》有"解诸勾校……岁月日勾校,天地勾校,……时日复重勾校"之文。长安三里村汉墓出土《东汉建和元年(147)瓶》有"天帝使者谨为加氏之家别解地下后死妇。加亡方年二十四,等汝名籍,或同岁月,重复钩校日死,或同日鸣,重复勾校日死"之文。又"钩校"或写作"钩伍"。长安县韦曲镇少陵原汉墓出土陶瓶有"别解张氏后死者句伍重复……别羁以氏生人之名"之文。唐人道书《太上济度章赦·济度幽魂章》:"或鬼神拘击,或冤对句连。"可知,句校、句伍,皆句连、钩注之义,让后死入葬者之鬼魂"别羁以氏生人之名"而为注害之义。刘昭瑞先生提出镇墓文又可以分为若干小类,带有解注类词语的文字,称为解注文[1]。张勋燎先生也认为镇墓文中的一部分应该归之于解注文[2]。刘屹先生也注意到了其中的区别,不

---

[1] 刘昭瑞:《谈考古发现的道教解注文》,《敦煌研究》,1991年第4期,第51-57页、第123-124页。
[2] 张勋燎:《东汉墓葬出土的解注器材和天师道的起源》,陈鼓应等《道教文化研究》(第九辑),上海古籍出版社1996年版,第256页。

过他并没有进行细分,只是将其和买地券分开,统称之为"镇墓—解除"类型①。易守菊虽然注意到解注文中有很多是针对当时的传染病即所谓的"注"病的,但其主要探讨当时的传染病,没有将传染病与解注信仰联系起来,同时也将镇墓文与解注文等同②。魏晋南北朝小说张也多见"注"。江蓝生先生对此有很好的阐发③。东汉佛经中也屡见,颜洽茂有补充④。综合各家意见,"注"本是一种传染病,后来具有了宗教色彩。所谓"解注"就是要解除注病,具体说来就是以宗教法术解除注鬼注害生人的问题。这些资料说明此瓶亦可称"解注瓶"或"神瓶",都是按照它的用途命名的。由此可见,这种陶器铭文皆自称为"瓶",《简报》和一些考古报告将其称为陶罐,是不妥当的。

【吏民秦胡】

指地方政府管辖范围内的所有民众。

《东汉光和七年(184)樊利家买地券》:"田中根土著,上至天,下至黄,皆□□并。田南尽陌,北、东自比歌子,西比羽林孟□。若一旦田为吏民秦胡所名有,歌子自当解之。"

按:"吏民秦胡",买地券中仅有1例,居延汉简中亦仅有1例。即《居延新简》(EPF22.38A):"府移大将军莫府书曰:奸黠吏民作使宾客私。"鲁西奇(2014:41)把"吏民秦胡"作为一词,释作"各色人等"。他认为,"吏民"为汉代常用语,指编户齐民;"秦胡",仅举出《后汉书》中文献用例,未有释义。其他学者多分别训释。"秦胡"一词,初师宾先生(1978)最早释为"秦时移居河西已匈奴化的外族人"⑤。其后(1979)他又修正了个人意见,认为"秦胡"是指秦时之胡或已汉化之胡。这一观点被吴礽骧、余尧、赵永复等学者采纳⑥。方诗铭先生认为"秦胡"之秦指汉族人,胡指非汉族人⑦。邢义田先生认为

---

① 刘屹:《敬天与崇道——中古道教形成的思想史背景之一》,首都师范大学2000年博士论文,第14页。
② 易守菊:《概述解注文中的传染病思想》,《南京中医大学学报》,2001年第3期,第139-142页。
③ 江蓝生:《魏晋南北朝时期小说词语汇释》,语文出版社1988年版,279-280页。
④ 颜洽茂:《佛教语言阐释:中古佛经词汇研究》,杭州大学出版社1997年版。
⑤ 甘肃居延考古队:《居延汉代遗址的发掘和新出土的简册文物》,《文物》1978年第1期,第1-32页。
⑥ 吴礽骧、余尧(1984)、赵永复:《关于卢水胡的族源及迁移》,《西北史地》,1986年第4期,第43-54页。
⑦ 方诗铭:《释"秦胡"——读新出居延汉简甲渠言部吏毋作使属国秦胡卢水士民书札记》,《中国历史博物馆馆刊》1979年第1期,第37-39页。

"秦胡"指胡化的汉人,并指出在买地券中"秦胡"与"吏民"连言,可能还有"非编户齐民"的含义①。胡小鹏、安梅梅认为"秦胡"不特指某个少数民族或某地少数民族,而是一种政治身份或法律身份②。关于"吏民",高敏(2001)认为"吏"是编户齐民之下的特定群体"吏户",其身份地位是低于编户齐民的依附民③。刘敏(2008)认为,"吏民"是编户齐民中拥有"中家以上"财产的"生活富裕"的特定群体,其身份地位高于一般编户民④。黎虎(2005/2007/2008)写了多篇文章,对"吏民"一词进行了详细考证,在批驳以上两家观点的基础上提出,"吏民"即编户齐民⑤。我们认为,在买地券中"吏民"与"秦胡"并列,词义上,是指地方政府管辖范围内的所有民众。从结构上看,"吏民秦胡"为联合短语,"吏民",官吏与民众,用以指代编户齐民。"秦胡",中国人与胡人,用以指代非编户齐民。顾炎武《汉书注》条下亦曰"秦者中国人,胡者胡人,犹后人之言蕃汉人。"东汉文献已见记载。《史记·匈奴传》:"卫律为单于谋,穿井、筑城、治楼、藏谷,与秦人守之。"卫律本汉人降匈奴,所称"秦人",亦中国亡人也。《抱朴子·登涉篇》:"山中夜见胡人者,铜铁之精;夜见秦人者,百岁木之精,勿怪之。"与此处用法同。《魏志·牵招传》亦曰:"流亡山泽,叛入鲜卑,为中国患。"居延汉简中多有记载禁亡人整边防之事。《居延汉简·屯田二》:"马长史即有吏卒民屯士亡者,具署郡、县、里、名、姓、年、长物、色、房、衣服,赍操,初亡年月日白报,具病已。"⑥"吏民"在古代文献中大量使用,学者多有讨论,今不赘举。仅以出土文献为例。云梦睡虎地秦墓竹简《语书》:"故腾为是而修法律令、田令及为间私方

---

① 邢义田:《"秦胡"小议》,《地不爱宝:汉代的简牍》,中华书局2011年版,第68-83页。

② 胡小鹏、安梅梅:《"秦胡"研究评说》,《敦煌研究》2001年第1期,第32-36页。

③ 高敏:《从〈嘉禾吏民田家莂〉中的"诸吏"状况看吏役制的形成与演变》,《郑州大学学报》,2001年第1期。

④ 刘敏:《秦汉时期"吏民"的一体性和等级特点》,《中国史研究》,2008年第3期。

⑤ 黎虎:《"吏户"献疑——从长沙走马楼吴简谈起》,《历史研究》,2005年第3期;《魏晋南北朝"吏户"问题再献疑——"吏"与"军吏"辨析》,《史学月刊》,2007年第3期;《魏晋南北朝"吏户"问题三献疑》,《史学月刊》,2006年第4期;《原"吏民"——从长沙走马楼吴简谈起》,河南大学历史文化学院编《祝贺朱绍侯先生八十华诞史学新论》,河南大学出版社2005年版;《论"吏民"的社会属性——原"吏民"之二》,《文史哲》,2007年第2期;《论"吏民"即编户齐民——原"吏民"之三》,《中华文史论丛》,2007年第2期;《原"吏民"之四——略论"吏民"的一体性》,《中国经济史研究》,2007年第3期;《关于"吏民"的界定问题——原"吏民"之五》,《中国史研究》,2009年第2期。

⑥ 劳榦:《居延汉简考证·屯田二》,《中央研究院历史语言研究所专刊之四十》,商务印书馆1960年版,第52页。

而下之，令吏明布，令吏民皆明智之，毋巨于罪。"①《甲渠言部吏毋作使属国》："建武六年(30)七月戊戌朔乙卯，甲渠部守候敢言之，府移大将军府书曰：属国秦胡卢水士民，从兵起以来，□困愁苦，多流亡在郡县，吏(EPF22：42+322)匿之。明告吏民，诸作使秦胡卢水士民畜牧田作不遣有无？"②此两例中"吏民"均指政府管辖范围内的编户齐民之义。《大词典》收有"吏民"，释义为"官吏与庶民"，未收"秦胡"与"吏民秦胡"两词，可补。

【粮银】

农业纳税，溯源久远。

《康熙二十三年(1684)赵豸生地契》："立文契人赵豸生因为粮银急紧，无处办转，今将自己家西滩下地一段，其地南北畛。"

按：粮银，农业纳税。《大定府志》："土田之租，即孟子所云粟米之征也。夏贡殷助，周通而用之，曰彻贡助。虽有三名，实则贡助两端而已。孟子非贡而善助，而秦汉以来莫不用贡。盖郡县之，天下与封建异地。自古田租，咸敛于秋成。唐杨炎始为两税法，百姓便之。宋、元遵用。"明代，田租之外复有里甲户口之役，且以仓储粮有雀鼠耗、碎银铸锭有火耗为由而加耗羡。万历时，将夏税秋粮、存留起运之额均徭、里甲土贡雇募加银之额，通为一条总征而均支之，谓"一条鞭法"。清代沿明制。乾隆时并丁于田地，称地丁粮银，额外加征耗十分之一点五。清代后期，耗外又加收"公费"。民国之初，并地丁粮银、耗羡、杂租为田赋，按地亩以赋元计算征收。民国后期，田赋之外又征军粮、县级公粮、积谷等，农民负担特重。新中国成立以后，改田赋为"农业税"，按常年产量依率计征，税率较低，且不断减轻农民负担。2006年1月1日起，彻底废止农业税，我国沿袭两千年的这项传统税收宣告终结。

【罗佰田】

田名。

《东汉建宁四年(171)雒阳县孙成买田铅券》："建宁四年九月戊午朔，廿八日乙酉，左骏厩官大奴孙成，从雒阳男子张伯始卖(买)所名有广德亭部罗佰田一町，贾钱万五千。"

按："佰"读为"陌"。陌者，田之东西界。罗者，陌之名。《汉书·匡衡传》有"闽佰平陵佰"；《后汉·光武帝纪》有"五成佰"；《水经注》有"祭佰督亢佰"，《书·汤誓》疏引皇甫谧云"安邑有鸣条佰"，是秦汉时田皆以佰为标目，犹今之田亩以都图为标目也。

---

① 李均明：《秦汉简牍文书分类辑解》，文物出版社2009年版，第53页。
② 初师宾：《秦人、秦胡蠡测》，《考古》1983年第3期，第261页。

【毛物】

有两义:指长有细毛的兽类;指土地上生长的五谷桑麻菜蔬等植物。

[1]《西汉黄龙元年(前49)南阳郡诸葛敬买地铅券》:"田东比贺方,南比沈大义,西尽大道,北比郑江生。根生著毛物,皆属诸葛敬。"

[2]《东汉建初二年(77)侍廷里父老僤买田约束石券》:"僤中其有訾次当给为里父老者,共以客田借与,得收田上毛物谷实自给。"

[3]《东汉建宁四年(171)雒阳县孙成买田铅券》:"根生土著毛物,皆属孙成。"

按:西汉时期的土地契约,在土地的权利方面,多写有"毛物",称"根生土著毛物"。有两种含义:一指长有细毛的兽类。《周礼·地官·大司徒》:"一曰山林,其动物宜毛物。"郑玄注:"毛物,貂狐貒貉之属。"一指土地上生长的五谷桑麻菜蔬等植物。《汉书·食货志》(下):王莽时,"城郭中,宅不树艺者,为不毛,出三夫之布"。颜师古注:"树艺,谓种树果木及菜蔬。"这里应指土地上的植物。《大词典》此两义均收,义项①指长有细毛的兽类,举《周礼·地官·大司徒》及郑玄注;义项②特指牲畜,时间跨度大,举唐刘禹锡《救沉志》例,此例可补东汉疏证。

【名有】

拥有土地所有权。

[1]《西汉黄龙元年(前49)南阳郡诸葛敬买地铅券》:"黄龙元年壬申五月丙子朔八月乙亥,诸葛敬从南阳男子马吉庆卖所名有青栾年部罗佰田一町,直钱二万一千。钱即日毕。"

[2]《东汉建宁四年(171)雒阳县孙成买田铅券》:"建宁四年九月戊午朔廿八日乙酉,左骏厩官大奴孙成,从雒阳男子张伯始卖(买)所名有广德亭部罗佰(陌)田一町,贾钱万五千。"

[3]《东汉中平五年(188)雒阳县男子□□卿买地铅券》:"中平五年十二月戊申朔七日甲寅,雒阳男子□□□,从同县男子申阿、仲节、季节、元节所名有当利亭部大阳仟北高垗佰西垣冢田一町,上至仓天、下入黄泉,悉□□冥有,当□□□讼名有地者。"

按:汉代的民田、私田或称为"名田"①,而土地所有权称为"名有"。而称为"名有"的汉代私人土地所有权,仅以其中的地主土地所有权而论,可以看出三重含义:第一,"名有"表示所有权,"名"即是"占",所有权就意味着

---

① 西嶋定生:《汉代的土地所有制——关于名田与占田》,《中国古代国家与东亚世界》,东京大学出版社1983年版,第272页。

一种牢固的事实的占有。罗马法中所有权是一种可以离开事实占有的抽象的概念,所有和占有可以分离。汉代"名有"表示所有与占有的密切结合,"所有"与"占有"尚没有分离①。第二,"名"即是"占",而占是自行统计呈报并登记于国簿,因此,"名有"是官府律定以簿账登记形式承认的合法占有,并通过著簿而确定该地产在依官品等级而拥有田产的限额中是否合法,以及通过著簿来确定该地产是否具有免税特权或纳税义务,从而使这种所有具有身份色彩。第三,"名有"的土地可以买卖,买卖是汉代土地私有权的重要标志。汉代地主土地所有权的观念基本沿袭到唐,"名有"亦即占,《唐律疏议》卷一三户婚中把受田理解为经过申请的、限令内的"所占"。其中,北魏至唐均田令期间对土地的买卖的限制较前增多。汉晋以降,已经用"业"表示包括土地在内的不动产。如唐代所见的"别业""世业""永业田",都指作为不动产的土地经营、土地掌管权。②

【殁故】

死亡。

《金明昌二年(1191)洛阳县赵通买地券》:"维大金明昌二年,岁次辛亥,七月丁未朔十五日辛酉,祭主界赵通奉为殁故先祖父母诣灵龟筮协从,相地袭吉。"

按:殁,指人去世,不存在了;"殁"与"故"同义,均为死亡之义。《广韵·没韵》:"殁,死也。《说文》:'终也。'"《国语·晋语四》:"管仲殁矣,多谗在侧。"韦昭注:"殁,终也。"《史记·屈原贾生列传》:"伯乐既殁兮,骥将焉程兮?"《周书·郑孝穆传》:"父叔四人并早殁。"《明史·太祖本纪》:"太祖时年十七,父母兄相继殁,贫不克葬。"魏晋以后,"故"有身故、病故之义。《徐霞客游记·黔游记一》:"时沙士官初故。"清陈奂《〈尔雅义疏〉跋》:"(丙戌)再入都,而先生故矣!"历代买地券中习见此词用例。如《吴武义元年(919)随氏娘子买地券》:"维唐武义元年(1457)岁次己卯十一月乙丑朔四日戊辰,鄂州江夏县右[茶](亲)□□□□都殁故亡人随氏娘子,厝神永远,当归蒿里。"《后蜀广政十八年(955)宋琳地券》:"维广政十八年太岁乙卯十二月乙亥朔二十日甲申,大蜀国眉州彭山县乐阳乡北通零里殁故宋琳地券。"《南汉大宝五年(962)马氏二十四年买地券》:"维大宝五年岁次壬戌十月一日乙酉朔,大汉国内侍省扶风郡殁故亡人马氏二十四娘,年登六十四,命终,魂归后土。"《唐大顺元年(890)熊氏十七娘买地券》:"维大唐[岁次]庚戌九月甲申朔十三日丙申,洪州南昌县敬德坊殁故亡人熊氏十七娘,

---

① 〔日〕仁井田陞:《中国法制史(增订本)》,岩波书店1963年版,第385页。
② 戴炎辉:《中国法制史》,三民书局1966年版,第282页。

□□□□,受命已终,别无余犯。"《北宋治平二年(1065)郭五娘买地券》:"维大唐国蕲州蕲水县开元乡义丰里中保,今有殁故亡人郭氏五娘,年登六十二岁,于治平二年正月初四日殁辜身亡。"《明正统十一年(1446)余妙果地券》:"青乌子曰:天生万物,人最为灵,生存凡世,殁故地藏。"《黄三处士墓地券》:"维大明天顺元年岁次丁丑九月廿一日壬午,具位黄公三处士,于景泰七年(1456)正月初二日殁故,龟筮叶从,相地袭吉。"《大词典》未收"殁故"一词,当补。

【碾磨】

压碎研细谷物的器具。

《清光绪二十九年(1874)雷统耀卖院基文契》:"住卖院基人雷统耀因正用不便,今将自己中巷院内东房三间、西房三间,院内碾磨等,俱卖。"①

按:碾、磨义同,均为把东西轧碎或压平的器具。《魏书·崔亮传》:"亮在雍州,读《杜预传》,见为八磨,嘉其有济时用,遂教民为碾。"唐韩愈《虢州司户韩府君墓志铭》:"破豪家水碾利民田,顷凡百万。"宋陆游《十一月上七日蔬饭骡岭小店》诗:"建溪小春初出碾,一碗细乳浮银粟。"《西游记》第六九回:"医官听命,即将八百八味每味三斤及药碾、药磨、药罗、药乳并乳钵、乳槌之类都送至馆中,一一交付收讫。"《醒世姻缘传》第四九回:"厨房里做饭、擀饼、上碾磨,做衣服,这还是小可,最难得的不搬挑舌头,不合人成群打伙,抵熟盗生。磨,用两个圆石盘做成的弄碎粮食的工具。《墨子·天志中》:"以磨为日月星辰,以昭道之。"清张岱《陶庵梦忆·目莲戏》:"凡天地神祇、牛头马面、鬼母丧门、夜叉罗刹、锯磨鼎镬……一似吴道子《地狱变相》。"《醒世姻缘传》第八九回:"(顾氏)专常借人家磨使,他两扇磨一齐撅着径走。"柳青《创业史》第一部第十四章:"你拿笤帚来扫磨子吧,我帮你套上。"《汉方》未收此词,可补。

【旁人】

他人,别人,即交易的证人。

[1]《东汉建宁四年(171)雒阳县孙成买田铅券》:"时旁人樊永、张义、孙龙、异姓樊元祖,皆知张约。"

[2]《东汉光和元年(178)曹仲成买地券》:"时旁人贾、刘,皆知券约,他如天帝律令。"

[3]《东汉光和七年(184)樊利家买地券》:"时旁人杜子陵、李季盛,沽

---

① 洛阳市文物管理局、洛阳民俗博物馆、洛阳匾额博物馆:《故纸拾遗(第4卷)》,中州古籍出版社2011年版,第237页。

酒各半。"

按：旁人，即订立契约时在场的知情人，也即见证人。债务人若不履行债务，旁人不负任何责任。只是在双方当事人发生纠纷时，可作为案件的证人。居延汉简中多见用例。《汉长乐里乐奴卖田券》："置长乐里乐奴田卅五，伋贾钱九百，钱毕已。丈田即不足，计伋数环钱，旁人淳于次孺、王充、郑少卿，古酒旁二半，皆饮之。"①《西汉建昭二年（前37）甲渠塞欧威卖裘券》："建昭二年闰月丙戌，甲渠令史董子方买鄣卒[欧]威裘一领，直七百五十，约至春，钱毕已。旁人杜君隽。"②《张中功贳买单衣券》："七月十日，鄣卒张中功贳买皂布章单衣一领，直三百五十，三堆史张君长所，钱约至十二月尽毕已　旁人临桐[吏]（史）解子房知券□□。"③或简省为"旁"。《神爵二年（前60）节宽德卖布袍券》："神爵二年十月廿六日，广汉县卄里男子节宽德卖布袍，陵胡隧长张仲孙用贾钱千三百，约至正月□□。任者□□□□□。正月书符，用钱十。时正旁候史张子卿、戍卒杜忠知卷约。沽酒二斗。"④除此之外，我们还注意到，在汉简中还常有"任者""知券者"之说，此三者的身份不甚相同。任者，即担保人。他的责任是担保债务人依契约履行债务。因而契约中任者，实际上也参与了该契约的订立。他承担的债务是依附于主债的从债。因而任者的姓名也应当署于契约文书中。如《神爵二年（前60）节宽德卖布袍券》："约至正月□□。任者□□□□□。"这支简虽然缺字许多，但从中仍可看出，该契约中的"任者"某某以后的文字，当是在债务人不按约履行债务时，令"任者"承担偿还债务的责任。旁人，也就是"知券者"，也即见证人。如此券文下又曰："时正旁候史张子卿、戍卒杜忠知卷约。"传世文献则不多见。《韩非子·显学》："无丰年旁入之利而独以完给者，非利则侥也。"《大词典》收有此词，释义为"他人，别人"，有失宽泛。且所引最早书证为南朝宋鲍照《代别鹤操》，此例书证可大大提前至西汉时期。

【破煞】

《东汉建宁三年(170年)洛阳赵氏镇墓文》："建宁三年九月□日，黄帝青鸟□□曾孙赵□□□造新冢，恐犯先□，岁月破煞□□□葬者得適（谪）

---

① 谢桂华等：《居延汉简释文合校》，文物出版社1987年版，第653页，557·4。
② 谢桂华等：《居延汉简释文合校》，文物出版社1987年版，第38页，26·1。
③ 谢桂华等：《居延汉简释文合校》，文物出版社1987年版，第436页，262·29。
④ 罗振玉、王国维：《流沙坠简》，《屯戍丛残考释·杂事类》，中华书局1993年影印本，第193—234页；林梅村、李均明：《疏勒河流域出上汉简》，文物出版社1984年版，第43页。

□□□,以曾青□木之精,置中人厌除,四方土害气消也,佑利死者。"

按:古代民间认为,人刚死不久,在魂魄离开身体的时候,对人会造成伤害,鬼对人的这种妨害被称为"煞"。因此,在人死之后,活人要通过适当的方式来规避和防止这种危害,称为"破煞"。《大词典》未收此词,当补。

【千秋万岁】

千年万年,形容时间长久。

[1]《东汉光和二年(179)河南县王当买地铅券》:"千秋万岁,后无死者。"

[2]《宋元符二年(1099)赵□买地券》:"道路将军,齐[阡](安)整[陌](隋)。千秋万岁,永远无灾殃。"

[3]《金大定二十九年(1189)董承祖为祖董贵□买地合同》:"道路将军,□齐阡陌。千秋万岁,永无殃咎。"

按:传世文献不多见。《韩非子·显学》:"今巫祝之祝人曰:'使若千秋万岁。'"东汉镇墓文中常有用例。《东汉永寿二年(156)成桃椎镇墓文》:"死生异簿,千秋万岁,不得复相求索,急急如律令。"《东汉初平四年(193)镇墓瓶》:"令后曾财益□,千秋万岁,无有央咎。"在买地券中有时作"千秋百载"。如《元宪宗八年(1258)冯汝楫为曾祖冯三翁买地合同券契》:"内方勾陈,分掌四域,丘丞墓伯,封部界畔,道路将军,齐整阡陌。致使千秋百载,永无殃咎。"《至元二十五年(1288)齐□□为祖先买地券》:"内方勾陈,分掌四域,[丘](立)丞墓伯,封步界畔。道路将军,齐整仟佰。千秋百载,永无殃咎。"有时可作"千秋万载"。如《至元二十五年(1288年)卫辉路齐□□买地砖券》:"内方勾陈,管分擘四域;丘丞墓伯,封步(部)界畔;道路将军,齐整阡陌。致使千秋万载,永无灾咎。"大词典收有"千秋""万岁"二词,但是,未收"千秋万岁"一词,当补。

【丘丞墓伯】

道教术语,指冥间主宰墓葬的神灵。

[1]《东汉延熹四年(161)钟仲游妻买地券》:"延熹四年九月丙辰朔卅日乙酉,直闭,黄帝告丘丞墓伯、地下二千石、墓左墓右主墓狱史、墓门亭长,莫不皆在:今平阴偃人乡苌富里钟仲游妻薄命蚤死,今来下葬。"

[2]《宋元符二年(1099)赵□买地券》:"□丘丞墓伯,封步界畔。"

[3]《金大定二十九年(1189)董承祖为祖董贵□买地合同》:"东至青龙,西至白虎,南至朱雀,北至玄武。内方勾陈,分擘四域。丘丞墓伯,封步界畔。"

按:丘丞,阴间神将副职,掌管亡人灵魂的地下官吏;墓伯,即阴间守卫墓地的神将,掌管亡人灵魂的地下官吏。《说文·土部》:"墓,丘墓也。"段玉

裁注:"'丘',自其高言,'墓',自其平言,浑言之,则曰'丘墓'也。"余欣认为,丘丞、墓伯两者经常并列,有两个原因:一是人死入墓,墓穴于山,丘墓连书,合乎逻辑,故《永明三年(485)刘觊镇墓券》合而言之称"丘墓之神";二是为了押韵合辙,所以两者顺序可以调换,也可单用①。单用例,如《东汉光和二年(179)河南县王当买地铅券》:"光和二年十月辛未朔三日癸酉,告墓上墓下、中央主土,敢告墓伯、魂门亭长、墓主、墓皇、墓臽。"汉魏以后其他地区的买地券文书习见此词用例。如《东汉光和五年(182)刘公买地券》:"[光]和五年二月戊子朔廿八日乙卯,直[闭],[天]帝神师,敢告墓上墓下……土□、主土、墓□永□、地下二千石、墓主、墓皇、墓臽、东仟、西仟、南佰、北佰、丘丞墓伯。"《东汉光和六年(183)戴子起买地券》:"为子起买冢田,万三百,申告冢皇、丘丞墓伯、□□、□□,使子起来葬。"《刘宋元嘉十年(433)徐副买地券》:"丘丞墓伯,冢中二千石,左右冢侯,丘墓橼史,营土将军……等。"《元嘉二十七年(450)龚韬买地券》:"元嘉廿七年三月廿四日,南海郡番禺县都乡宜贵里地下死人,蒿里父老、墓乡有秩、左右家侯、丘丞墓伯、地下二千、安都丞、武夷王等。"《延昌二年(513)王皓买地券》:"当此四维,莫敢禁止。生人有城,死人有鄹,田有顷亩,钱有千教。天海入墓,敢忏悟。丘承政亩,墓伯政畔,遂户亭长,主治四箱。"隋唐之际,"丘丞"乃模仿令丞一类的人间官爵,早在《隋大业六年(610)二月长沙郡临湘县陶智买地券》里,"丘丞"就误为"丘承"了。而"墓伯"之"伯"不排除是"侯""伯"等表示爵位之"伯",而并非仅仅是尊称。吐鲁番出土文献多延续其误,多写作"丘承"。如《唐大历四年(769)张无价买阴宅地契》:"丘承墓伯,封步界畔。"

【青骨】

指仙骨。

《东汉光和二年(179)河南县王当买地铅券》:"青骨死人王当、弟伎偷及父元兴[等],从河南□□□□□子孙等,买谷郏亭部三陌西袁田十亩,以为宅。"

按:青骨,死人的讳称。《搜神记》卷五记载蒋子文死后成神的故事:"蒋子文者,广陵人也。嗜酒好色,挑达无度,常自谓己骨清,死当为神。"此例中"清"当读为"青"字。后世因以青骨指仙骨。即不修炼即成仙。宋韦居安《梅磵诗话》卷中:"《百咏》中《蒋帝庙》诗有'阖棺漫说荣枯定,青骨犹当履至尊'之句,人多不解'青骨'二字。偶阅《海录碎事》,载后汉末蒋子文尝为秣陵尉,自谓青骨,死当为神。后因显灵,吴主为立祠钟山下,因改山为蒋

---

① 余欣:《神道人心——唐宋之际敦煌民生宗教社会史研究》,中华书局2006年版,第115–116页。

山。后累封为帝。始知二字本此。"后世多用"仙骨"不用"青骨"。如杜甫《送孔巢父谢病归游江东兼呈李白》:"自是君身有仙骨,世人那得知其故。"《太平广记》卷五引《搜神记》:"子有仙骨,又聪明,得此便成,不复需师。"《大词典》收有此词,举例为宋苏轼《戏作种松》诗的例子,此例可大大提前书证。

【青鸟】

指天帝使者。

《东汉建宁三年(170)洛阳赵氏镇墓文》"建宁三年九月□日,黄帝青鸟□□曾孙赵□□□造新冢,恐犯先□,岁月破煞□□□葬者得适□□□,以曾青□木之精,置中人厌除,四方土害气消也,佑利死者。"

按:青鸟,黄帝使者。章怀太子《后汉书注》:"葬送造宅之法,若黄帝青鸟之书也。刘昫《唐书·经籍志五行类》有《青乌子》三卷,金丞相兀钦仄《青乌先生葬经注》:'先生,汉时人。精地理阴阳之术,而史失其名。'晋郭氏《葬书》引经曰为证者,即此是也。"《山海经·大荒西经》说:西王母之山"有三青鸟,赤首黑目,一名曰大鹏,一名曰少鹏,一名曰青鸟"。郭璞云:"皆西王母所使也。"《史记·司马相如列传》:"幸有三足乌为之使。"《正义》引张辑云:"三足乌,青鸟也,主为西王母取食。"这说明"青鸟"本为古神话中西王母的使者,汉时被道教所吸收而演变为天帝使者。或作"青乌子"。《风俗通义·佚文·姓氏》:"汉有青乌子,善术数。"相传著有《葬经》,后代堪舆术士多以他为祖师。晋葛洪《抱朴子·极言篇》:"昔黄帝……相地理则书有青乌之说。"《旧唐书·经籍志》著录有《青乌子》两卷,《宋史·艺文志》著录有《青乌子歌诀》两卷,当为后世托名之作。两晋以来,青乌子葬术非常流行。柳宗元《伯祖妣赵郡李夫人墓志铭》曰:"兆灵(麟)趾,栖凤里,艮之山,兑之水,灵之车,当反此。子孙万代承灵祉,谁之言者青乌子。"刘禹锡亦有诗曰:"地得青乌相,宾惊白鹤飞。"

【趋走给使】

奔走服役,同义连用。

[1]《西汉黄龙元年(前49)南阳郡诸葛敬买地铅券》:"田中若有尸死,男即当为奴,女即当为婢,皆当为诸葛敬趋走给使。"

[2]《东汉建宁四年(171)雒阳县孙成买田铅券》:"田中若有尸死,男即当为奴,女即当为婢,皆当为孙成趋走给使。"

按:"趋走给使",买地券规定的所出卖内容,除土地及土地上的所有"根生土著毛物"外,还有田中"男女尸死"。约定田中"男女尸死"将被作为奴婢,一同卖给买地人孙成,供其"趋走给使"。这也是买地券是一种"冥契"而非人世间契约的又一证据,同时亦佐证了其买卖双方、旁证者均为亡人的事实。殁亡人之所以要向地下鬼魂来购买墓地,其目的就是求得冥间的承认与保护。"趋走",奔走服役。《列子·周穆王》:"昔昔梦为人仆,趋走作役,无不为也。"《吴越春秋·勾践入臣外传》:"范蠡对曰:'蒙大王鸿恩,得君臣相保,愿得入备扫除,出使趋走,臣之愿也。'"《大词典》收有此词,此词可补东汉时期的书证。"给使",服事;供人役使。《墨子·备梯》:"禽滑厘子事子墨子三年,手足胼胝,面目黧黑,役身给使,不敢问欲。"《汉书·张汤传》:"用善书给事尚书,精力于职,休沐未尝出。"颜师古注:"于尚书中给事也。给,供也。"给事,谓服事;供人役使。其他用例还有,《光和元年曹仲成买地铅券》:"田中有伏尸,既□男当作奴,女当作婢,皆当为仲成给使。"《大词典》收有此词,举《墨子·备梯》、《三国志·魏志·公孙度传》裴松之注、《隋书·李圆通传》以及清纪昀《阅微草堂笔记·槐西杂志三》的例子,可补东汉时期书证。

【券约】

[1]《西汉黄龙元年(前49)南阳郡诸葛敬买地铅券》:"时旁人丁阳、郭平皆知券约,沽酒各半。"

[2]《东汉延光四年(125)东郡李德买地铅券》:"同第三子迁葬于此,皆执券约,时年五十有六。"

[3]《东汉中平五年(188)雒阳县男子□□卿买地铅券》:"时旁人泠阿车、王伯玉、刘唐、许伯雁、王元□、师□金,皆知券约。"

按:"券约",亦称"券帖""券书"。古指凭证、凭据、合同书等。券,《说文·刀部》:"券,契也……券别之书,以刀判契其旁,故曰契券。"约,《礼记·学记》:"大信不约。"孔颖达疏:"约,谓期要也。"《汉书·高帝纪上》:"初,怀王与诸将约,先入定关中者王之。"颜师古注:"约,要也,谓言契也。"券约,即契据。亦可单说"约"。《东汉光和二年(179)河南县王当买地铅券》:"约文□□,时知黄唯、留登胜。"两汉买地券中常见"知券约"一词,或简称"知",是指证人们主持了券书的订立。其他用例,如《东汉建宁四年(171)雒阳县孙成买田铅券》的"时旁人樊永、张义、孙龙、异姓、樊元祖皆知券约,沽酒各半"。《东汉光和元年(178)曹仲成买地铅券》:"时旁人贾、刘皆知券约"相同。这些人物是已经葬于卿所买冢田周围的故人。或作"知约文"。《东汉光和二年(179)河南县王当买地铅券》:"约文□□,时知黄唯、留登胜。"王启涛在《中古及近代法制文书语言研究——以敦煌文书为中心》一文中指出,"知""证"在中古及近代成为一法制术语,有"证人"之义。此外,我们从《东汉中平五年(188)雒阳县房桃枝买地铅券》的记载可以看得很清楚:"田东、西、南比旧□,北比樊汉昌。时旁人樊汉昌、王阿顺皆知券约。沽各半。钱千无五十。"樊氏旧墓既在房女新坟之北,又是见证者与支持人。如《东汉光和七年(184)樊利家买地铅券》云"时旁人杜了陵、李季盛。沽酒各半。钱千无五十",是仅以旁人为证。《大词典》收有"券约"一词,但举例为《初刻拍案惊奇》卷二九:"又各写了一张券约,罚誓必同心到老。"例证太晚,此例可提前书证。

【汝】

对死者的称呼,在镇墓文中常见。

《东汉延光元年(122)朱书陶罐镇墓文》:"延光元年□□十四日。生人之死易解。生自属长安,死人自属丘丞墓。汝□干日生人,食三谷,无人。土生上,往□人。汝自祈。如律令。"

按:《续汉书·礼仪》"赫女躯,拉女干,节解女肉,抽汝肺肠,女不急去,后者为粮"。女为汝之省,这是汉代文字通例。可见,称死者或鬼魅为汝,为东汉巫道人物或施法者的习惯用语。"汝□干日生人",意为你(指死者)是某干年出生的人。《建和元年(147)镇墓文》:"方年二十四,等汝名借,或同岁月重复钩校日死。"

【如律令】

[1]《东汉延光元年(122)朱书陶罐镇墓文》:"延光元年□□十四日。生人之死易解。生自属长安,死人自属丘丞墓。汝□干日生人,食三谷,无人。土生上,往□人。汝自祈。如律令。"

[2]《东汉桓帝元嘉二年(152)河南缑氏镇墓文》:"□□□□许苏氏家生人富利,从合日始,如律令。"

[3]《东汉延熹四年(161)钟仲游妻买地券》:"自今以后,不得干□□人。有天帝教,如律令。"

[4]《东汉光和二年(179)河南县王当买地铅券》:"千秋万岁,后无死者。如律令!"

按:唐李匡义《资暇集》:"今人符咒后言急急如律令者,令音零。律令,雷鬼之最捷者。谓当如律令鬼之捷也。"程大昌《考古编》:"按《风俗通》论《汉法》九章,因言曰:'夫吏者治也,当先自正然后正人,故文书下如律令。'言当承宪履绳,动不失律令也。今道流符咒,凡行移悉仿官府制度,则其符咒之后云如律令者,正是效官府文书为之,不必凿以为雷鬼也。"宋叶大庆赞同程氏之说,并进一步解释了"律令"二字含义,其《〈考古质疑〉校证》曰:"《文选》袁绍《檄豫州》,终曰'如律令'。曹公《檄吴部曲》,终亦曰'如律令'。是知李说之谬。盖律者所以禁其所不得为,令者所以令其所当为;如律者谓如律令不得违也。道家符咒正是效官府文书为之,诚如程氏说。"所言亦允当。宋赵彦卫《云麓漫钞》卷七记宣和中,陕西有瓮藏木简出土,上有檄文:"永初二年六月丁未朔,廿日丙寅得车骑将军莫府文书,上郡属国都尉,二千石守丞,延义县令三水,十月丁未到府受印绶,发夫讨畔羌,急急如律令。马四十匹,驴二百头,日给。"其时早于袁曹。又说:"急急如律令,汉之公移常语,犹今云符到奉行。张天师汉人,故承用之,而道家遂的祖述。"赵氏之说,较程叶二人更为准确。程氏考古而不引出土简书,与叶氏同局限于书籍,见闻不周。清梁绍壬《两般秋雨庵随笔》卷六:"急急如律令,道家敕语也。解之者曰:'律令,雷部之兽,其行最速,故以为比。'"并引上述宣和时陕西出土檄文加以辨证,但不注出处,应是本自《云麓漫钞》。①

【山主】

指泰山君。

《东汉永寿二年(156)陶瓶劾鬼文》:"名字无合得桃(逃)亡,近留行,远[留]生,□溪山主,获致荣□。"

按:《文选·颜延年曲水诗序》"山渎效灵"。李善注:"山,五岳也"。《广雅·释诂》:"主,君也。"镇墓文说:"黄神生五岳,主生人录;召魂召魄,主死人籍。"这表明黄神乃山狱之神灵。还说:"生属长安,死属太山,死生异处,不得相防。"《博物志》卷六:"泰山,天帝孙也,主召人魂。"因此,吴荣曾指出"两相对照,主死人籍录的黄神,或许就是天帝之孙的泰山神"②,是对的。

【摄录】

拘捕、逮捕之义。

《东汉永寿二年(156)陶瓶劾鬼文》:"豕之符昼,制日夜□□,乘传居署,趆度阁梁,董摄录佰鬼,名字无合得桃亡,近留行。"

按:"摄",《国语·吴语》韦昭注"摄,执也"。汉魏时期传世文献多有用例。《汉书·叙传上》:"诸所宾礼皆名豪,怀恩醉酒,共谏伯宜颇摄录盗贼,具言本谋亡匿处。"《贤愚经》有三处用例。《贤愚经·长者无耳目舌品》:"时彼国法,若其命终,家无男儿,所有财务,悉应入官。王遣大臣,摄录其财,垂当入官。"《贤愚经·降六师品》:"即入军中,斩六王首,夺取冠饰,摄录其众。"《贤愚经·善事太子入海品》:"城中当有五百天女,各赍宝球,来用奉汝……摄录诸根,勿复与语。"《大词典》未收此词,当补。

【神药】

指可令人长生不老之药。

---

① 〔宋〕叶大庆:《〈考古质疑〉校证》,陈大同校证,广东高等教育出版社1989年版,第114-115页。

② 吴荣曾:《镇墓文中所见到的东汉道巫关系》,《文物》1981年3期,第56-64页。

[1]《东汉元嘉二年(152)河南缑氏镇墓文》:"元嘉二年十二月丁未朔十四日甲申,黄帝与河南缑氏真□中华里许苏阿铜□刑宪女合会,神药以镇,□冢宅□□,七神定冢阴阳,死人无□□,生人无过。"

[2]《东汉永康元年(167)唐寺门村成氏镇墓文》"天帝曰:乍告天上使者、凶之吏,今有小杜里成氏后死子,男年十一,英建寿冢,为距足瓶十八物□神药,□绝钩痉,重□君央,便死利生,相防池。"

按:"神药",亦称"复除之药"。《东汉熹平二年张叔敬朱书瓦缶》:"故进上复除之药,欲令后世无有死者。"① 在以往出土的镇墓文中有"曾青""□木之精""雄黄""牡厉(蛎)""五石之精"等具体名称。这里的"曾青"就是硫酸铜;"□木之精"即《抱朴子·金丹》所谓"草木之药,可得延年,不免于死"者;"雄黄"亦名石黄、鸡冠石,可做颜料,亦供药用;"牡蛎",亦名蚝,是一种软体动物,可食用,亦可入药;"五石",《抱朴子·金丹》说:"五石者,丹砂、雄黄、白矾、曾青、慈石也。"汉魏时所谓的"神药",据《抱朴子·金丹》所列,主要有铜青、丹砂、水银、雄黄、礜石、戎盐、牡蛎、赤石脂、滑石、胡粉、赤盐、曾青、慈石、石流黄、太乙余粮、黄铜、珊瑚、云母、铅丹、丹阳铜、淳苦酒等22种。初期道教以符咒消灾、药物治病和诵经纳福来进行活动。因此,道士们就用汞、硫黄、铅、砒霜、硝石、云母等以及一些植物性药材,炼制成红色的丹丸,被称为灵丹妙药,宣称服后不仅可除病消灾,还可成仙升天。1965年在南京象山东晋王氏墓中出土了200多粒丹丸,大小如绿豆,据化验,其主要成分是硫化汞。古代的道士们就是用这些所谓"神药"来哄骗人们的。东汉时期镇墓文中常见用例,《东汉阳嘉二年(133)曹伯镇墓文》:"从今以后长保孙子,寿如金石终无凶。何以为信?神药厌填,封黄神越章之印。"②《汉墓出土闫氏朱书陶瓶》:"百鬼何不□□,天帝神药□□若。急如律令。"③据吕志峰研究,东汉时期镇墓文中"神药"的用途,一是消灾祈福,或镇墓与消灾祈福两种意图的同时表达。另外,"神药"的安宅功能,在传世文献中也有记载,如《抱朴子内篇·金丹》引《羨门子丹法》,云此丹方"可以厌百鬼及四方死人殃注害人宅,及起土功妨人者,悬以向之,则无患矣"④。此处所说的是

---

① 吕志峰:《东汉熹平二年张叔敬朱书瓦缶考释》,《中文自学指导》2007年第2期,第19-23页。
② 禚振西:《陕西户县的两座汉墓》,《考古与文物》1980年第1期,第44-48页。
③ 贾麦明:《韩城市汉墓出土闫氏朱书陶瓶考释》,《东南文化》1993年第4期,第59-62页。
④ 王明:《抱朴子内篇校释》,中华书局1985年版,第79页。

阳宅,对阴宅及墓葬同样适用。① 《大词典》收有此词,举例是《列子·汤问》:"扁鹊遂饮二人毒酒,迷死三日,剖胸探心,易而置之,投以神药,既悟,如初。二人辞归。"《史记·秦始皇本纪》:"方士徐市等入海求神药,数岁不得。"三国魏曹操《秋胡行》之二:"思得神药,万岁为期。"此例可以补充东汉时期的书证。

【尸骸/尸死】

尸体、尸骨。

[1]《东汉延光四年(125)东郡李德买地铅券》:"如地中伏有尸骸者,男为奴,女为婢。"

[2]《东汉建宁四年(171)雒阳县孙成买田铅券》:"田中若有尸死,男即当为奴,女即当为婢,皆当为孙成趋走给使。"

按:尸骸、尸死,均指死尸。《礼记·曲礼》(下):"在床曰尸,在棺曰柩。"又《吕氏春秋·离谓》:"洧水甚大,郑之富人有溺者,人得其死者。富人请赎之,其人求金甚多。"陈奇猷《校释》引毕沅曰:"死与尸同。"《意林》作"有人得者尸"。《广雅·释器》:"骸,骨也。"唐慧琳《一切经音义》卷五十一:"骸,顾野王云:'身体之骨,总名为骸。'"《广韵·皆韵》:"骸,骸骨。"《公羊传·宣公十五年》:"易子而食之,析骸而炊之。"何休注:"骸,人骨也。"《三国志·吴志·陆逊传》:"其舟船器械,水步军资,一时略尽,尸骸漂流,塞江而下。"北魏郦道元《水经注·河水三》:"民歌曰:'生男慎勿举,生女哺用脯,不见长城下,尸骸相支拄。'"东汉买地券和镇墓文中还常写作"伏尸"。如《光和二年(178)曹仲成买地券》:"田中有伏尸□骨,男当为奴,女当为婢,皆当为仲成给使。"《中平五年(188)房桃枝买地铅券》:"田中有伏尸,男为奴,女为婢。"

【適负】

同义连用,殃咎;罪过。

《东汉光和二年(179)河南县王当买地铅券》:"生人无责,各令死者无適负。"

按:適负,殃咎、承负,同义连文。主要包含两层意思:一是指死者生前犯有罪责,其在阴间被罚服苦役;二是指死者有过应受罪债未偿或未偿清,让子孙代其偿还罪债,使子孙蒙受其殃。东汉墓券中常见,如《建初四年(79)皇母序宁镇墓文》:"为序宁所祷水上,皆序宁持去,天公所对:生人不负责,死人毋適,券书明白。"適,通"谪"。从语音上看,適,书母,锡部;谪,端

---

① 吕志峰:《东汉镇墓文中所见到的"神药"及其用途》,饶宗颐主编《华学(第七辑)》,中山大学出版社2004年版,第191-202页。

母,锡部。锡部叠韵,属叠韵通假。《诗·商颂·殷武》:"岁事来辟,勿予祸适,稼穑匪解。"朱玮云:"此以适为谪之假借。"高亨曰:"适,借为谪。谴责,惩罚。"《汉书·陈胜传》:"适戍之众。"颜师古注:"适读曰谪,谓罪罚而行也。"可见,"适"可与"谪"通假。"谪"主要有两种用法:第一,谴责、责罚,用作动词。《说文·言部》:"谪,罚也。"《通俗文》:"罚罪曰谪。"古籍中常见的"谪守""谪居""谪边""谪奴""七科谪"等词即用此义。第二,罪愆、罪过、殃咎,用作名词。《国语·周语下》:"国将无咎,其君在会,步言视听,必皆无谪,则可以德矣。"韦昭注:"谪,谴也。"高邮王氏父子改训为"罪愆"。俞樾按:"无谪,犹无咎也。""负",罪负、承负。《资治通鉴·晋惠帝元康九年(299)》:"虽知事小,而按劾难测,骚扰驱驰,各竞免负。"胡三省注:"负,罪负也。"《太平经·解师策书诀》卷39:"承者为前,负者为后;承者,乃谓先人本承天心而行,失之,不自知,用日积久,相聚为多,今后生人反无辜蒙其过谪,连传被其灾,故前为承,后为负也。负者,乃先人负于后生者也。"①这种生死对立观念在东汉镇墓文材料中表现得十分突出和普遍,如《熹平元年(172)陈氏镇墓陶瓶文》:"生人上就阳,死人下归阴;生人上就高台,死人□自藏;生人南,死人北;生死各自异路。"②又,河南密县后士郭东汉画像石墓所出陶罐文字云:"死人行阴,生人行阳,各自有分画,不得复交通。"③隔绝生死之际的目的,是为了防范死者妨害生人。如河北望都二号墓所出太原太守中山刘氏光和五年(182)砖刻地券云:"生死异路,不得相防。"④隔绝之地,常有"生人属长安,死人属泰山"类语,如熹平四年(175)青氏镇墓瓶文云:"上天仓仓,地下芒芒,死人归阴,生人归阳,□□□里,死人有乡,生人属西长安,死人属[东]太(泰)山。"隔绝生死之际,不使死者妨害生者的目的,是使死者之家"千秋万岁,无复有死者"⑤。达到这一目的的方法,则是把死者的神魂禁锢起来,使之不得在外逸荡害人。而主其事者则是如"魂门亭长""魂门祭酒"之类的阴间官吏。此外,死者魂神既有可能化而为鬼为害于人,则当时就形成了一定的禳解法术。如居延新简中有题为"厌魅书"的简

---

① 王明:《太平经合校》,中华书局1960年版,第70页。
② 池田温:《中国历代墓券略考》,《东洋文化研究所纪要》第86册,1981年,第193—278页。
③ 赵世纲、欧正文:《密县后士郭汉画像石墓发掘报告》,《华夏考古》1987年第2期,第96—159、223、229—240页。
④ 河南省文化局文物工作队:《望都二号汉墓》,文物出版社1959年版,第13页。
⑤ 洛阳博物馆:《洛阳东汉光和二年王当墓发掘简报》,《文物》1980年第6期,第52—57页。

牍①,其中有对驱鬼之术的具体描述。类似内容的文字在江苏高邮邵家沟东汉遗址中也有出土:"天帝神师已知汝名,疾去三千里。汝不即去,南山□□令来食汝。急急如律令!"②东汉买地券、镇墓文中"解谪"亦大体有两种情况:一是针对生者,使用法术以防止鬼魂返回阳世,对生者作祟。这种鬼魂遣谪的巫术理念,早在云梦秦简《日书》中即有反映。二是针对死者,解除他们所犯的罪责,以免其在阴间被罚服苦役。这又有两种情况:一种是死者在世时所犯过错。所积的恶行,到了阴间要被算总账;二是埋葬死者时得罪了当地的地下神祇,要遭受惩罚。无论哪种情况,死者家属都要设法为之解除罪谪。《大词典》未收此词,可补充词目。

【寿冢】

指人活着时所建的坟墓。

《东汉永康元年(167)唐寺门村成氏镇墓文》:"今有小杜里成氏后死子,男年十一,英建寿冢,为距足瓶十八物□神药,□绝钩痊,重□君央,便死利生,[不]相防池。如律[令]!"

按:冢,坟墓。《周礼·春官·序官》:"冢人,下大夫二人,中士四人。"郑玄注:"冢,封土为丘垄,象冢而为之。"贾公彦疏:"案《尔雅》,山顶曰冢,故云象冢而为之也。"寿冢,指生前预备的坟墓,两汉文献常见用例。《后汉书·侯览传》:"又预作寿冢,石椁双阙,高庑百尺。"李贤注:"生而自为冢为寿冢。"《南史·王僧虔传》:"先是天福将行,令家人豫作寿冢,未至东,又信催速就。冢成而得罪,因以葬焉。"又称"寿藏"。《后汉书·赵岐传》:"年九十余,建安六年卒,先自为寿藏。"李贤注:"寿藏,谓冢圹也。称寿者,取其久远之意也,犹如寿宫、寿器之类。"又称"寿坎"。宋文莹《玉壶清话》卷五:"舅姑将老,附茔选美丘,大为寿坎。松槚茂密,尽得其制。"又称"寿堂"。《东坡志林》卷七:"古今之葬者皆为一室,独蜀人为同坟而异葬,其间为通道,高不及眉,广不能容人。生者之室,谓之寿堂。"又称"寿穴"。宋朱熹有《寿穴》诗。明陶宗仪《南村辍耕录》卷九"王眉叟":"刘君时中致者,海内名士也,既卒,贫无以为葬。躬往吊哭,周其遗孤,举其柩葬于德清县,与己之寿穴相近,春秋祭扫不息。"又称"寿圹"。明胡震亨《唐音统签·司空图》:"(图)预为寿圹,引客坐其中,赋诗酌酒裴徊。"《大词典》未收此词,可补词目。

---

① 甘肃省文物考古研究所:《居延新简》,文物出版社1990年版,第143页。
② 江苏省文物管理委员会:《江苏高邮邵家沟汉代遗址的清理》,《考古》1960年第10期,第18-23+44页。

【戍卒】

戍守边疆的士兵。

《西汉内黄县杜收赁卖鹊缕索债文书》:"戍卒魏郡内黄利居里杜收,赁卖鹊缕一匹,直(值)千,广地万年燧长孙中前所,平六□。"

按:汉代实行兵役制,规定男子二十三至五十六岁之间要服兵役两次,凡到边疆服役的称"戍卒"。服役期一年,期满归家为民,但可根据军事需要,随时调发。后代沿用其名,但专指守边的士兵①。居延汉简用例颇丰。《孔定赁卖剑券》:"戍卒东郡聊成孔里孔定赁卖剑一,直八百,觻得长杜里郭稺君所,舍里中东,家南入。任者同里杜长完。前上。"②此例中孔定是来自东郡聊城县孔里的戍卒,郭稺君是觻得长杜里的编户,这宗交易是在戍卒与当地民户之间发生的。《蔡昂子赁卖缥复袍券》:"察微燧戍卒陈留郡儁宝成里蔡昂予,七月中赁卖缥复袍一领,直钱千一百。故侯吏郑武所。"③此例中蔡昂子是戍卒,郑武是侯吏,这宗交易与债务是在吏卒之间发生的。敦煌西北疏勒河流域所出《神爵二年(前60)节宽德卖布袍券》:"神爵二年十月廿六日,广汉县廿里男子节宽德卖布袍,陵胡隧长张仲孙用贾钱千三百,约至正月□□。任者□□□□□。正月书符,用钱十。时正旁侯吏张子卿、戍卒杜忠知卷约。沽酒二斗。"④《大词典》收有此词,例证最早为宋苏轼《策断二》:"今河西之戍卒,惟患其多,而莫之适用。"还有清林则徐《赴戍登程口占示家人》:"谪居正是君恩厚,养拙刚于戍卒宜。"此例可提前书证至西汉时期。

【四时五行】

主管春、夏、秋、冬四时的神灵。

《东汉永寿二年(156)陶瓶劾鬼文》:"直天帝使者旦[为]□[氏]之家,填(镇)寒署□□□□移大黄印章,迫佼四时五行,追逐天下,捕取五[厉]。"

按:"四时",本指春夏秋冬四季。董仲舒曰:"天地之气,合而为一,分为阴阳,判为四时,列为五行。"《淮南子·精神》:"天有四时五行九解三百六十六日。"这里是指四时主。《史记·封禅书》载:始皇东游海上,行礼祭祀"四时主,祠琅邪"。《索隐》按:"是山如台,《地理志》琅邪县有四时祠也。""五

---

① 许嘉璐:《中国古代礼俗词典》,中国友谊出版公司1991年版,第463页。
② 《居延新简》,文物出版社1990年版,第178页,EPT51.84。
③ 《居延新简》,文物出版社1990年版,第181页,EPT51.122。
④ 罗振玉、王国维:《流沙坠简》,《屯戍丛残考释·杂事类》,中华书局1993年版影印本,第193-234页;林梅村、李均明:《疏勒河流域出上汉简》,文物出版社1984年版,第43页。

行",指金木水火土。它们原本是相生相克的关系:金克木、木克土、土克水、水克火、火克金;金生水、水生木、木生火、火生土、土生金。这里当指木神句芒、金神蓐收、水神玄冥、火神祝融、社神后土,它们分别主管东、西、北、南、中五方和地下幽冥世界。《左传·昭公二十九年》载:"少皋氏有四叔,曰重、曰该、曰修、曰熙,实能金、木及水,使重为句芒,该为蓐收,修及熙为玄冥,世不失职,遂济穷桑,此其三祀也。颛顼氏有子曰黎,为祝融。共工氏有子曰句龙,为后土。此其二祀也。"杜预注:"句芒,木正。蓐收,金正。玄冥,二子代也水正。黎为火正。句龙能平水土,故死而见祀。《汉书·扬雄传上》师古曰:"拘芒,东方神。蓐收,西方神。玄冥,北方神。祝融,南方神。"《礼记·月令》:"中央土……其神后土。"《楚辞·招魂》:"魂兮归来,君无下此幽都些。"王逸注:"幽都,地下后土所治也。"东汉买地券与镇墓文中常见用例。《东汉延熹九年(166)韩袱兴镇墓文》:"填冢雄黄,四时五行可除若,吉央富贵毋极。"《光和□年王氏镇墓文》:"三□四□常一人三禁忌,四时五行,三丘五阜。"

【素餐】

蔬食,无肉。

《西汉哀帝(前6—前1)颍川太守何并先令书》:"何并为颍川太守,疾病,召丞掾作先令书,曰:'告子恢:吾生素餐日久,死虽当得法赙,勿受。葬为小椁,亶容下棺。'恢如父言。王莽擢恢为关都尉。建武中以并孙为郎。"

按:素餐,瓜菜之类的食物,后指菜食无肉。《管子·禁藏》:"率三十亩而足于卒岁。岁兼美恶,亩取一石,则人有三十石,果蓏素食当十石,糠粃六畜当十石,则人有五十石。"戴望校正:"王氏引之云:'素读为疏,字或作蔬。'"《汉书·霍光传》:"(昌邑王)亡悲哀之心,废礼谊,居道上不素食。"颜师古注:"素食,菜食无肉也。言王在道常肉食,非居丧之制也。"北魏贾思勰《齐民要术·素食》:"无瓜、瓠、菌,虽有肉素两法;然此物多充素食,故附素条中。"孙中山《行易知难》第一章:"西人之倡素食者,本于科学卫生之知识,以求延年益寿之功。"

【天帝】

古人认为"天帝"是上天的主君,具有主宰人间和幽灵的权力。

[1]《东汉永寿二年(156)陶瓶劾鬼文》:"直天帝使者旦[为]□[氏]之家,填寒署(暑)□□□□移大黄印章,追佼四时五行,追逐天下,捕取五[厉]。"

[2]《东汉永康元年(167)唐寺门村成氏镇墓文》:"天帝曰:乍告天上使者、凶之吏,今有小杜里成氏后死子,男年十一,英建寿冢,为距足瓶十八物□神药,□绝钩洼,重□君央,便死利生,[不]相防池。"

按：天帝，是天上的君主，具有主宰人间和幽冥的双重权力。常见于东汉镇墓文，如，陕西宝鸡出土的《永元四年（92）陈氏镇墓文》"天帝为之［者］"，等等，有十数件。古人迷信，认为它是上天的君主，具有主宰人间和幽冥的权力。因此汉代镇墓文中常以天帝的名义向地下官吏发号施令。镇墓文中常以天帝的名义向地下官吏发号施令。"天帝"一语于传世文献中最早见载于先秦文献《荀子·正论》："居如大神，动如天帝，持老养衰，犹有善于是者舆不？"《战国策·楚策一》："虎求百兽而食之，得狐。狐曰：'子无敢食我也，天帝使我长百兽，今子食我，是逆天帝命也。'"两汉时期用例增多。刘向《说苑·正谏》："昔白龙下清冷之渊，化为鱼，渔者豫且射中其目。白龙上诉天帝……天帝曰：'鱼固人之所射也，若是豫且何罪？'"《汉书·李寻传》："成帝时，齐人甘忠可诈造《天官历》、《包元太平经》十二卷，以言'汉家逢天地之大终，当更受命于天，天帝使真人赤精子，下教我此道'。"《赤松子章历》则是较早、较多地著录"天帝"这一神祇名讳的早期道经之一。该书卷二《三会日》云："其日天帝、一切大圣俱下，同会治堂，分形布影。"又卷二《天老问三皇》云："天帝常以戊戌日从天门来游，观见此日作符，欢悦，赏赐所愿。"与"天帝"对应或具有类似功用的"天帝使者"，或"天帝神师""黄帝使者"等，也大量出现于东汉墓葬文献中，不仅有镇墓陶瓶，还有印章。如《东汉阳嘉二年（133）曹伯鲁镇墓文》"天帝使者谨为曹伯鲁之家移央去咎"，等等。关于"天帝"和"天帝使者"等神祇的真实身份或原型，学者们认为大略有如下几种情况：①"天帝"即天上的君主。"天帝使者"就是在墓地葬礼中实施法术的巫师方士，或最早一批从事道教活动的人物；②"天帝"乃指上天的最高统治者，"天帝使者"就是指"黄帝"；③"天帝"之原型乃指"黄帝"。而"天帝使者"则代表被奉为战神的蚩尤以及在葬礼中担负着驱邪魔等职责的方相氏。使用最广的应该是第一种，道士中资历较深者往往自称天使、天师、天帝神师或天帝使者，自谓曾接受天帝的教诲，能够给众人解除承负之谪，以此来强调解除活动的权威性和有效性。或作"天上使者"。如《东汉永康元年（167）唐寺门村成氏镇墓文》："天帝曰：乍（且）告天上使者、凶之吏，今有小杜里成氏后（后）死子，男年十一，英（营）建寿冢，为距足瓶十八物□神药（药），□绝钩疰，重□君央（殃），便死利生，［不］相防（妨）池。"宝鸡出土镇墓文曰"黄神北斗谨为王氏之家后死之人"，又曰"黄神北斗主为葬者阿丘镇解诸咎"；《书道全集》卷三也记载有"天帝使黄神越章"，"天帝神师黄越章"，都是很好的例证。可见，所谓"天上使者"当指黄神或青鸟。但是，镇墓文是方士或巫觋为死者驱鬼镇邪的产物，因此这些"天上使者"实际上是执行这项法术的方士或巫觋的自称。此外，值得注意的是，常见于东汉镇墓文的"天帝"，于魏晋时期则仅见于《魏晋（265前后）张氏镇墓文》及

《西晋永嘉五年(311)樊氏镇墓文》,并且都出自酒泉。而"天帝使者"则在河西地区墓葬文献中迄今没有发现,其间透露出镇墓文从中原到河西、从东汉至魏晋的转移、传承及变异的一些信息。

【填】

通"镇",压也。

《东汉永寿二年(156)陶瓶劾鬼文》:"直天帝使者旦[为]□[氏]之家,填寒署暑□□□移大黄印章,迫佼四时五行,追逐天下,捕取五[厉]。"

按:填,通镇。填,定母,真部;镇,端母,真部。定、端准旁纽双声,真部叠韵,属叠韵通假。《广韵·真韵》:"填,压也。"《国语·晋语七》:"柔惠小物,而镇定大事。"韦昭注:"镇,安也。"朱骏声《说文通训定声》:"填,塞也。"《史记·吴王濞列传》:"上患吴会稽轻悍,无壮王以填之。"《集解》:"填音镇。"《汉书·高帝纪下》:"填国家,抚百姓,给饷馈,不绝粮道,吾不如萧何。"颜师古注:"填与镇同。镇,安也。"《玉篇·金部》:"镇,安也。"《太平经》卷一至十七:"于是敛魂和魄,守胎宝神,录精填血,固液凝筋。"东汉时期的买地券和镇墓文中出现的"填"字,几乎都通假于"镇"。如《初平四年(193)王氏朱书陶瓶镇墓文》:"谨奉黄金千斤两,用填冢门,地下死籍削除文。"《户县曹氏瓶朱书陶文》:"何以为信,神药厌填,封黄神越章之印。"《永寿二年(156)刘孟陵镇墓文》:"谨为刘孟陵填厌。"

【町】

音厅,田界也。

[1]《西汉建元元年(前140)王兴奎买田铅券》:"建元元年夏五月朔廿二日乙巳,武阳太守大邑荥阳邑朱忠有田在黑石滩田二百町,卖与本邑王兴圭为有。"

[2]《东汉建宁四年(171)雒阳县孙成买田铅券》:"建宁四年九月戊午朔,廿八日乙酉,左骏厩官大奴孙成,从雒阳男子张伯始卖所名有广德亭部罗佰田一町,贾钱万五千。"

[3]《东汉中平五年(188)雒阳县男子□□卿买地铅券》:"雒阳男子□□□,从同县男子申阿、仲节、季节、元节所名有当利亭部大阳仟(阡)北高坫佰(陌)西垣冢田一町,东西长廿五步,南北卅八步,东□东出角佰,广五步,长五十四步,并为田五亩。"

按:町,为田界。《说文·田部》:"田践处曰町。"《左传·襄公二十五年》:"町原防,牧隰皋,井衍沃。"杜预注:"堤防间地不得方正如井田,别为小顷町。"孔颖达疏引贾逵曰:"原防之地,九夫为町,三町而当一井也。"一町犹言一区,谓此田一区在广德亭部之罗陌,盖东汉时以亭分部,故曰广德亭部。

【土著】

附着于土地上,即指地中的所有东西。

[1]《东汉建宁四年(171)雒阳县孙成买田铅券》:"根生土著毛物,皆属孙成。"

[2]《东汉光和七年(184)樊利家买地铅券》:"田比根土著,上至天,下至黄,皆□□行。"

[3]《东汉中平五年(188)雒阳县男子□□卿买地铅券》:"约田中根生土著伏财物,上至仓(苍)天,下入黄泉,悉□□冥有,当□□□讼名有地者。"

按:《字汇·艹部》:"著,丽也,黏也。"《国语·晋语四》:"今戾久矣,戾久将底,底著滞淫,谁能兴之。"韦昭注:"著,附也。"慧琳《一切经音义》卷十二引《桂苑珠丛》:"著,附也。"《史记·西南夷传》:"其俗或土著,或移徙,在蜀之西。"其他用例还有,《东汉光和七年(184)樊利家买地券》:"田中根[生]土著,上至天,下至黄。"《大词典》收有此词,义项有二:①世代定居一地;②世代定居本地的人。此例可以补充义项。

【五疠】

主管瘟疫的鬼神。

《东汉永寿二年(156)陶瓶劾鬼文》:"永寿二年五月,□□□□亡。直天帝使者旦(但)[为]□[氏]之家,填(镇)寒署(暑)□□□□移大黄印章,追佼四时五行,追逐天下,捕取五[疠]。"

按:"五"下一字残泐,从上下文意看,"五□"是天帝使者追捕的对象,疑即给生人制造灾难的恶鬼"五疠"。《楚辞·九章·惜诵》:"吾使厉神占之兮。"王逸注:"厉神,盖殇鬼也。"《管子·轻重甲》:"君请立五厉之祭,祭尧之五吏。"《后汉书·顺帝纪》:"上干和气,疫疠为灾。"厉,同疠。

【物故】

古人对死亡、去世的委婉语。

《东汉永寿二年(156)陶瓶劾鬼文》:"□成其上,没成其下,秦其□汝,黄帝呈下,急[济]舟□,[水]神玄武,其物故者。慈石[宕]池,[如]建[令]!"

按:邢义田(2011)认为,汉代文献、简牍、砖铭常称人死为"物故",敦煌简中也有称马死为物故者①。故训资料中已有训释。清王念孙《读书杂志》"物故"条亦曰:"'前以降及物故,凡随武还者九人。'师古曰:'物故谓死也,言其同于鬼物而故也。一说,不欲斥言,但云其所服用之物皆已故耳。'宋祁

---

① 邢义田:《读居延汉简札记——物故、小家子、寺廷里、都试、治园条、功劳、休假》,《地不爱宝——汉代的简牍》,中华书局2011年版,第102—115页。

曰：'"物"，当从南本作"歾"，音没。'又《释名》曰：'汉以来谓死为物故，物就朽故也。'《史记·张丞相传》集解引高堂隆《答魏朝访》曰：'物，无也。故，事也。言无复所能于事。'念孙案：子京说近之。'物'与'歾'同。《说文》：'歾，终也。或作殁。''歾''物'声近而字通，今吴人言'物'字声如'没'，语有轻重耳。'歾故'，犹言死亡。《楚元王传》云'物故流离，以十万数'，《夏侯胜传》云'百姓流离物故者过半'，'物故'与'流离'对文，皆两字平列，诸家皆不知'物'为'歾'之借字，故求之愈深，而失之愈远也。"

我们认为，颜师古对于《汉书》中"物故"释义有"物就朽故"和"物，无也；故，事也"两说。王念孙赞同高堂隆的说解，但亦有补充。他认为，物故，即"歾故"，犹言死亡。"歾""物"声近而字通，并以当时吴地方言"物"字声如"没"证之。"物故"，当为同义连文，用以指人或物死亡、消亡。"物"本字为"歾"。先秦传世文献已见用例。《荀子·君道》："人主不能不有游观安燕之时，则不能不有疾病物故之变焉。"秦汉以来史书中常见用例。《史记·司马相如传》："治道二岁，道不成，士卒多物故。"《汉书·匈奴传》："当孝武时，虽征伐克获，而士、马物故亦略相当。"对于士卒、战马之死，同以"物故"称之。两汉出土碑刻中，此词使用亦频繁，除了用于人死亡之外，牛马等牲畜以及衣物、金钱、粮食作物等死亡、损坏均可称为"物故"。《居延新简》EPT51.192："受正月余袭二百卌二领 其二领物故 今余袭二八卌领。"又EPT51.405："藁矢百皆厎呼物故。"此两例中衣物及箭矢损坏或不存，称为"物故"。《二年律令》简78-79："诸有假于县道官，事已，假当归。弗归，盈二十日，以私自假律论。其假别在他所，有物故，毋道归假者，自言在所县道官，县道官以书告假在所县道官收之。"这里所谓的"物故"的物品包括了金钱、布帛、粟米、牛马等。这反映了秦汉时期人们对死亡的一种看法，即人与马、牛、衣物、箭矢等一样，同是一种"物"，人、马、牛的死亡，与物品的损坏或消耗，意义相同。《大词典》义项②释为"死亡"，所举文献是《荀子·君道》，以及《汉书·苏武传》颜师古注王先谦补注引宋祁等，释义失于空泛。

【先令书】

遗嘱、遗书。

《西汉哀帝(前6—前1)颍川太守何并先令书》：何并为颍川太守，"疾病，召丞掾作先令书，曰：'告子恢：吾生素餐日久，死虽当得法赙，勿受。葬为小椁，亶容下棺。'"恢如父言。王莽擢恢为关都尉。建武中以并孙为郎。

按：先令书，汉代的书面遗嘱继承，亦称"先令""先令券书""公令"。《汉书·杨王孙传》："及病且终，先令其子，曰：'吾欲羸葬，以返吾真。'"颜师古注："先令，为遗令。"如，江苏仪征胥浦101墓出土的《先令券书》，就是一份完整的汉代遗嘱实物资料。其文曰："元始五年九月壬辰朔辛丑，今高都里朱凌,寓居新安里,甚疾,其死,故请县乡三老、都乡有秩、左□□□、里师田谭等,为先令券书。"①券,《说文》:"契也。"《释名·释书契》:"券,绻也。相约束缱绻以为限也。"所以,这个"先令券书",具有契约的性质,应当理解为在临终前制定的、具有契约性质的文书,类似于具有财产分配之法律效力的现代遗嘱。张家山汉简《二年律令·户律》规定:"民欲先令相分田宅、奴婢、财物,乡部啬夫身听其令,皆参辨券书之,辄上如户籍。有争者,以券书从事;毋券书,勿听。所分田宅,不为户,得有之,至八月书户。留难先令,弗为券书。罚金一两。"②

【移】

传授;赠予;施舍。

《东汉永寿二年(156)陶瓶劾鬼文》:"直天帝使者旦[为]□[氏]之家,填寒署(暑)□□□□移大黄印章,追佼四时五行,追逐天下,捕取五[厉]。"

按:移,遗也。《广雅·释言》:"移,遗也。"王念孙疏证:"移为遗与之遗。"《史记·田叔列传》:"如有移德于我者,何也?"裴引集解引徐广曰:"移犹施。"《汉书·扬雄传》:"胡貉之长,移珍来享,抗手称臣。"颜师古注引如淳曰:"以物与人曰移。"三国魏曹丕《典论·论文》:"虽在父兄,不能移子弟。"故"移"为传授、赠予、施舍之义。

【异姓】

不同姓,也指不同姓的人。

《东汉建宁四年(171)雒阳县孙成买田铅券》:"时旁人樊永、张义、孙龙、异姓樊元祖,皆知张约。"

按:异姓。古代订立契约时常需要外姓人参与为证。《玉篇·异部》:"异,殊也。"段玉裁《说文解字注·异部》:"异,分之则有彼此之异。"杨树达《辞诠》卷七:"异,旁指指示代名词。与'他'义同。"《吕氏春秋·上农》:"农不敢行贾,不敢为异事。"高诱注:"异,犹他也。"异姓,当指不同姓。《大词典》收有此词,举《尚书·旅獒》《史记·汉兴以来诸侯王年表序》、宋赵彦卫《云麓漫钞》,以及明沈德符《野获编·释道·道士娶妻》等为例,此词可补东汉时期书证。

---

① 扬州博物馆:《江苏仪征胥浦101号西汉墓》,《文物》,1987年第1期,第1—19页;陈平、王勤金:《仪征胥浦101号西汉墓〈先令券书〉初考》,《文物》1987年第1期,第20—25页。释文在原报告基础上,据报告所附摹本,略有调整。

② 张家山二四七号汉墓竹简整理小组:《张家山汉墓竹简》(释文修订本),文物出版社2006年版,第54页。

【易解】

丧葬是阴事,必须在天晴出太阳的日子进行。

《东汉延光元年(122)朱书陶罐镇墓文》:"延光元年□□十四日,生人之死易解。生自属长安,死人自属丘丞墓。汝□千日生人,食三谷,无人。土生上,往□人。汝自祈。如律令。"

按:易字原书有缺笔,似作易,其字应为阳之省笔。我国古人把人死入土看作"归阴"。《东汉熹平元年(172)朱书》云:"生人上就阳,死人下归阴。"《左传·宣公八年》:"雨不克葬,礼也。"汉代继承之,即以阳解阴,目的是为阴阳调和、逢凶化吉,万世平安。故该文的"易解"必为"阳解",意思是:生人之死阳日解除。解,解除,即通过对鬼神祭祀而除去凶殃邪气[①]。《史记·封禅记》:"古者天子常以春解祠。"《索隐》曰:"谓祠祭以解殃咎求福也。"

【英建】

营建,"英"通"营"。

《东汉永康元年(167)唐寺门村成氏镇墓文》:"天帝曰:乍告天上使者、凶之吏,今有小杜里成氏后死子,男年十一,英建寿冢,为距足瓶十八物□神药,□绝钩痒,重□君央,便死利生,[不]相防池。"

按:《小尔雅·广诂》:"营,造也。"《广韵·清韵》:"营,造也。"《诗·小雅·黍苗》:"肃肃谢功,召伯营之。"郑玄笺:"营,治也。"《文选·扬雄〈羽猎赋〉》:"器械储备,禁御所营。"李善注引应劭曰:"营,谓造作也。"《大词典》举例《后汉书·郎𫖮传》:"离房别观,本不常居,而皆务必精土木,营建无已。"唐玄奘《大唐西域记·印度总述》:"国家营建,不虚劳役,据其成功,酬之价值。"此例可提前到东汉。古人迷信,以为营建坟墓就会渎犯土神,得罪地下神祇,即所谓"葬犯墓神墓伯"。这样死者家属就得为死者解除罪谪。《洛阳烧沟汉墓出土建宁三年(170)镇墓文》"赵□□□新造冢,恐犯先□,岁月破煞",与此相同。

【葬茔/茔坟】

墓地;葬地。

[1]《宋宣和六年(1124)高通奉为亡祖等买地券》:"谨用钱玖万玖千玖百玖拾玖文省,并五色□□,买得葬茔一所。"

[2]《元宪宗八年(1258)冯汝楫为曾祖冯三翁买地合同券契》:"在于浅

---

① 吴荣曾:《镇墓文中所见到的东汉道巫关系》,《文物》1981年第3期,第56—64页。

土,未卜茔坟,自心忧思,不遑所厝,遂于本州岛岛河内县旧居冯封村正北偏西,旧祖茔坟西南方,龟筮协从,择此高原,相地袭吉,堪为宅兆,立契券。"

按:坟墓。古者墓、茔有别。《方言》:"凡葬无坟者谓之墓,有坟者谓之茔。"后来墓、茔无别,都泛指墓地。《说文·土部》:"茔,墓也。"《广雅·释邱》:"茔,葬地。"《汉书·哀帝纪》:"太皇太后诏外家王氏田非冢茔,皆以赋贫民。"颜师古注:"茔,冢域也。"《后汉书·郭伋传》:"帝亲临吊,赐冢茔地。"《文选·沈约〈齐故安陆昭王碑文〉》:"东首茔园,即官长夜。"李善注引如淳曰:"茔,冢田也。"《资治通鉴·汉哀帝建平四年(前3)》:"又令将作为贤起冢茔义陵旁,内为便房,刚柏题凑。"《民国八年(1919)梁洞典地文契》:"立典地契人梁洞情因壹时不便,今将祖遗村北庙后茔地壹段,计地肆亩五分。"河南地契文书也有用"坟地"的,与"茔地"并无明显区别。

【有訾】

訾同赀、资,指钱财。

《东汉建初二年(77)侍廷里父老僤买田约束石券》:"僤中其有訾次当给为里父老者,共以客田借与,得收田上毛物谷实自给。即訾下不中,还田转与当为父老者,传后子孙以为常。"

按,《说文·贝部》:"赀,货也。"《汉书·杜周传》:"家訾累巨万矣。"颜师古注:"訾与赀同。"又《司马相如传》:"以訾为郎。"颜师古注:"读与赀同。赀,财也。以家财多得拜为郎也。"有訾,有一定数量的家产,因之获得为乡官资格。此制约始于秦。《史记·高祖本纪》:刘邦家有生产作业。刘邦"及壮,试为吏,为泗水亭长"。又《史记·淮阴侯列传》:"淮阴侯韩信者,淮阴人也。始为布衣时,贫无行,不得推择为吏。"《大词典》未收此词,但10:196收有"赀财"一词,意谓钱财、财物。赀,通"资",书证为唐代,过晚,可提前到东汉时期。

【垣冢田】

《东汉中平五年(188)雒阳县男子□□卿买地铅券》:"雒阳男子□□□,从同县男子申阿、仲节、季节、元节所名有当利亭部大阳仟(阡)北高岧佰(陌)西垣冢田一町,东西长廿五步,南北卅八步,东□东出角佰,广五步,长五十四步,并为田五亩。"

按:《说文·土部》:"垣,墙也。"段玉裁注:"此云垣者,墙也,浑言之;'墙'下曰垣蔽也,析言之。……垣自其大言之,墙自其高言之。"《释名·释宫室》:"垣,援也。人所依阻以为援卫也。"《书·梓材》:"若作室家,既勤垣墉,惟其涂墍茨。"陆德明释文引马融注:"卑曰垣,高曰墉。""垣冢田"与"袁田"同义,指原归国家所有,后来赏赐给私人的田地,可作"爰田"或"辕田"等形。《辞海》(试行本)认为辕田也叫"爰田""辕田",指按休耕需要分配土地。《周礼·大司徒》已有记载。《国语·晋语》惠公作"辕田";《汉书·地理志》秦孝公用商鞅制"辕田"。《国语》贾逵注:"辕、易也,为易田之法;……或六辕、车也,以田出车赋。"韦昭注:"此欲赏以说众,而言以出车赋非也。"余扶危、赵振华(1981)考证后也认为"袁田"即辕田,亦即爰田①。袁、辕、爰三字通假。但是,李家浩(1988)认为"袁田"应当读为"园田",指园圃和田地,而与"爰(辕)田"无关。②《大词典》未见"袁田"一词,但收有"田园"一词,所举书证为《后汉书·窦宪传》与晋陶渊明《归园田居》之一。此例可补充《大词典》失收"垣田""袁田"等词条。

【蚤死】

即早死。

[1]《东汉延熹四年(161)钟仲游妻买地券》:"今平阴偃人乡苌富里钟仲游妻薄命蚤死,今来下垄。"

[2]《东汉熹平二年(173)张叔敬瓦缶》:"但以死人张叔敬,薄命蚤死,当来下归丘墓。"

按:蚤,精母,幽部;早,精母,幽部。属同音通假。《广韵·皓韵》:"蚤,古借为早暮字。"《说文段注》:"经传多假为早字。"《诗经·豳风·七月》:"四之日其蚤,献羔祭韭。"《经典释文》:"蚤,音早。"《论衡·问孔》:"颜渊蚤死。"

【曾青】

炼丹药物,即硫酸铜。为八石之一。

《东汉建宁三年(170)洛阳赵氏镇墓文》:"建宁三年九月□日,黄帝青鸟□□曾孙赵□□□造新冢,恐犯先□,岁月破煞□□□葬者得適(谪)□□□,以曾青□木之精,置中人厌除,四方土害气消也,佑利死者。"

按:曾青,为古代道士、巫医所用"五石"之一,被认为是仙药,能去邪气、驱鬼魅,用以治病、镇墓。晋葛洪《抱朴子·金丹》云:"五石者,丹砂、雄黄、白磐、曾青、磁石也。"又曰:"又乐子长法,以曾青、铅丹、合汞及丹砂,箸铜桶中,千瓦白滑石封之,于自砂中蒸之,八十日,服如小豆,三年仙矣。"《黄帝九鼎神丹经诀》卷10《炼药使不散法》:"五石者,丹沙,太阳之精也;磁石,太阴之精也;曾青,少阳之精也;雄黄,石上之精也。感阴阳之正气,配五方之正

---

① 余扶危、赵振华:《洛阳出土的东汉〈王当买地铅券〉及有关问题初探》,《中原文物河南省考古学会论文选集》,中州古籍出版社1981年版,第108—111页。

② 李家浩:《汉代买地券中的"袁田"》,《文史》(第三十辑),中华书局1988年版,第277—279页。

位,能相制伏,无所发动,调炼去毒,故能令人不死者。"五石因其各成一色,凑成五色(青、赤、白、黑、黄)而又称"五色石"。古代认为五色石具有神秘的力量,在某些特定的机缘下可发挥出巨大神威,故多用于驱邪解祸等方术和民俗仪式中。秦汉以降,人们习惯地将这五种矿物按照五行原理分别放置在特定的方位,即东方青石、南方赤石、西方白石、北方黑石、中宫黄石,用以镇墓驱邪。

【宅兆】

墓地。宅,墓穴;兆,墓园。

[1]《金天德二年(1150)钱择买地券》:"生居城邑,死安宅兆,龟筮协从,相地袭吉。"

[2]《金大定十年(1170)杜氏为亡父母及张外翁外婆买地券》:"孝女杜氏口口为殁故父母及张外翁外婆诸灵,生居城[邑],[死]安宅兆。"

[3]《元宪宗八年(1258)冯汝楫为曾祖冯三翁买地合同券契》:"在于浅土,未卜茔坟,自心忧思,不遑所厝,遂于本州岛岛河内县旧居冯封村正北偏西,旧祖茔坟西南方,龟筮协从,择此高原,相地袭吉,堪为宅兆,立契券。"

[4]《至元二十五年(1288)齐口口为祖先买地券》:"龟筮协从,相地袭吉,宜于本县龙首乡朝堂社常乐坡正西原上道北,买到坟地四亩,内安厝宅兆。"

按:宅兆,指墓地。《孝经·丧亲》"卜其宅兆而安措之。"唐玄宗注:"宅,墓穴也;兆,茔域也。"《汉书·王莽传中》:"乃遣太傅平晏、大司空王邑之雒阳,营相宅兆,图起宗庙、社稷、郊兆云。"《齐赵辅和为世宗筮宅兆》:"高祖崩于晋阳,葬有日矣。世祖令显祖亲卜宅兆于邺西北漳水北原,频卜不吉。"买地券、镇墓文中常见用例。其他用例还有,《金大定二十九年(1189)董承祖为祖董贵口买地合同》:"宜于嵩州伊阳县宜阳乡黄寨村西北源安厝宅兆。"《金明昌二年(1191)赵通为先祖父母买地券》:"祭主昪赵通,奉为殁故先祖父母诸灵,龟筮协从,相地袭吉,宜于河南府洛阳县金谷乡上清宫北后河村之原,安厝宅兆。"《大词典》收有此词,此例可补东汉金元时期出土文献用例。

【丈尺】

比喻明确的大小。

《东汉光和二年(179)河南县王当买地铅券》:"田有丈尺,券书明白。故立四角封界,至九天上,九地下。"

按:魏晋时期的买地券中也有类似用法。如《天监四年(505)买地券》:"各有丈尺,丘墓之神,地下禁忌。"《普通元年(520)何靖买地券》:"不敢选日问时,不避天下禁忌,道行正真,丘墓营搏口,东西南北各有丈尺。"《大词典》收有此词,有三个义项:①谓以丈、尺为单位来计量;②喻深浅;③喻局促的境地。此例中,"丈尺"当为名词,比喻土地有明确的大小,可补充《大词典》义项。

【争差】

不满;纠纷。

《康熙五十九年(1702)张士凤官契存照》:"地内原有树木亦在卖数,如有户族人等争差者士凤一面承当。恐后无凭,立契存照。"

按:不足;不满。"争"的"差、欠"义可从唐代及以后的典籍中找到。唐杜荀鹤《自遣》诗:"百年身后一丘土,贫富高低争几多"其中的"争几多"就是"差多少"的意义。宋杨万里《舟中夜坐》诗:"与月隔一簟,去天争半篷。"元王实甫《西厢记》杂剧第三本第二折:"争些儿把你娘拖犯。"意思是说"差点儿连累了我"。元代开始出现"争差"一词。元曲中用例较多。元郑庭玉《后庭花》第三折:"兀的是人命争差,恰便似金刚厮打,佛也理会不下。"元李行道《灰阑记》第一折:"我想他家中大妻小妇必有争差,少不得要告状打官司的。"又引申为"差错;意外"。如《元曲选·张国宾〈合汗衫〉》二:"倘或间有些儿争差,儿也,将您这一双老爹娘可便看个甚么?"明代汤显祖戏曲《牡丹亭·闺怨》:"则要你守砚台,跟书案,伴诗云,陪子曰,没的争差。"西安方言保留了"争"的"差、欠"义。如,"要买房,我的钱还争得多着哩!他争我三石麦一直不还!从今以后,咱俩谁不争谁的!"

【执火大夫】

即司火之神。

《东汉永寿二年(156)陶瓶劾鬼文》:"□□□旦(殚)女(汝)婴,执火大夫烧汝骨,风伯雨师扬汝灰,没[汝]□者,使汝筑灰垣五百□。"

按:火神除前已述及的火正祝融,还有吴回和阏伯两种说法。《山海经·大荒西经》郭璞注:"吴回,祝融弟,亦为火正也"。吴回即回禄。《左传·昭公十八年》"禳火于玄冥、回禄",杜预注:"回禄,火神。"孔颖达疏:"楚之先,吴回为祝融,或云回禄即吴回也。"《汉书·郊礼志上》:"陶唐氏之火正阏伯,居商丘,礼大火,而火纪时焉。"可见"执火大夫"当是指祝融、吴回或阏伯讲的。

【直】

通"值",价值之义。

《西汉内黄县杜收赁卖鹑缕索债文书》:"戍卒魏郡内黄利居里杜收,赁卖鹑缕一匹,直千,广地万年燧长孙中前所,平六□。"

按:直,定母,职部;值,定母,职部。"直"和"值"上古音声韵完全相同,属同音通假。《战国策·齐策》三:"象床之直千金。"《史记·酷吏列传》:"汤死,家产直不过五百金。"直,通"值",谓价值。居延汉简常见用例。《孔定贳卖剑券》:"戍卒东郡聊成孔里孔定贳卖剑一,直八百,觻得长杜里郭稺君所,舍里中东,家南入。"①《蔡昂子贳卖縹复袍券》:"察微燧戍卒陈留郡儵宝成里蔡昂予,七月中贳卖縹复袍一领,直钱千一百。"②《神爵二年(前60)节宽德卖布袍券》:"神爵二年十月廿六日,广汉县卄里男子节宽德卖布袍,陵胡隧长张仲孙用贾钱千三百,约至正月□□。"③

【冢田】

即冢地、墓地。

[1]《东汉延熹四年(161)钟仲游妻买地券》:"今平阴偃人乡苌富里钟仲游妻薄命蚤死,今来下葬。自买万世冢田,贾直九万九千,钱即日毕。"

[2]《东汉光和元年(178)曹仲成买地铅券》:"光和元年十二月丙午朔十五日,平阴都乡市南里曹仲成,从同县男子陈胡奴买长谷亭部马领佰北冢田六亩,亩千五百,并直九千,钱即日毕。"

[3]《东汉中平五年(188)雒阳县男子□□卿买地铅券》:"中平五年十二月戊申朔七日甲寅,雒阳男子□□□,从同县男子申阿、仲节、季节、元节所名有当利亭部大阳仟北高阬佰西垣冢田一町,东西长廿五步,南北卅八步,东□东出角佰,广五步,长五十四步,并为田五亩。"

按:冢田,高大的坟墓。《说文》:"冢,高坟也。"段玉裁注:"《土部》曰:'坟者,墓也。'墓之高者曰冢。"《周礼·春官·序官》:"冢人,下大夫二人,中士四人。"郑玄注:"冢,封土为丘垅,象冢而为之。"贾公彦疏:"案《尔雅》,山顶曰冢,故云象冢而为之也。"《史记·高祖本纪》:"项羽烧秦宫室,掘始皇帝冢。"《后汉书·儒林传·高翔》:"建武十一年(35),拜大司农。在朝以方正称。十三年,卒官,赐钱及冢田。"《澍行傅·温序》:"光武朋而磷之,命忠(王忠)送丧到洛阴,赐城傍为冢地。"汉魏时期或作"冢园"。《史记·齐悼惠王世家》:"天子怜齐,为悼惠王冢园在郡,割临菑东环悼惠王冢园邑,尽以予菑川,以奉悼惠王祭祀。"或作"冢茔"。《汉书·哀帝纪》:"太皇太后诏外家王氏田非冢茔,皆以赋贫民。"颜师古注:"茔,冢域也。"《后汉书·郭伋传》:"帝亲临弔,赐冢茔地。"《文选·沈约〈齐故安陆昭王碑文〉》:"东首茔

---

① 《居延新简》,文物出版社1990年版,第178页,EPT51.84。
② 《居延新简》,文物出版社1990年版,第181页,EPT51.122。
③ 罗振玉、王国维:《流沙坠简》,《屯戍丛残考释·杂事类》,中华书局1993年版影印本,第193—234页;林梅村、李均明:《疏勒河流域出上汉简》,文物出版社1984年版,第43页。

园,即官长夜。"李善注引如淳曰:"茔,冢田也。"《资治通鉴·汉哀帝建平四年》:"又令将作为贤起冢茔义陵旁,内为便房,刚柏题凑。"

【冢宅/宅】

阴宅,墓地,墓穴。

[1]《东汉桓帝元嘉二年(152)河南缑氏镇墓文》:"元嘉二年十二月丁未朔十四日甲申,黄帝与河南缑氏真□中华里许苏阿铜□刑宪女合会,神药以镇,□冢宅□□,七神定冢阴阳,死人无□□,生人无过。"

[2]《东汉光和二年(179)河南县王当买地铅券》:"从河南□□□□子孙等,买谷郏亭部三陌西袁田十亩,以为宅。"

按:宅,有墓地义。《广雅·释地》:"宅,葬地也。"《礼记·杂记上》:"大夫卜宅与葬日。"郑玄注:"宅,葬地也。"《仪礼·士丧礼》:"筮宅,冢人营之。"郑玄注:"宅,葬居也。"《孝经·丧亲》:"卜其宅而安措之。"邢昺注:"宅,墓穴也。"《荀子·礼论》:"月朝卜日,月夕卜宅,然后葬也。"《云笈七签》卷三九:"第七十七戒,不为人图山冢宅起屋。"冢、宅,同义。北魏郦道元《水经注·淄水》:"北门外东北二百步,有齐相晏婴冢宅。"清顾炎武《酬归祚明戴笠王仍潘柽章四子韭溪草堂联句见怀二十韵》:"梦犹经冢宅,愁不到中闺。"或作"冢墓"。《史记·田单列传》:"吾惧燕人掘吾城外冢墓,僇先人,可为寒心。"

【族人】

同宗族的人;同家族的人。

《康熙五十九年(1702)张士凤官契存照》:"地内原有树木亦在卖数,如有户族人等争差者士风一面承当。恐后无凭,立契存照。"

按:亦称"宗人",指同宗族之人。汉魏以来文献常用。《墨子·公孟》:"夫好美者,岂欲吾族人莫之好,故不好哉!岂欲吾族人莫之欲,故不欲哉!"《韩非子·说林上》:"其族人曰:'晋近,奚不之晋'庆封曰:'越远,利以避难。'"《大戴礼记·曾子制言上》:"朋友之仇,不与聚乡;族人之仇,不与聚邻。"北齐颜之推《颜氏家训·风操》:"凡宗亲世数,有从父有从祖有族祖,江南风俗自兹以往,高秩者通呼为尊。同昭穆者,虽百世犹称兄弟,若对他人称之,皆云族人。"《红楼梦》第十回:"且说他姑娘原聘给的是贾家玉字辈的嫡派,名唤贾璜。但其族人,那里皆能像宁荣二府的富势,原不用细说。"我国古代凡属男系同姓同族者,包括外姓嫁来的妇女,都属族人范围。族人必须服从族长的教令和统率,必须遵守宗规族约,维护宗族的共同利益。族中发生事端必须先报请族长处理,禁止轻易诉诸官府。遇有年节大典或婚丧大事,族长召集有关人士或全体族人共庆共祭,所以,关系到民间土地买卖纠纷,一般是由族人争夺引起的。

【左骏厩】

官名,属太仆。

《东汉建宁四年(171)雒阳县孙成买田铅券》:"建宁四年九月戊午朔,廿八日乙酉,左骏厩官大奴孙成,从雒阳男子张伯始卖所名有广德亭部罗佰田一町,贾钱万五千。"

按:主管养马的官。西汉时设置六厩,官员都是六百石令。东汉合并,仅设一厩。此后又设置左骏令、左骏厩,分别管理乘舆御马,时设时并。又有牧师菀,都设置令官,主管养马,分在河西等六郡疆界中,东汉全部裁撤,仅汉阳郡保留流马菀,祇以云林郎监管。语司马彪《续汉志》:"旧有六厩,中兴省约,但置一厩。后置左骏令厩,别主乘舆御马,后或并省。"此券作于建宁四年,汉灵帝时尚有左骏厩之名。

下编　河南省古代契约文书辑注

凡　例

一、本书所辑录的均为河南地区传世或出土的古代契约文书文献资料，依据类型编排，每类下按时间先后编排。

二、每件契约文书一般包括解题（包括出土时间、资料整理和发表的介绍）、释文与校注、相关问题研究成果等。目的是更好地研读材料，探讨河南契约文书语词特点，以便汉语词汇史研究。

三、本书材料一般附图版（暂未公布者除外）。图版的选择标准主要是清晰可识，但由于篇幅所限，所引图版在不影响释读的前提下做了适当缩印。有的材料所公布图版模糊不清，故未附图版。另外，部分资料或因本人一时难以查阅，或公布材料不甚清晰，有些图版可能并非最佳，有待以后进一步修正。

四、所引出土材料（简帛、石刻等），使用符号不同，本书根据各类材料采用相应的通行符号。如：缺字但可计算字数时，用"□"表示。可据上下文补出的文字，外加方框表示。缺字数不能统计，用"……"表示。释字有疑义者，加"？"表示。

五、各种材料依据的底本主要为整理报告，一般在解题中注明。但有时可能依据图版更清晰或释文更准确的其他论著，这些将在解题或页下注中说明。

六、为行文方便，各材料中的释文，有些字并没有严格厘定，而是使用了通行字。

七、在引述作者论著时，主要按时间排序，但同一作者的论著将放在一起。有时作者的同一篇文章以不同形式发表，只要内容没做重大修改，则主要依据本人所查阅的版本；但若有较大修订，则尽量采用最新版本。

八、本书资料（包括出土契约文书整理报告及相关研究成果），一般截至2017年8月。当然，如有最新出土材料及研究成果，也尽量收入。

第一章

河南省遗嘱文书辑注

本章仅引《西汉哀帝（前6—前1）颍川太守何并先令书》[①]为例进行分析辑注，书文原文如下：

何并为颍川太守，"疾病，召丞掾作先令书，曰：'告子恢：吾生素餐日久，死虽当得法赙，勿受。葬为小椁，宣容下棺。'"恢如父言。王莽擢恢为关都尉。建武中以并孙为郎。

【题记】

这是文献记载的最早的由个人亲笔书写的遗嘱文书。立遗嘱人在能自己写、身体又允许写的时候，都要亲笔书写。西汉颍川太守何并即如此。何并告诫儿子不要接受追赠的钱物以及薄葬诸事。后世沿袭。两唐书列传记载，姚崇、袁滋、刘弘基等人分家产的时候都有"遗令"，都是自书的遗嘱。如《旧唐书·姚崇传》曰："崇先分其田园，令诸子侄各守其分，仍为遗令一诫子孙。"接着又言及其身后薄葬等事，最后告诫子孙："汝等身没之后，亦教子孙依吾此法。"

【注释】

"颍川"，豫州八郡之一，地处中原腹地。《史记·秦始皇本纪》："十七年，内史腾攻韩，得韩王安，尽纳其地，以其地为郡，命曰颍川。"东汉定都洛阳，更突出了它的位置的重要性。

"何并"，班固《汉书·何并传》："颍川太守何并，字子廉，祖父以吏二千石，自平舆徙平陵。并为郡吏，至大司空掾，事何武。……哀帝时，何并为颍川太守，使文吏治三人入狱，武吏王捕之，各有所部。"

[①] 张传玺：《中国历代契约会编考释》，北京大学出版社1995年版，第26页。

"丞掾",郡守下的官吏。丞为重要的官吏。《汉书·韩延寿传》:"丞掾皆以为方春月,可壹出劝农桑。"《后汉书·马援传》:"此丞掾之任,何足相烦?"《通典》卷三十三《总论郡佐》:"郡之佐吏,秦汉有丞、尉,丞以佐守,尉典武职。"掾为职位较低的属吏,亦称掾史,主各曹事。

"先令书"亦称"先令""先令券书""公令"。《汉书·何并传》:"疾病,召丞掾作先令书。"颜师古注:"先为遗令也。"又《汉书·杨王孙传》:"及病且终,先令其子,曰:'吾欲嬴葬,以返吾真,必亡易吾意。死则为布囊盛尸,入地七尺,既下,从足引脱其囊,以身亲土。'"颜师古注:"先令,为遗令。"

"恢",何恢,何并之子,当时随母居平陵,"不至官",后为关都尉。

"素餐",瓜菜之类的食物。《管子·禁藏》:"率三十亩而足于卒岁。岁兼美恶,亩取一石,则人有三十石,果蓏素食当十石,糠粃六畜当十石,则人有五十石。"戴望校正:"王氏引之云:'素读为疏,字或作蔬。'"汉时,指菜食无肉。《汉书·霍光传》:"(昌邑王)亡悲哀之心,废礼谊,居道上不素食。"颜师古注:"素食,菜食无肉也。言王在道常肉食,非居丧之制也。"北魏贾思勰《齐民要术·素食》:"缹瓜、瓠、菌,虽有肉素两法;然此物多充素食,故附素条中。"孙中山《行易知难》第一章:"西人之倡素食者,本于科学卫生之知识,以求延年益寿之功。"

"法赙",古代官吏死后,朝廷按照规定赠予的治丧财务。赙,送给丧家的布帛、钱财。《说文解字·贝部》:"赙,助也。从贝尃声。"《春秋·隐公三年》:"秋,武氏子来求赙。"《汉书·何并传》:"吾生素餐日久,死虽当得法赙,勿受。"如淳曰:"公令,吏死官,得法赙。"颜师古注:"赠终者布帛曰赙。"《后汉书·楚王英传》:"英至丹阳,自杀。赠赙如法。"汉代法赙,诸侯王、王太后、官吏等,依其生前地位高低,死后享有不同的法赙礼遇。主要有两种:一是诸侯王、王太后所受法赙。《后汉书·中山简王焉传》:"焉,永元二年(90)薨。自中兴至和帝时,皇子始封薨者,皆赙钱三千万,布三万匹;嗣王薨,赙钱千万,布万匹。是时窦太后临朝,窦宪兄弟擅权,太后及宪等,东海出也,故睦于焉而重于礼,加赙钱一亿。"《后汉书·楚王英传》:"元和三年(86),许太后薨,赙钱五百万。"另一是二千石官吏所受法赙。《后汉书·羊续传》:"续,中平六年卒。旧典,二千石卒官赙百万。"随着社会形势的变化,法赙亦有变更。《后汉书·济北惠王寿传》:"寿以永元二年封,立三十一年薨。自永初以后,戎狄叛乱,国用不足,始封王薨,五百万,布五千匹。时唯寿最尊亲,特赙钱三千万,布三万匹。"沈家本《历代刑法考》:"《唐律》,卒官,家无手力不能胜致者,仰部送还乡,即此意。据《并传》,是汉法凡死官者皆有法赙,不必其家无手力也。"两汉时期史书中关于生前遗令叮嘱其子或属官不受赙赠的多有记载。《后汉书·羊续传》:"续病卒,遗言薄敛,不受赙遗。府丞焦俭遵续先意，一无所受。"《汉书·原涉传》："涉父哀帝时为南阳太守。天下殷富，大郡二千石死官，赋敛送葬皆千万以上，妻子通共受之，以定产生。及涉父死，让还南阳赗送，鎀是显名京师。"《后汉书·崔瑗传》："瑗临终，顾命子寔曰：'其赗赠之物，羊豕之奠，一不得受。'寔奉遗令。"《汉语大词典》未收"法赗"一词，可补。

"葬为小椁"，下葬时，只要做仅放得下棺木的小椁，这里指不要随葬品。椁，棺外的套棺。颜师古注："言止作小椁，才容下棺而已，无令高大也。亶读曰但。"古代棺有两重，外曰椁，内曰棺。《说文·木部》："椁，葬有木亶也。"段玉裁注："木亶者，以木为之，周于棺，如城之有亶也。"《广雅·释言》："椁，廓也。"《周礼·地官·闾师》："不树者无椁。"郑玄注："椁，周棺也。"《汉书·楚元王传》："嗟呼！以北山石为椁，用纻絮斮陈漆其间，岂可动哉！"

"关都尉"，置于边郡关隘之都尉官，掌征货物税，稽查旅客往来，以设于函谷关者为主。据《汉书·百官公卿表》可知，都尉是郡太守下专佐武职的官吏，由于边郡军事任务重，西汉时都尉亦置曹辟吏，开府治事。据《汉书·地理志》载：敦煌郡有阳关都尉，治阳关；玉门都尉，治玉门关，《流沙坠简》簿书十二简："太始三年（前94）闰月，卒酉朔己卯，玉门都尉护众谓千人尚、尉丞棘署就。"其中提到玉门关都尉。关都尉和一般都尉一样，亦有属官，《居延汉简释文》有"关啬夫""关佐"之记载。可知，设关之地不拘在郡县治所，但必为扼要之地。此外，从《汉书·地理志》来看，一郡一都尉的往往是内郡，边郡则多有二或三个以上的都尉。汉简所见都尉有五大类，即部都尉、郡都尉、关都尉、属国都尉和农都尉。部都尉、郡都尉和关都尉皆属郡守管辖。《汉官仪》和《汉旧仪》说边郡"置部都尉、千人、司马、侯"；《汉书·冯奉世传》如淳注："边郡置都尉及千人、司马，皆不治民也。"由此可见，都尉府有都尉、千人、司马、侯四官。《汉书·百官公卿表》说元狩二年（前121），"复增属国，置都尉、丞、候、千人"，可知属圜都尉府亦有4职。

第二章

河南省出土买地券辑注

一、西汉建元元年荥阳邑王兴圭买田铅券[①]

建元元年(前140)夏五月朔廿二日乙巳,武阳太守大邑荥阳邑朱忠有田在黑石滩田二百町,卖与本邑王兴圭为有。众人李文信。贾钱二万五仟五佰,其当日交评。东比王忠交,西比朱文忠,北比王之祥,南比大道。亦后无各言其田。王兴圭业。田内有男死者为奴,有女死者为妣。其日同共人,沽酒各半。

【题记】

原券现藏日本中村氏书道博物馆。仁井田陞1937年《汉魏六朝の土地买卖文书》一文所列表内,将其置于第一件。1951年《中古卖买法の沿革》文中,亦列为现存最早的西汉土地买卖文书。1960年将以上两文收入《中国法制史(土地法、取引法)》一书时,未做任何修改。券文共二行,行字数不等。从契约文书的内容看,除了记载文书成立的时间、土地的四至、亩数、价格、买卖双方的姓名以外,还记载了土地的来源,为王兴圭"业田",即祖传的土地。吴天颖《汉代买地券考》(《考古学报》,1982年第1期)从记日款式、"武阳太守""黑石滩田"等方面证其伪。张传玺主编《中国历代契约会编考释》亦录此券,将其列入"疑伪买地券"。均未附照片或摹本。

【注释】

"建元元年夏五月朔廿二日乙巳",经吴天颖先生考证,此处纪时有误。陈梦家在《汉简年表序》中根据出土汉简把西汉的记日方法分为四类:①"大

[①] 张传玺:《中国历代契约会编考释》,北京大学出版社1995年版,第58页。

始元年十二月辛丑朔戊午",略去日序"十八日";②"大始二年二月庚寅",略去朔旦干支"庚午朔"和日序"二十一日";③"征和四年二月十五日",略去"乙未朔"和日序干支"己酉";④"元康五年五月二日壬子",略去"辛亥朔"。从未有仅写"五月朔",而不写朔旦干支的。何况券文既书"廿二日乙巳",则五月朔应为甲申,而汉武帝建元元年五月为辛卯朔,其他年号"建元"者亦无五月朔旦为甲申的。

"朔",干支缺,当为"甲申"。

"武阳太守",汉代有三个武阳:其一为泰山郡辖南武阳;其二为东郡辖东武阳;其三是犍为郡辖武阳。三处武阳汉代均为县治。

"大邑",西汉无大邑县。唐咸亨二年(671),分晋原县置大邑县,治所在今四川大邑。西汉时为江原县地。

"荥阳邑",西汉无荥阳邑,有荥阳县,治所在今河南荥阳县东北。

"黑石滩",汉承秦制,十里一亭,亭所管辖的区域称为亭部。《后汉书·皇后纪》和帝阴皇后"葬临平亭部"注:"葬于亭部内之地也"。正如日本古贺登先生所说,汉代买地券写作"某亭部某陌田",这是当时的习惯写法。如本文《证误》部分所引五件买地铅券,《王未卿券》作"皋门亭部",《孙成券》《房桃枝券》作"广德亭部",《曹仲成券》作"长谷亭部",《樊利家券》作"石梁亭部"。赝品则是五花八门,如所谓《诸葛敬券》为"青栾年部",《徐胜买地券》为"黑石滩部"。本券的"黑石滩",疑由"黑石滩部"脱胎而来,二券很可能同出一人之手。

"町",汉代地积单位名。《左传·襄公二十五年》:"町原防,牧隰皋,井衍沃。"杜预注:"堤防间地不得方正如井田,别为小顷町。"孔颖达疏引贾逵曰:"原防之地,九夫为町,三町而当一井也。"《齐民要术·种谷》引汉《氾胜之书》"区种法":"以亩为率:令一亩之地,长十八丈,广四丈八尺;当横分十八丈作十五町;町间分为十四道,以通人行,道广一尺五寸;町皆广一丈五寸,长四丈八尺。"

"众人",当为"旁人"之误。

"贾钱",即价钱,物品价格。贾,"价"的古字。价,《说文新附·人部》:"价,物直也。"《集韵·祃韵》:"价,售值也。"其他用例还有,《东汉建宁四年(171)孙成买地铅券》:"左骏厩官大奴孙成,从雒阳男子张伯始买所名有广德亭部罗陌田一町,贾钱万五千。"《东汉中平五年(188)雒阳县男子□□卿买地铅券》:"贾钱亩五千五百,并为钱二万七千五百五十,钱即日毕。"《大词典》未见"贾钱"一词,但是收有"价钱"一词,所举书证为唐陈子昂《上蜀川军事》。时代明显偏晚,此例可提前到东汉时期。

"交评",当作"交毕"。毕,犹俗言买卖成交。《尔雅·释诂下》:"毕,竟也。"《集韵·质韵》:"毕,终也。"《书·大诰》:"天亦惟用勤毖我民,若有疾,予曷敢不于前宁人攸受休毕。"孔颖达疏:"毕,终也。"两汉及以后契约文书中,除了用"毕"之外,表示"完成"义的词主要还有"毕成""交毕""毕了"等。《汉书·王莽传上》:"诸生、庶民大和会,十万众并集,平作二旬,大功毕成。"《后汉书·显宗孝明帝纪》:"冬物毕成,可祭者众。"《后汉书·礼仪志中·腊条》注:"秦静曰:'古礼,出行有祖祭,岁终有蜡腊,无正月必祖之祀。汉氏午祖,以戌腊。午南方,故以祖。冬者,岁之终,物毕成,故以戌腊。而小数之学者,因为之说,非典文也。'"《三国志·韦曜传》:"司马迁不加疾恶,为陵游说,汉武帝以迁有良史之才,欲使毕成所撰,忍不加诛。"

"妣",《说文·女部》:"妣,殁母也。从女,比声。"罗振玉《增订殷虚书契考释》曰:"卜辞多作匕,与古金文同。多不从女。吴中丞说:'古妣字与父相比,右为父,左为匕。'予案:考妣字之匕引申为匕箸字。匕必有偶,犹父之与母相比矣。"与此处文意不符,当作"婢"字。《孙成买地铅券》"男即当为奴,女即当为婢"与此同。婢,《说文·女部》:"奴、婢,皆古之辠人也。"《汉书·刑法志》:"妾愿没入为官婢,以赎父罪,使得自新。"《周礼·秋官·司厉》:"其奴,男子入于罪隶;女子入于舂槀。"郑玄注:"今之为奴婢,古之罪人也。"南朝宋刘义庆《世说新语·德行》:"祖光禄少孤贫……王平北闻其佳名,以两婢饷之,因取为中郎。有人戏之者,曰:'奴价倍婢'。"

"沽酒",即酤酒。沽,见母,鱼部;酤,见母,鱼部。属同音通假。《广韵·暮韵》:"沽,同酤。"《论语·乡党》:"沽酒市脯不食。"刘宝楠正义曰:"沽与酤同。"东汉时期买地券常用习语。如《建宁四年(171)孙成买地铅券》:"皆知券约,沽酒各半。"敦煌汉简亦有用例。《神爵二年(前60)节宽德卖布袍券》:"神爵二年十月廿六日,广汉县卅里男子节宽德卖布袍,陵胡隧长张仲孙用贾钱千三百,约至正月□□。任者□□□□□。正月书符,用钱十。时正旁侯吏张子卿、戍卒杜忠知卷约。沽酒二斗。"

二、西汉黄龙元年南阳郡诸葛敬买地铅券[①]

黄龙元年(前49)壬申五月丙子朔八月乙亥,诸葛敬从南阳男子马吉庆卖所名有青栾年部罗佰田一町,直钱二万一千。钱即日毕。田东比贺方,南比沈大义,西尽大道,北比郑江生。根生土著毛物,皆属诸葛敬。田中若有尸死,男即当为奴,女即当为婢,皆当为诸葛敬趋走给使。田东西南北以大石为界。时旁人丁阳、郭平皆知券约,沽酒各半。

---

① 张传玺:《中国历代契约会编考释》,北京大学出版1995年版,第60–61页。

【题记】

此券旧为刘铁云所藏。北京大学图书馆有拓片。又见《小校经阁金文拓本》卷13。此券长38.9厘米,宽3厘米。隶书,三行。第一行55字,第二行43字,第三行32字,共130字。在这个买地券中,记有买主诸葛敬,卖主马吉庆,证人丁阳、郭平。此外,还记有地价和地界四至,规定了买过之后,土地上的所有东西都归买主诸葛敬所有,甚至连过去埋在这块土地上的死尸,也要成为诸葛敬的奴隶,在阴间听他驱使。这充分反映了当时存在的根深蒂固的私有观念和奴隶制的思想。但是,由于此券所记干支错乱,没有记载"某某亭部",而记为"青栾年部",而且,它在形式、内容上与《孙成买地券》基本相同,方诗铭先生最早认为其为伪造的赝品。

【注释】

"黄龙元年壬申五月丙子朔八月乙亥","黄龙",为西汉宣帝年号。关于此券记时,方诗铭先生认为是错误的。他在《从徐胜买地券论汉代"地券"的鉴别》一文说:"根据陈垣先生的《二十史朔闰表》,黄龙元年五月的朔日是壬寅,而不是丙子。根据壬寅朔;来推算,八日应是己酉。这就是说,诸葛敬买地券的干支纪日是有问题的。另外,还有很重要的一点,即使承认本券的'五月丙子朔'是正确的,那么八月也应该是癸未,而不是乙亥;同时,乙亥是丙子的前一天,因此朔日是丙子,这一月内也无论如何不应有乙亥。这说明本券所记的干支根本是错误的。"①

"男子",少年男子为户主者。《后汉书·明帝纪》:"赐天下男子爵,人二级。"李贤注:"《前书音义》曰:男子者,谓户内之长也。"亦谓青、壮年男子。敦煌汉简中常见用例,如《神爵二年(前60)节宽德卖布袍券》:"神爵二年十月廿六日,广汉县廿里男子节宽德卖布袍,陵胡隧长张仲孙用贾钱千三百,约至正月□□。任者□□□□□。正月书符,用钱十。时正旁侯吏张子卿、戍卒杜忠知卷约。沽酒二斗。"

"卖",当为"买"之误。

"佰田","佰"读为"陌"。佰,帮母,铎部;陌,明母,铎部。帮、明旁纽双声,铎部叠韵,属叠韵通假。《正字通·人部》:"佰,通作陌。"《睡虎地秦墓竹简·法律答问》:"封即田千佰。"《汉书·匡衡传》:"南以闽佰为界。"颜师古注:"佰者,田之东西界也。闽者,陌之名也。"《隶释·广汉属国都尉丁鲂碑》:"溉灌田亩,□流畴佰。"洪适注:"碑以畴佰为畴陌。"陌,指田间东西小

---

① 方诗铭:《从徐胜买地券论汉代'地券'的鉴别》,《文物》1973年第5期,第52-55页。

路,或南北小路。也泛指田间小路。《说文新附·𨺅部》:"阡,路东西为陌,南北为阡。"《史记·秦本纪》:"为田开阡陌,东地渡洛。"司马贞索隐引应劭《风俗通》:"南北曰阡,东西曰陌。河东以东西为阡,南北为陌。"《楚辞·王逸〈九思·悯上〉》:"率彼兮畛陌,川谷兮渊渊。"原注:"田间道曰畛陌,塍分界也。"晋潘岳《藉田赋》:"遐阡绳直,迩陌如矢。"唐韩愈《唐正议大夫尚书左丞孔公墓志铭》:"愈又曰:古之老于乡者,将自佚,非自苦,闾井田宅具在,亲戚之不仕,与倦而归者,不在东阡在北陌,可杖屦来往也。"《汉书·匡衡传》有"闽佰平陵佰"、《后汉·光武帝纪》有"五成佰"、《水经注》有"祭佰督亢佰"、《书·汤誓》疏引皇甫谧云"安邑有鸣条佰",是秦汉时田皆以佰为标目,犹今之田亩以都图为标目也。

"比、及、至",均为相邻之义。《广雅·释诂一》:"及,至也。"《玉篇·至部》:"至,达也。"清刘淇《助字辨略》卷四:"至,犹及也。"《汉书·诸侯王表》:"诸侯北(比)境,周市(匝)三垂,外接胡、越。"颜师古注:"比谓相接次也。"《论衡·物势》:"或诎弱缀跲,踵塞不比者为负。"

"根生著毛物",当为"根生土著毛物"之省文。"根生",草木也。"土著",著,入声,附于土者曰土著,即指地中的所有东西。《字汇·艹部》:"著,丽也,黏也。"《国语·晋语四》:"今戾久矣,戾久将底,底著滞淫,谁能兴之。"韦昭注:"著,附也。"慧琳《一切经音义》卷十二引《桂苑珠丛》:"著,附也。"《史记·西南夷传》:"其俗或土著,或移徙,在蜀之西。"其他用例还有,《东汉光和七年(184)樊利家买地券》:"田中根[生]土著,上至天,下至黄。"《大词典》收有此词,义项有二:①世代定居一地;②世代定居本地的人,此例可以补充义项。"毛物",西汉时期的土地契约,在土地的权利方面,多写有"毛物",称"根生土著毛物"。有两种含义:一指长有细毛的兽类。《周礼·地官·大司徒》:"一曰山林,其动物宜毛物。"郑玄注:"毛物,貂狐貒貉之属。"一指土地上生长的五谷桑麻菜蔬等植物。《汉书·食货志》(下):王莽时,"城郭中,宅不树艺者,为不毛,出三夫之布"。颜师古注:"树艺,谓种树果木及菜蔬。"这里应指土地上的植物。其他用例还有,《汉侍廷里父老僤买田约束石券》:"僤中其有訾次当给为里父老者,共以客田借与,得收田上毛物谷实自给。"《建宁四年(171)孙成买地铅券》:"田东比张长卿,南比许仲异,西尽大道,北比张伯始。根生土著毛物,皆属孙成。"《大词典》此两义均收,义项①指长有细毛的兽类。举《周礼·地官·大司徒》及郑玄注,义项②特指牲畜。时间跨度大,举唐刘禹锡《救沉志》例,此例可补东汉书证。

"趋走给使",买地券规定的所出卖内容,除土地及土地上的所有"根生土著毛物"外,还有田中"男女尸死"。约定田中"男女尸死"将被作为奴婢,一同卖给买地人孙成,供其"趋走给使"。这也是买地券是一种"冥契"而非人世间契约的又一证据,同时亦佐证了其买卖双方、旁证者均为亡人的事实。殁亡人之所以要向地下鬼魂来购买墓地,其目的就是求得冥间的承认与保护。"趋走",奔走服役,同义连用。《列子·周穆王》:"昔昔梦为人仆,趋走作役,无不为也。"《吴越春秋·勾践入臣外传》:"范蠡对曰:'蒙大王鸿恩,得君臣相保,愿得入备扫除,出使趋走,臣之愿也。'"《大词典》收有此词,可补东汉时期的书证。"给使",服事;供人役使。《墨子·备梯》:"禽滑厘子事子墨子三年,手足胼胝,面目黧黑,役身给使,不敢问欲。"《汉书·张汤传》:"用善书给事尚书,精力于职,休沐未尝出。"颜师古注:"于尚书中给事也。给,供也。"给事,谓服事;供人役使。其他用例还有,《光和元年(178)曹仲成买地铅券》:"田中有伏尸,既□男当作奴,女当作婢,皆当为仲成给使。"《大词典》收有此词,举《墨子·备梯》、《三国志·魏志·公孙度传》裴松之注、《隋书·李圆通传》以及清纪昀《阅微草堂笔记·槐西杂志三》的例子,可补东汉书证。

"旁人",他人,别人,即交易的证人。《韩非子·显学》:"无丰年旁人之利而独以完给者,非力则俭也。"其他用例还有,《光和元年(178)曹仲成买地券》:"时旁人贾、刘,皆知券约,他如天帝律令。"又《东汉光和七年(184)樊利家买地券》:"时旁人杜子陵、李季盛,沽酒各半。"《大词典》收此义项,但最早书证为南朝宋鲍照《代别鹤操》,此例可以提前至西汉时期。

"券约",亦称"券帖""券书"。古指凭证、凭据、合同书等。券,《说文·刀部》:"券,契也……券别之书,以刀判契其旁,故曰契券。"约,《礼记·学记》:"大信不约。"孔颖达疏:"约,谓期要也。"《汉书·高帝纪上》:"初,怀王与诸将约,先入定关中者王之。"颜师古注:"约,要也,谓言契也。"券约,即契据。《大词典》收有此词,但举例为《初刻拍案惊奇》卷二九:"又各写了一张券约,罚誓必同心到老。"例证太晚,此例可提前至东汉时期。

三、东汉永平十六年姚孝经买地券[①]

永平十六年(73)四月廿二日,姚孝经买槁伟冢地约亩。出地有名者,以券书从事,历中□弟□周文功□。

---

① 王竹林:《河南偃师东汉姚孝经墓》,《考古》1992年第3期,第230页。

第二章　河南省出土买地券辑注

图2-1　东汉永平十六年姚孝经买地券

（图片出自王竹林《河南偃师东汉姚孝经墓》，《考古》1992年第3期，第230页。）

【题记】

1990年河南省偃师县城关镇北窑村东砖场出土，现藏于偃师商城博物馆。《考古》杂志1992年3期以《河南偃师东汉姚孝经墓》为题做了简报，报道称："砖质，方形，位置摆放在前室入口处，形状规则。"此券刻立于东汉永平十六年四月二十二日。高、宽均40厘米，厚5厘米。券文从右至左隶书阴刻6行，每行文字6～8字不等，加上漫漶不清者约40字。刊刻内容包括年、月、日，墓主姓名，身份等。涂白奎正名为"姚孝经买地砖券"，认为当归入买地券类，并对其内容重新做了简释。① 近人对此亦有研究。文字部分原发表时录文有误，鲁西奇曾另加校订。此券内容讲述了姚孝经于永平十六年四月廿二日买桥伟冢地，并强调"出地有名者，以券书从事"。即如有人（指所谓阴间）对这一次交易的冢地的所有权有疑义的话，当按照券书的约定处理。如此，则死者自可安居于地下。

【注释】

"槁"，当读作"桥"。"桥"从木从乔，"乔"从"高"得声，因此，"槁""桥"可通。《汉书·儒林传序》见"桥庇"之名，颜师古注："姓桥，名庇。"其人曾从孔子弟子受《易》。此外，《天下碑录》还见《汉太尉掾桥载碑》《汉桥玄碑》。蔡邕

---

① 王木铎：《洛阳新获砖志说略》，《中国书法》，2001年，第4期，第47-49页；郭宏涛：《偃师碑志精选》，湖北美术出版社2004年版，第7-8页。涂白奎：《〈姚孝经砖文〉性质简说》，《华夏考古》2005年1期，第87-88页。

《故太尉桥公庙碑》云:"桥氏之先出自黄帝。"可知"桥"还算是著姓。

"有名者",所占有。名,动词,谓以己名占有。《史记·商君列传》:"明尊卑爵秩等级,各以差次名田宅。"《汉书·佞幸传·邓通》:"竟不得名一钱,寄死人家。"

"券书",古指凭证、合同书等。《周礼·春官·大史》:"有约剂者",汉郑玄注:"约剂,要盟之载辞及券书。"《史记·孟尝君列传》:"贫穷者,燔券书以捐之。"汉魏之后亦称为"券帖",如《南史·循吏传·范述曾》:"后有吴兴丘师施亦廉洁称,罢临安县还,唯有二十笼簿书,并是仓库券帖。"宋苏舜钦《检书》诗:"坠亡多玩爱,存聚必券帖。"

四、东汉延光四年东郡李德买地铅券①

延光四年(125)乙丑朔三日庚午,东郡太守李德迁葬于渑池县,买地一亩余,价直钱万二千。东部李校尉,西部黄家后里,南部路,北和睦里。如地中伏有尸骸者,男为奴,女为婢。同第三子迁葬于此,皆执券约,时年五十有六。

【题记】

此券藏于上海博物馆。券文隶书,三行,前两行每行三十四字。方诗铭对《李德买地券》提出过否定,认为除此券外,还有《徐胜买地券》《诸葛敬买地券》等三件均系古董商伪造。方先生的主要理由是:"伪券"中干支纪日错乱;券中地名不符合汉代地方基层的行政区划;三券文字皆同②。李振宏认为,方先生的理由还不够充分和扎实:一、民间券约,干支纪日错乱是常见现象。如《房桃枝买地券》时间也有舛误,而方先生则认为"这是当时的刻误"。为什么同是时间上的错误,而有的就可以判为刻误,而有的就成为作伪的证据呢?二、方先生说汉代基层区划是亭,其他券约中写"××亭部"是正确的,"伪券"中写"黑石滩部"是古董商误把"亭部"当地名,不知道"亭部"是汉代行政区划,胡乱在"部"前添上个地名,因成"黑石滩部"露了马脚。这种推断有些牵强。"亭部"在许多买地券中都有出现,作伪者怎么可能把不同地券中都出现的"亭部"当作一个具体的地名呢?亭部是汉代基层行政组织,在习惯说法中出现单说"亭"或单说"部"都不奇怪。三、茔坟地券有一定的格式合乎道理,不应有仿袭伪造之嫌③。鉴于此,本书采纳李振宏先生的意见。

【注释】

"东郡",秦王政五年置,治濮阳。汉因之。《史记·秦始皇本纪》:"五

---

① 朱江:《四件没有发表过的地券文物》,《文物》1964年第12期,第61—64页。
② 方诗铭:《从徐胜买地券论汉代"地券"的鉴别》,《文物》1973年第5期。
③ 李振宏:《居延汉简与汉代社会》,中华书局2003年版,第261页。

年,将军骜攻魏,定酸枣、燕、虚、长平、雍丘、山阳城,皆拔之,取二十城。初置东郡。"

"迁葬",亦称"移骨"。即把死者遗骨由一处迁往另一处。迁葬者往往要举行一定仪式,请吹鼓手奏乐以祈吉利。从此例可见东汉时期即有此风俗。张亮采《中国风俗史》:"有迁葬之俗。《梁书·顾宪之传》:衡阳土俗,山民有病苦,辄云先人为祸,皆开冢剖棺木,洗枯骨,名为除祟是也。"明显偏晚。①

"渑池县",今河南渑池县。上古属豫州,西周时为雒都(今洛阳)边邑,春秋时属虢、属郑。战国时韩灭郑,渑池属韩。周赧王三十六年(前279),秦赵会盟于西河外黾池,今县城西有古秦赵会盟台的遗址。

"延光四年乙丑朔三日庚午",延光,东汉皇帝汉安帝刘祜的第五个年号。方诗铭《从徐胜买地券论汉代"地券"的鉴别》:"券中仅记延光四年(125)乙丑朔,无月份,这已经够奇怪了,而且这年当中从一到十二月没有一月是乙丑朔,更重要的,'乙丑朔'三日应该是丁卯,根本不会是庚午。"

"尸骸",犹尸体、尸骨。《广雅·释器》:"骸,骨也。"唐慧琳《一切经音义》卷五十一:"骸,顾野王云:'身体之骨,总名为骸。'"《广韵·皆韵》:"骸,骸骨。"《公羊传·宣公十五年》:"易子而食之,析骸而炊之。"何休注:"骸,人骨也。"《三国志·吴志·陆逊传》:"其舟船器械,水步军资,一时略尽,尸骸漂流,塞江而下。"北魏郦道元《水经注·河水三》:"民歌曰:'生男慎勿举,生女哺用脯,不见长城下,尸骸相支拄。'"

五、东汉延熹四年钟仲游妻买地券②

延熹四年(161)九月丙辰**𦍒**(朔)**卅**(卅)日乙酉,直闭,黄帝告丘丞墓伯、地下二千石、墓左墓右主墓狱史、墓门亭长,莫不皆在:今平阴偃人乡苌富里钟仲游妻薄命蚤死,今来下**𦊟**(葬)。自买万世冢田,贾直九万九千,钱即日毕。四角立封,中央明堂,皆有尺六桃卷、钱、布、**釦**(铅)人。时证知者,□□曾□□□□□□□。自今以后,不得干□□人。有天帝教,如律令。

【题记】

此券出土于河南孟津,铅质。原券藏于日本中村书道博物馆。初由《贞

---

① 勤建:《中国风俗小辞典》,上海辞书出版社2008年版,第218页。
② 罗振玉:《贞松堂集古遗文》卷一五《铅券》,北京图书馆2003年版,第355—357页。仁井田陞、吴天颖、池田温诸均录有释文,张传玺《契约史买地券研究》有简单考释。

松堂集古遗文》卷一五著录,称为《钟仲游妻镇墓券》,附有摹本(图2-2),谓"近世出孟津,往岁见之津沽"。仁井田陞谓为铅券,表文字三行,里文字一行。此券有拓片三片,券文从右至左隶书七行,第一片每行20字,共三行,第二片每行21字,共三行,第三篇只有一行,七字,总约130余字。特别值得注意的是,"如律令"的"令"字末笔拉得特别长,一直到拓片最底端。文字部分原发表时录文有误,鲁西奇曾另加校订。

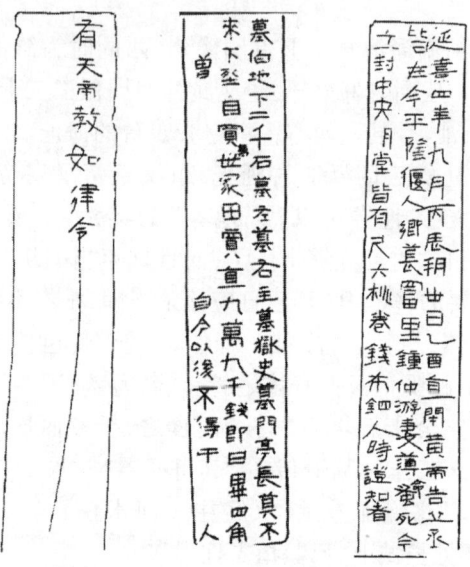

图2-2 东汉延熹四年钟仲游妻买地券
(图片出自罗振玉《贞松堂集古遗文》卷一五《铅券》,北京图书馆,2003:355-357。)

【注释】

"平阴",即平阴县,秦置。河南郡(尹)属县,其地在洛阳西北,今孟津县境。《水经注·河水》:"河水又东,迳平阴县北。《地理风俗记》曰:河南平阴县,故晋阴地,阴戎之所居。又曰:在平城之南,故曰平阴也。"

"偃人乡",颍川郡有偃县,偃人乡,或为偃县移民所聚居。

"直闭",即当日为建除十二直的"闭"日。买地券、镇墓文中在年月朔日之后往往用建除十二直来定当日吉凶宜不宜。建除十二直,有时也称为"建除十二客""建除十二神",是古代术数家根据天文历法以占断人事凶吉的一种方法,即以天上十二辰分别象征十二种人事的情况,依次为建、初、满、平、定、执、破、危、成、收、开、闭十二值日。为便于称用,取其首二字"建""除",故名。《协纪辨方书·义例·建除十二神》:"历书曰:历家以建、初、满、平、定、执、破、危、成、收、开、闭凡十二日,周而复始,观所值以定吉凶;每月交节,则迭两值日。其法从月建上起,建与斗杓所指相应,如正月建寅,则寅日起建,顺行十二辰是也。"①十二直各有所忌,如谓建日为吉日,除日宜去旧迎新,余不吉;满日宜祭祀祈愿,余不吉;平日万事皆可;定日宜宴会、协议,忌医治、诉讼;执日宜捕捉,忌迁徙;破日惟宜医病拆屋,余万事不利;危日宜兵事,余万事皆凶;成日宜婚姻、开学、入学,不利诉讼;收日宜事之终者,如收获、贮财、进入口,不宜事之始者,如旅行、成礼;开日宜祭祀、婚姻、开业,忌出葬等凶事;闭日宜补垣塞穴,余万事皆凶。建除十二直的历史十分久远,自先秦以来即在民间社会广泛流传,而且,十二直常与十二地支相对应。《淮南子·天文训》:"寅为建,卯为除,辰为满,巳为平,主生;午为定,未为执,主陷;申为破,主衡;酉为危,主杓;戌为成,主少德;亥为收,主大德;子为开,主太岁;丑为闭,主太阴。"建除成为根据天象占测人事吉凶祸福的方法,以建除为业的人则称为"建除家",为汉代诸占家之一。《史记·日者列传褚少孙论》:"孝武帝时,聚会占家问之:某日可取妇乎?五行家曰可,堪舆家曰不可,建除家曰不吉,丛辰家曰大凶,历家曰小凶……辩讼不决。"

"墓伯",冥间主墓葬的神灵。东汉时期买地券、镇墓文中常见。如,《东汉光和二年(179)河南县王当买地铅券》:"敢告墓伯、魂门亭长、墓主、墓皇、墓邑青骨死人。"《东汉熹平二年(173)张叔敬瓦缶》:"敢告移丘丞墓柏……耗里伍长。"《东汉初平四年(193)镇墓瓶》:"慈告丘丞墓伯、地下二千石、蒿里君、莫黄、墓主。"

"亭长",主管亭务之官吏。秦汉制度,每十里一亭,亭有长,主管亭务。《奏谳书》有关亭的记叙可补文献之不足,如第五简:"乃五月庚戌,校长池曰:士五军告池曰,大奴武亡,见池亭西,西行,池以告,与求盗视追捕武。"校长池即亭校长,亭长手下有求盗,所以可以确定校长即亭校长。又如第十六简:"公梁亭校长丙坐以颂繫,毋繫牒,弗穷讯。"由此简可见,"公梁亭校长丙"即"校长丙"。秦代亭长也叫亭校长,如:"群盗、爰书:某亭校长甲,求盗才(在)某里曰乙、丙缚诣男子丁,斩首一。"②亭校长即校长。《汉书·彭越传》:"令校长斩之。"师古注:"一校之长。"《封泥汇编》:"校长半通印。"《续汉书·百官志》:"先帝陵……丞及校长各一人。"注:"校长主兵戎盗贼事。"《汉书·尹赏传》在谈到乡里的少吏时曾谓"乡吏、亭长、里正、父老、伍人",联系《汉书·百官公卿表上》和《续汉书·百官志五》中所记乡里的官职来比较,"亭长"与"乡吏""里正""父老""伍人"一样,均为乡里的小吏。

---

① 刘道超译注:《协纪辨方书》(上册),广西人民出版社1993年版,第132页。
② 睡虎地秦墓竹简整理小组编:《睡虎地秦墓竹简》,文物出版社1978年版,第255页。

"蚤死",即早死。蚤,精母,幽部;早,精母,幽部。属同音通假。《广韵·皓韵》:"蚤,古借为早暮字。"《说文段注》:"经传多假为早字。"《诗经·豳风·七月》:"四之日其蚤,献羔祭韭。"《经典释文》:"蚤音早。"《论衡·问孔》:"颜渊蚤死。"《东汉熹平二年(173)张叔敬瓦缶》:"但以死人张叔敬,薄命蚤死,当来下归丘墓。"用"早终"的,如《宋元祐元年(1086)赵怀为父赵荣等买地契》:"维南赡部州大宋国邓州武胜军右厢/第四界居住,弟子赵怀,伏为父超赵荣等,令不行早终。"

"□□曾□□□□□□□",池田温在仁井田陞释文基础上,第一字补出"先"字,第二字补出"丧"字;又于"曾"后补出"亡父母□□氏知也"数字,皆可从。

"不得干□□人",池田温在仁井田陞释文基础上,于"干"字下补出"扰"字,则依买地券习例,后可补出"生人"二字。

"如律令",是官府、民间和道教三者相互影响、彼此融合的产物。天帝是道教中的神祇,而古代中国的皇帝是受命于天的,所以,天帝的律令理应具有比人间皇帝的律令更高的效力:不论是声称阴间订立的契约具有同人间律令同等的效力,还是说有同天帝律令相同的威力,都是在强调"契约效力"的"至高无上"。关于"如律令"的意义,史界看法不一,主要有三种:一是认为"根据律令的规定从事";二是认为"催促执行命令",系"上行下公文的习用语,是官府文书的一种常用格式";三是认为此系"符咒用语"。① 上述第三种唯心学说一经提出即招致学界的批评,宋人叶大庆在《考古质疑》中特地写了《急急如律令》一篇,明确指出:"概律者,所以禁其所不得为;令者,所以令其所当为:如律令者,谓如律令不得违也。道家符咒,正是效官府文书为之。"② 《词源》对"急急如律令"的解释为:汉代公文常以"如律令"或"急急如律令"结尾,意即要求立即按照法律命令办事,相当于其后宋代公文书末的"符到奉行"。后来的道家咒语或符箓文字也习用此语,意为勒令鬼神按符令照办。该解释显然采纳了叶大庆的观点。

六、东汉建宁二年王未卿买地铅券③

建宁二年(169)八月庚午朔,廿五日甲午,河内怀男子王未卿,从河南街邮部男袁叔威,买皋门亭部什三陌西袁田三亩,亩贾钱三千一百,并直九千

---

① 张伯元:《出土法律文献研究》,商务印书馆2005年版,第269-271页。
② 张伯元:《出土法律文献研究》,商务印书馆2005年版,第271页。
③ 河南出土。载于罗振立:《贞松堂集古遗文》卷十五,北京图书馆2003年版,第346-348页。

三百钱。即日毕。时约者袁叔威。沽酒各半,即日丹书铁券,为约。

【题记】

罗振玉《丙寅稿》:"此券广约初尺四分,长尺一寸,如古简状,表里文字各一行。……凡八十一言,文字极精。……券上涂朱,殆即券文所谓丹书也。平生见铅地券真品,不下六七品,而状如古简尝,仅是一品耳。"①这一铅券详细地记载了土地买卖时成交的年月,土地的界址,买卖户主的姓名,地亩价格。主要内容是:时间是建宁二年八月,地点是河南街邮,标的物是袁田三亩,亩贾钱三千一百是指购置时的单位成本价,九千三百可能是当时的重置市价。

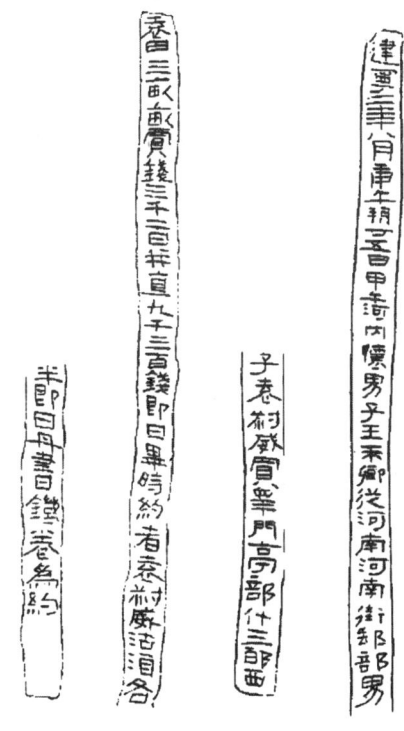

图 2-3　东汉建宁二年王未卿买地铅券

(图片出自罗振玉《贞松堂集古遗文》卷一五《铅券》(下册),北京图书馆,2003:346-348。)

【注释】

"皋门",《贞松堂集古遗文》说:"皋门亭,见《后汉书·后纪》'灵帝宋皇

---

① 罗振玉:《雪堂类稿·金石跋尾》,萧文立编校,辽宁教育出版社 2003 年版,第 61 页。

后,归宋氏旧茔皋门亭'。章怀注:《诗》云'遂立皋门'。注云:'王之郭门曰皋门。'《汉官仪》曰:'十二门皆有亭。'云云。是皋门亭部为负郭地也。"王国维《观堂集林》卷一八《汉王保卿买地券·跋》亦云:"《文选》潘安仁《西征赋》云:乃越平乐,过街邮,秣马皋门,税驾西周。又《水经注·瀍水》云:河南县北有潜亭,瀍水出其北梓泽中。水西有一原,其上平敞,即旧亭之处也。潘安仁《西征赋》所谓'越街邮'者也。又《谷水注》云:谷水东至千金竭,东合旧渎。旧渎又东,晋惠帝造石梁于水上,渎口高三丈,谓之皋门桥。潘岳《西征赋》曰:秣马皋门,即此处也……其地据郦注之说,当在今洛阳城之东北、金墉城之西、金谷园故址之南。此券出土,必是间矣。"今按,《文选·西征赋》李善注:"平乐,馆名也。郦善长《水经注》:梓泽西有一原,即街邮也。"则平乐、街邮、皋门均在东汉洛阳城西、河南县城之东。

"亭部",汉代地方基层的行政区划。买地券文书中常见用例,诸葛敬买地券所记的这一町土地的所在地是"青桒年部",孙成买地券是"广德亭部"。《汉书·百官公卿表》:"大率十里一亭,亭有长;十亭一乡,乡有三老、有秩、啬夫、游徼……;县大率方百里,其民稠则减,稀则旷,乡、亭亦如之。"因此,汉代地方县的行政区划是县—乡—亭三级,以亭为最基层。亭所统治的地区,汉代称为"亭部"。《汉书·元帝纪》:"(永光四年)以渭城寿陵亭部原上为初陵。"又《汉书·哀帝纪》:"(太初元年)以渭城西北原上永陵亭部为初陵。"《后汉书·章帝纪》:"(元和二年)诏凤凰黄龙所见亭部无出二年租赋。"李贤注:"《东观记》曰:凤凰见肥城句窳亭槐树上。《古今注》云:黄龙见洛阳元延亭部。"有的记载更明确指出土地所在地是属于"××亭部"的。《汉书·张禹传》曰:"自治冢茔,起祠室,好平陵肥牛亭部处地。"《三国志·魏志·贾逵传》注引《魏略·杨沛伟》亦曰:"后占河南夕阳亭部荒阳二顷。"这种"亭部"的记载也见于居延汉简:"建平五年八月□□□□□广明,乡啬夫克、假佐玄敢言之。善居里男子丘张自言与家买客田,居作都亭部,欲取□□。案张等更赋皆给,当得取检,谒移居延,如律令,敢言之。"①这里记载的也是所买的土地在"都亭部",《居延汉简考释》考证之部卷一说:"是田在都亭,不应在城内,当以附郭之说为近。"即所买的土地是属于靠近县城外面的都亭所部。所有这些,都说明孙成买地券的"广德亭部"是完全符合汉代历史实际的。从以上券文我们还可以看出,记某块田地在某"亭部"时,也必记在某"千"(阡)或某"千"某"佰"(伯、邡、陌)的某个方向(阡陌是田间道),意在使其位置明确不疑。一则亭部范围较小,二则亭是按远近设置的,

---

① 中国科学院考古研究所:《居延汉简甲编》(一九八二简),科学出版社1959年版,第6页。

因而地界明确。很有意思的是,即使券文记交易之田在某某亭部,但购买人的名籍仍按县乡里的制度,"曹仲成买地券"等就是其例。

"街邮部",即街邮亭部。怀县为河内郡治,在今河南武陟县西南。河内怀县人王末卿何以葬在二百余里外的河南尹河南县皋门亭部境内,原因不详。

"邟",为"陌"的异体字,仍为形声字,只是形符、声符的位置互换,属于同素异构异体字。

"袁田",释义主要有两种观点:一是《辞海》(试行本)(1961),认为辕田也叫"爰田""趉田",意谓按休耕需要分配土地。《周礼·大司徒》已有记载。《汉书·食货志》:"民受田,上田,夫百亩,中田,夫二百亩,下田,夫三百亩。岁耕种者为不易上田,休一岁者为一易中田,休二岁者为再易下田,三岁更耕之,自爰其处。"《国语·晋语》:"惠公作辕田";《汉书·地理志》:"秦孝公用商鞅制辕田。《国语》贾逵注:"辕、易也,为易田之法;……或六辕、车也,以田出车赋。"韦昭注:"此欲赏以说众,而言以出车赋非也。"惠公作辕田是借口休耕赏赐群臣土地;商鞅制辕田是按休耕需要一次分配土地,改变以往隔一定时期重新分配土地的办法。后人多同意辕田为易田(输流休耕)之法。余扶危、赵振华的《洛阳出土的东汉〈王当买地铅券〉及有关问题初探》一文也认为"袁田"即辕田,亦即爰田。袁、辕、爰三字通假。二是李家浩(1988)有《汉代买地券中的"袁田"》专文对其进行考释,认为"袁田"应当读为"园田",与"爰(辕)田"无关。吕志峰在《东汉石刻砖陶等民俗性文字资料词汇研究》一文中,同意李家浩的观点,认为袁田即"园田",意指园圃和田地。其他用例还有,《光和二年王当买地铅券》:"青骨死人王当、弟伎偷及父元兴等,从河南□□□□子孙等,买谷郏亭部三陌西袁田十亩,以为宅。"《大词典》未见"袁田"一词,但3:653收"田园"一词,所举书证为《后汉书·窦宪传》与晋陶渊明《归园田居》之一等,此例可以把《大词典》书证提前到东汉。

"洍",当为"酒"的异体字,因"酒"的声符"酉"与"洍"的右半部分相似而混用。

"即日",当日。东汉时的买卖文书中时兴交易当天收付款,收付款行为不得拖欠。

"丹书铁券",或言"铁券丹书",汉代常语。它是帝王颁赐功臣授以世代享受某种特权的铁契,可以称为"天子"与凡庶之间的契约。《周礼·秋官·司约》说:"书于丹图。"郑玄注:"今俗有铁券丹书,岂此旧典之遗言。"《汉书·高祖本纪》:"高祖与功臣符作誓,丹书铁契,金匮石室藏之宗庙。"所言"丹书、铁契、金匮、石室",即以铁为契,以丹书之,将皇帝与功臣、重臣的信誓用丹砂写在"铁券"上,装进金匮藏于用石建成的宗庙内,以示郑重和保证"铁券"安全。《后汉书·祭遵传》:"丹书铁契,传于无穷。"又《周礼·秋官·司约》:"小约剂书语丹图。"郑玄注:"丹图未闻,今俗语有丹书铁契,岂此旧典之遗言。"此种契约分为左右两半,左半赐给功臣,右半收藏在宫中。如功臣或其后代犯罪,便取券合之。于是皇帝追念其功,予以赦免。用铁来制成契券,是为了长久保存。官方有金属契约,民间也有金属契约,而且品种更为繁多,铅质土地契约便是一例。

七、东汉建宁四年雒阳县孙成买田铅券①

建宁四年(171)九月戊午朔廿八日乙酉,左骏厩官大奴孙成,从雒阳男子张伯始卖(买)所名有广德亭部罗佰田一町,贾钱万五千。钱即日毕。田东比张长卿,南比许仲异,西尽大道,北比张伯始。根生土著毛物,皆属孙成。田中若有尸死,男即当为奴,女即当为婢,皆当为孙成趋走给使。田东、西、南、北,以大石为界。时旁人樊永、张义、孙龙、异姓樊元祖,皆知张约。沽酒各半。

【题记】

北京大学图书馆藏拓片。又罗振玉《蒿里遗珍》(一)、《地券征存》。《征存》跋:"高一尺六寸六分,广一寸三分。三行,行字多寡不等。刻铅版上,隶书。黄县丁氏藏。"王云五《两汉金石文选评注》评说:"幸有此券,略见一斑,宁非至可宝贵者载?文虽平淡,字法、句法、章法,皆有古意,不得以寻常市井文书目之。"

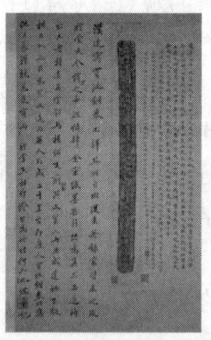

图2-4 东汉建宁四年雒阳县孙成买田铅券
(褚德彝旧藏汉建宁四年《孙成买地券》拓本,《罗振玉与汉代买地券:斋中至宝》)

---

① 洛阳出土。载于罗振玉《地券征存》《蒿里遗珍》(一)。吴天颖《汉代买地券考》、张传玺《中国历代契约会编考释》、仁井田陞《中国法制史·土地法·取引法》、池田温《中国历代墓券略考》均著有录文。

【注释】

"孙成",即墓主人。券文未言孙成籍贯,然其既为左骏厩官之"奴",则其居地当在雒阳城中。其卖地人"张伯始"以及旁证人"樊永""张义""孙龙""异姓""樊元祖"等也是早已亡故之人,均是鬼魂,还可能是与孙成墓葬相邻的墓主。

"建宁",东汉灵帝刘宏的第一个年号。汉朝使用这个年号的时间共记5年(168—172年),建宁五年五月改元熹平。

"左骏厩",官名,属太仆。司马彪《续汉志》:"旧有六厩,中兴省约,但置一厩。后置左骏令厩,别主乘舆御马,后或并省。"此券作于建宁四年,可见,汉灵帝时尚有左骏厩之名。

"官大奴",此处指左骏厩官骑奴之长也。《史记·田叔传》:"任安为卫将军舍人,与田仁居门下,卫将军与此两人过平阳主家,主家令两人与骑奴同席而坐。"又见《汉书·昌邑王传》:"贺过弘农,使大奴善以衣车载女子。"颜师古注:"凡言大奴者,谓奴之尤长大者也。"一曰身材高大的奴仆。

"名有",拥有土地所有权。汉代的民田、私田或称为"名田",而土地所有权称为"名有"。而称为"名有"的汉代私人土地所有权,仅以其中的地主土地所有权而论,可以看出三重含义:第一,"名有"表示所有权,"名"即"占",所有权就意味着一种牢固的事实的占有。罗马法中所有权是一种可以离开事实占有的抽象的概念,所有和占有可以分离。汉代"名有"表示所有与占有的密切结合,"所有"与"占有"尚没有分离。第二,"名"即"占",而占是自行统计呈报并登记于国簿,因此,"名有"是官府律定以簿账登记形式承认的合法占有,并通过著簿而确定该地产在依官品等级而拥有田产的限额中是否合法,以及通过著簿来确定该地产是否具有免税特权或纳税义务,从而使这种所有具有身份色彩。第三,"名有"的土地可以买卖,买卖是汉代土地私有权的重要标志。汉代地主土地所有权的观念基本沿袭到唐,"名有"亦即占,《唐律疏议》卷一三户婚中,把受田理解为经过申请的、限令内的"所占"。其中,仅北魏至唐均田令期间对土地的买卖的限制较前增多。汉晋以降,已经用"业"表示包括土地在内的不动产。如唐代所见的"别业""世业""永业田",都指作为不动产的土地经营、土地掌管权。

"广德亭",洛阳汉县名,今属河南省。汉因秦制,十里一亭。即《东汉中平五年(188)雒阳县房桃枝买地铅券》所称之"广德亭部",其地虽不能考确,但属雒阳县则并无疑问。孙成所买冢地一町,亩数不详。而下引房桃枝买地券所买冢地同属广德亭部,亩价三千钱,则孙成所买冢地或为五亩。

"町",音厅,田界也。《说文·田部》:"田践处曰町。"《左传·襄公二十五年》:"町原防,牧隰皋,井衍沃。"杜预注:"堤防间地不得方正如井田,别为小顷町。"孔颖达疏引贾逵曰:"原防之地,九夫为町,三町而当一井也。"一町犹言一区,谓此田一区在广德亭部之罗陌,盖东汉时以亭分部,故曰广德亭部。"田一町"和"钱万五千"是买卖交易的对象与数量价格。

"田东比张长卿"四句,"比",音毗,紧挨着。这些四界相邻的人也都是亡人。所列四界并非指孙成墓地与"张长卿""许仲异""张伯始"等人的田产相邻,而是与他们的墓地相邻。

"钱即日毕",即双方已经交割清楚。"即日",当日。"毕",犹俗言买卖成交也。

"尸死",死尸,尸体。《礼记·曲礼》(下):"在床曰尸,在棺曰柩。"又《吕氏春秋·离谓》:"洧水甚大,郑之富人有溺者,人得其死者。富人请赎之,其人求金甚多。"陈奇猷《校释》引毕沅曰:"死与尸同。"

"异姓",不同姓。亦指不同姓的人。异,《玉篇·异部》:"异,殊也。"段玉裁《说文解字注·异部》:"异,分之则有彼此之异。"杨树达《辞诠》卷七:"异,旁指指示代名词。与'他'义同。"《吕氏春秋·上农》:"农不敢行贾,不敢为异事。"高诱注:"异,犹他也。"异姓,当指不同姓。《大词典》收有此词,举《书·旅獒》《史记·汉兴以来诸侯王年表序》、宋赵彦卫《云麓漫钞》以及明沈德符《野获编·释道·道士娶妻》的例子,可补东汉书证。

"沽酒各半",为古代民契的惯用语,意思是缔约双方各出酒钱(礼银)之半,共同沽酒饮之,以酬谢中见和代书人等。

八、东汉熹平二年雒阳县赵奇买地铅券[①]

熹平二年(173)七月朔五日戊午,雒阳刺使(史)赵奇购迁于雒阳东七里,计地廿八丈四尺。东家和陆里,西赵家后田。除淮阴太守第三子迁此冢。世垂延贻永万年。

【题记】

北京大学图书馆藏有拓片。券高30.3厘米、广4.2厘米。三行,前两行各27字,第三行只有6字。隶书,刻铅版上。

【注释】

"熹平",东汉灵帝年号。

"雒阳刺使",当为雒阳人任刺史者。刺使,即"刺史",职官。汉初,文帝以御史多失职,命丞相另派人员出刺各地,不常置。三国时期,刺史级别不

[①] 张传玺:《中国历代契约会编考释》,北京大学出版社1995年版,第64页。北京大学图书馆藏拓片。

高但代表中央监察地方,名义上的官是大的。唐朝时期相当于一个城市的最高行政长官,掌管政权和兵权。官职为正五品上。

"淮阴",东汉无淮阴郡,只有淮阴县。东魏始设置淮阴郡。

"迁冢",与"迁葬"义同。古代,死者安葬后,如其家属多生疾病或家事不顺,经巫师或地理先生卜算,认为是坟地风水不好所致,则外择坟地,将死者迁至新坟地。

九、东汉光和元年曹仲成买地铅券①

光和元年(178)十二月丙午朔十五日,平阴都乡市南里曹仲成,从同县男子陈胡奴买长谷亭部马领佰北冢田六亩。亩千五百,并直九千。钱即日毕。田东比胡奴,北比胡奴,西比胡奴,南尽松道。四比之内,根生伏财物一钱以上,皆属仲成。田中有伏尸□骨,男当作奴,女当作婢,皆当为仲成给使。时旁人贾、刘,皆知券约。他如天帝律令。

【题记】

据说出土于河南孟津。铅质,长一尺二寸九分,宽一寸。日本中村书道博物馆藏。券文正背面各二行,朱漆肉笔,字体为草隶体。仁井田陞、池田温与吴天颖、张传玺均著有录文②。

【注释】

"平阴",亦为河南尹属县,治在今河南孟津县北。

"都乡",县治所在之乡;市南里属于都乡,亦当在县城附近。

"长谷亭部",以"长谷"为称,或南近谷水③,在平阴县东南境,与王末卿买地券所记之河南县皋门亭部相隔不会太远。

"胡奴",对胡人的贱称。《史记·大宛列传》:"骞以郎应募,使月氏,与堂邑氏胡奴甘父俱出陇西。"司马贞索隐:"谓堂邑县人家胡奴名甘父也。"

"他如天帝律令",类似的话还有"急急如五帝使者青女律令""如五帝

---

① 张传玺:《中国历代契约会编考释》,北京大学出版社1995年版,第51页。
② 仁井田陞:《中国法制史·土地法·取引法》第一部分第二章《汉魏六朝的土地买卖文书》,东京:大学出版会,1980:419;池田温:《中国历代墓券略考》,《东洋文化研究所纪要》,第86号,1981:220—221。
③ 东汉雒阳城之北面偏东之门曰谷门,见《续汉书·百官志》及《洛阳伽蓝记·序》。《水经注》卷一六《谷水》:"谷水又东,径广莫门北,汉之谷门也。"则谷门因临谷水而得名。据此,颇疑长谷亭部之得名与谷水有关。上引《水经注》续云:"(谷门)北对芒阜,连岭修亘,苞总众山,始自洛口,西逾平阴,悉芒垄也。"则平阴县之南境当及于芒山西北麓。

使者青女律令""急急如律令"等。汉代是道教发展的早期,尚未形成统一形式,刚刚进入民间的道教与民间的习惯相互影响和融合。民间土地买卖多为"私下成交",但许多买地券最后记有"他如天帝律令""如律令""有天帝教如律令"之类的警句,表示"老天作证,不得翻悔"之意。

"伏尸",死尸,尸体。《东汉光和元年(178)曹仲成买地铅券》:"田中有伏尸,既□男为奴,女当作婢,皆当为仲成给使。"《东汉中平五年(188)召陵县性待郎买地铅券》:"如地中伏尸,男为奴,女为婢。券卒年葬地一顷,钱十五万,以供葬事殡。其年所故□□己酉□葬。"《东汉中平五年雒阳县房桃枝买地铅券》:"曰(田)中有伏尸,男为奴,女为婢。"《东汉召陵马荣买地铅券》:"如地中伏尸,男为奴,女为婢。"《万历三十七年(1609)孙遇诰买地券》:"立券之后,故气伏尸,永不侵争。"

十、东汉光和二年河南县王当买地铅券[①]

光和二年(179)十月辛未朔三日癸酉,告墓上、墓下、中央主士,敢告墓伯、魂门亭长、墓主、墓皇、墓臽青骨死人。王当、弟伎偷及父元兴等,从河南□□□□□子孙等,买谷郏亭部三佰西袁田十亩,以为宅。贾直钱万,钱即日毕。田有丈尺,券书明白。故立四角封界,至九天上,九地下。死人归蒿里地下,□□□何□姓□□□佑富贵,利子孙。王当、当弟伎偷及父元兴等,当来人(入)臧,无得劳苦苛蒡,勿繇使,无责生人父母、兄弟、妻子家室。生人无责,各令死者无适负。即欲有所为,待焦大豆生、铅券华荣、鸡子之鸣,乃与□神相听。何以为真?铅券尺六为真。千秋万岁,后无死者。如律令!券成。田本曹奉祖田,卖与左仲敬等。仲敬转卖□□弟伎偷、父元兴。约文□□,时知黄唯、留登胜。

[①] 朱亮、余扶危:《洛阳东汉光和二年王当墓发掘简报》,《文物》,1980(6):54。张传玺、池田温、黄景春、张勋燎并著有录文。

第二章 河南省出土买地券辑注

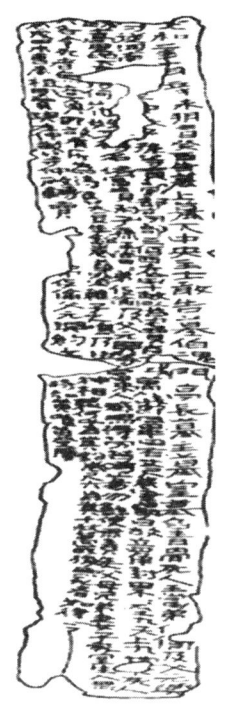

图 2-5　东汉光和二年河南县王当买地铅券

（原券照片及摹本出自朱亮、余扶危《洛阳东汉光和二年王当墓发掘简报》，《文物》1980 年第 6 期，第 54 页。）

【题记】

买地券是一种土地买卖交易结果的证券，阴间买地券是阳间买券的翻版，王当买地券记载了买地年代、卖者、买者、地点、范围、面积、价格、券约证人等，是新中国成立后洛阳出土的唯一的一件东汉时期的买地券。朱亮、余扶危的《洛阳东汉光和二年王当墓发掘简报》中附有原券照片、摹本图影及录文。

【注释】

"光和"是东汉灵帝刘宏的第三个年号，这个年号使用了共记 7 年（178—184 年），光和七年十二月改元中平。

"主土"，冥间主墓葬的神灵，均为道教术语。

"墓皇"，在东汉买地券和镇墓文中出现多次。如《东汉桓帝建和元年（147）朱书陶瓶》："告上司命、下司禄，子孙所属，告墓皇使者，转相告语，故

以自代铅人。"在东汉镇墓文中又多写作"墓黄",如东汉初平四年(193)镇墓瓶:"慈告丘丞墓伯、地下二千石、蒿里君、莫黄、墓主。"从上古音看,黄,匣母,阳部;皇,匣母,阳部。故属同音通假。

"墓㒹",疑为丞字之讹。

"青骨",指仙骨。《搜神记》卷五记载蒋子文死后成神的故事:"蒋子文者,广陵人也。嗜酒好色,挑达无度,常自谓己骨清,死当为神。""清"当读为"青"。后世因以青骨指仙骨。即不修炼即成仙。宋韦居安《梅磵诗话》卷中:"《百咏》中《蒋帝庙》诗有'阖棺漫说荣枯定,青骨犹当履至尊'之句,人多不解'青骨'二字。偶阅《海录碎事》,载后汉末蒋子文尝为秣陵尉,自谓青骨,死当为神。后因显灵,吴主为立祠钟山下,因改山为蒋山。后累封为帝。始知二字本此。"《大词典》收有此词,举宋苏轼《戏作种松》诗为例,此例可提前书证到东汉时期。后世多用"仙骨"不用"青骨"。如杜甫《送孔巢父谢病归游江东兼呈李白》:"自是君身有仙骨,世人那得知其故。"《太平广记》卷五引《搜神记》:"子有仙骨,又聪明,得此便成,不复需师。"

"宅",至,阴宅,墓地,墓穴。《礼记·杂记》:"大夫卜宅与葬日。"郑玄注:"宅,葬地也。"《大词典》收有此词。

"丈尺",比喻明确的大小。《大词典》1:335 有三个义项:①谓以丈、尺为单位来计量;②喻深浅;③比喻局促的境地。此例中,"丈尺"为名词,比喻土地有明确的大小,可补充《大词典》义项。魏晋时期的买地券中也有类似用法。如《天监四年(505)买地券》:"各有丈尺,丘墓之神,地下禁忌。"《普通元年(520)何靖买地券》:"不敢选日问时,不避天下禁忌,道行正真,丘墓营搏□,东西南北各有丈尺。"

"九天",天上的最高处。"九地",地下的最深处。《孙子·形》:"善守者,藏于九地之下;善攻者,动于九天之上。"九,古人常用以表示数的极点。

"谷郏亭部",汉河南县城西偏北,谷城与郏山之间,距谷水不远。《水经注·谷水》:"东北过谷城县北,又东过河南县北,东南入于洛。"注文称:"谷水又径河南王城北,所谓成周也……《地理志》曰:河南河南县,故郏、鄏地也。京相璠曰:郏,山名;鄏,邑名也。"同书卷一五《洛水》记洛水合共水、临亭水后,"又东,枝渎左出焉……枝渎东北历蒯乡,径河南县王城西,历郏鄏陌。杜预《释地》曰:县西有郏鄏陌,谓此也。枝渎又北入谷"。则谷郏亭部当在汉河南县城西偏北,谷城与郏山之间,而距谷水不远。所发现之王当墓正处于郏山(北邙山)之南,北邻谷水(今涧河),属于谷郏亭部。《续汉书·郡国志》河南尹"河南"县下刘昭补注引《帝王世纪》云:"(河南县)城西有郏鄏陌",则谷郏亭部当属河南县,其位置应距上考河南县皋门亭部、长谷亭部不远。

"封界",堆土为界。封,堆土、起垄。《小尔雅·广诂》:"封,界也。"《礼记·檀弓》:"吾见封之若堂者矣。"郑玄注:"封,筑土为垄。"《左传·僖公三十年》:"(晋)又欲肆其西封。"杜预注:"封,疆也。"《吕氏春秋·孟春纪》:"王布农事,命田舍东郊皆修封疆,审端径术。"高诱注:"封,界也。"《大词典》收有此词,举《荀子·正论》:"天下之大隆,是非之封界,分职名象之所起,王制是也。"可以补东汉疏证。

"蒿里",本山名,在山东泰山之南,传为人死后所归之处。《汉书·广陵厉王传》:"蒿里召兮郭门阅,死不得取代庸,身自逝。"颜师古注:"蒿里:死人里。"东汉时期的镇墓文中也可写作"耗里",如《东汉熹平二年(173)张叔敬瓦缶》:"敢告移丘丞墓柏……耗里伍长。"东汉买地券镇墓文中多见"蒿里"一词,如《王当买地券》:"故立四角封界,至九天上、九地下,死人归蒿里。"《东汉初平四年镇墓瓶》:"慈告丘丞墓伯、地下二千石、蒿里君、莫黄墓主……"从上古音看,耗,晓母,宵部;蒿,晓母,宵部。应属同音通假。我们认为,此种通假应为地方书写习惯造成,或当时写别字而成。

"富贵",富足、富有;富裕而显贵。富,《玉篇·宀部》:"富,丰于财。"《书·洪范》:"二曰富。"孔传:"富,财富备。"《论语·学而》:"富而无骄。"邢昺疏:"多财曰富。"贵,《玉篇·贝部》:"贵,高也,尊也。"《易·系辞上》:"卑高以陈,贵贱位矣。"富贵,富裕而显贵。《大词典》3:1569收有此词,举《论语·颜渊》、唐韩愈《省试颜子不贰过论》等书证,中间跨度过大,此例可补东汉书证。

"生人",指活着的人。其他用例还有,《东汉延光元年(122)朱书陶罐镇墓文》:"生人之死易解。生自属长安,死人自属丘丞墓。"《东汉桓帝元嘉二年(152)河南缑氏镇墓文》:"黄帝与河南缑氏真□中华里许苏阿铜□刑宪女合会,神药以镇,□冢宅□□,七神定冢阴阳,死人无□□,生人无过。"《大词典》收有此词。举《庄子·至乐》《玉台新咏·古诗为焦仲卿作》、《初刻拍案惊奇》卷九等为例,可以补东汉疏证。

"家室",家庭。《诗·周南·桃夭》:"之子于归,宜其家室。"毛亨注:"家室,犹室家也。"陈奂传疏:"《孟子·滕文公篇》:'丈夫生而愿为之有室,女子生而愿为之有家。'桓十八年《左传》:'申繻曰:女有家,男有室,无相渎也,谓之有礼。'此家室互言也。浑言之,室亦家也。"家室,家庭之义。《大词典》收有此词。义项①家庭;家眷。举《诗·周南·桃夭》《孟子·滕文公篇》《吕氏春秋·慎势》以及三国魏曹操《存恤从军吏士家室令》等书证。此词可以补充东汉书证。

"臧",奴隶;仆婢。《墨子·小取》:"臧,人也;爱臧,爱人也。"《方言》第三:"臧,奴婢贱称也。荆、淮、海、岱、杂齐之间,骂奴曰臧。"

"无责",责,本字为债,是指阳世生人与阴司官吏鬼神之间无债务纠纷。

"適负",罪过。"适"在东汉买地券、镇墓文中常见,指不好的事情。适,本通"谪"。適,书母,锡部;谪,端母,锡部。锡部叠韵,属叠韵通假。朱骏声《说文通训定声·解部》:"適,假借为谪。"《说文》:"谪,罚也。"谓谴责、惩罚。《诗经·商颂·殷武》:"岁事来辟,勿予祸適,稼穑匪解。"《睡虎地秦墓竹简·秦律·司空》:"百姓有母及同姓为隶妾,非適罪殴(也)而欲为冗边五岁,毋赏兴日,以免一人为庶人,许之。"《汉书·食货志》下:"故吏皆適令伐棘上林,作昆明池。"颜师古注:"適读曰谪。谪,责罚也。"可见,"适"与"谪"可通假。《说文·言部》:"谪,罚也。"《通俗文》:"罚罪曰谪。""谪"就是罪过、惩罚的意思。《诗·商颂·殷武》:"岁事来辟,勿予祸适,稼秸稿匪解。"朱珨云:"此以适为谪之假借。"高亨曰:"适,借为谪。谴责,惩罚。"《睡虎地楚简·秦律·司空》:"百姓有母及同姓为隶妾,非适罪殴而欲为冗边五岁,毋赏兴日,以免一人为庶人,许之。"负,罪也。同义连用。《资治通鉴·晋惠帝元康九年》:"虽知事小,而按劾难测,骚扰驱驰,各竞免负。"胡三省注:"负,罪负也。"《大词典》未收此词,可补词目。

"焦大豆生","生"下疑脱"菜"字,当补。

"华荣",开花。华,《说文·华部》:"华,荣也。"《诗·周南·桃夭》:"桃之夭夭,灼灼其华。"又可做动词,指开花。《礼记·月令》:"(仲春之月)始雨水,桃始华。"荣,《尔雅·释草》:"草谓之荣。"郝懿行义疏:"草谓之荣者,《夏小正》'荣芸''荣鞠'是也。"《国语·晋语四》:"谚曰:'黍稷无成,不能为荣。'"韦昭注:"荣,秀也。"遍查其他各种文献,尚未发现"华荣"一词。《翟氏衣物疏释文》:"宋泮故妻翟氏□随身所有衣物,人不得认名,认名须桃券华生,叚鸡子雏□。"此句中"华生"一词,从出现语境相同来看,其语义,当与"华荣"相同。《大词典》有两个义项:①繁荣;②浮华。"华荣"这里为"开花"的意思,可补充义项。

"鸡子",鸡卵,即鸡蛋。以上三句,意思是:"如果要加以责罚,除非等待炒焦的大豆发芽,铅券开花,鸡蛋打鸣,才敢听从。"指不可能发生的事。

"千秋万岁",千年万年,形容时间长久。《韩非子·显学》:"今巫祝之祝人曰:'使若千秋万岁。'"万岁,万年;万代。形容数年。大词典收有"万岁"一词,释义与此同。举《庄子·齐物论》《史记·田叔列传》以及杜甫《荆南兵马使太常卿赵公大食刀歌》、清代赵翼《瓯北诗话·杜少陵诗》的例子,中间跨度大,可补东汉疏证。

"知",即知见人,知情人。王启涛《中古及近代法制文书语言研究——以敦煌文书为中心》指出,"知""证"在中古及近代成为一法制术语,有"证人"之义。

"田本曹奉祖田"等三句,王当墓为迁葬墓,买地的王当、当弟伎偷、父元兴均是殁亡之人,显然,卖地的左仲敬也是亡人。因此之故,券文才需要将此种买卖活动知会墓伯、魂门亭长等地下鬼神。

"约文",契约的一类。"约"取"约束"之意,约文就是约束协议双方或数方的辞文。

十一、东汉光和七年樊利家买地铅券①

光和七年(184)九月癸酉朔六日戊寅,平阴男子樊利家,从雒阳男子杜歌子、子弟□买石梁亭部桓千东比是佰北田五亩。亩三千,并直乃五千支(钱)。即日异。田比根土著,上至天,下至黄,皆□□行。田南尽佰,北、东自比歌子,西比羽林孟□。若一旦田为吏民秦胡所名,有歌子自当解之。时旁人杜子陵、李季盛,沽酒各半,钱千无五十。

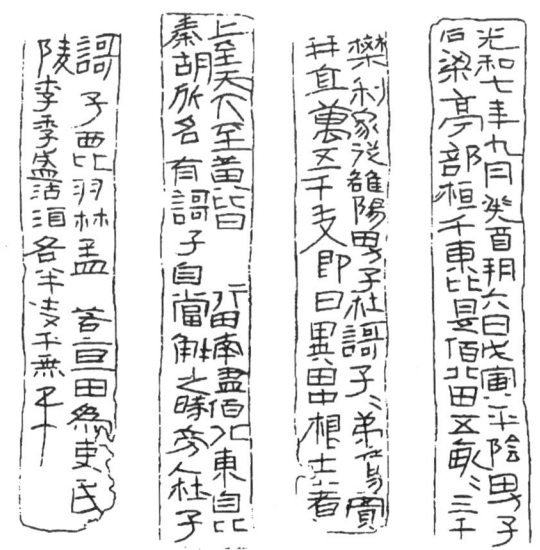

图 2-6 东汉光和七年樊利家买地铅券

(图片出自罗振玉《贞松堂集古遗文》卷一五《铅券》,北京图书馆,2003:348-351。)

【题记】

此券最晚出,表里刻字,各两行。罗振玉《雪堂类稿·金石跋尾》认为

---

① 河南出土。载于《贞松堂集古遗文》卷十五石印本,1931年版,第27-29页。罗振玉跋《丙寅稿》:"此券近归金陵翁氏,夏间游沪江,得墨本,爰记其后。"仁井田陞、池田温、吴天颖、张传玺均有著录。

"汉人地券,文皆略同,惟多讹脱,且语太简质,致不可通"。又曰:"汉人地券文皆略同,惟多讹脱,且语太简质,致不可通。此券云'桓千东比是陌北'者,谓桓阡之东,比氏陌之北,古'是''氏'通用。"杨树达先生以为非,谓"桓千东比是陌北田五亩"十字当连读,"'是陌'者,陌名;'比'谓邻近也。'桓千东比是陌北田五亩'者,谓桓阡之东连接是陌之北田五亩也"。今从之。①

【注释】

"石梁亭部",据券文,当属雒阳县。《水经注·谷水》记谷水过河南县城北、千金堨、皋门桥之后,"谷水又东,又结石梁,跨水制城,西梁也"。《晋书》卷六三《魏浚传》:"及洛阳陷,屯于洛北石梁坞,抚养遗众,渐修军器。"同书卷一○三《刘曜载记》记刘曜遣刘岳进攻屯聚洛阳之石生,"岳攻石勒盟津、石梁二戍,克之,斩获五千余级,进围石生于金墉"。石季龙领兵来救石生,与刘岳"战于洛西,岳师败绩,岳中流矢,退保石梁";刘曜率军进援,"次于金谷"。此处之石梁坞、石梁戍当即东汉雒阳县之石梁亭,其地在汉晋洛阳城西北、盟津之东南,也在上考河南县皋门亭部之东。

"桓千东比是佰北",谓桓阡之东比氏陌之北,古是氏、通用。

"夋",即"钱"异体字。《东汉中平五年(188)雒阳县房桃枝买地铅券》中亦作"夋"字。

"即日异",《贞松堂集古遗文》卷一五,原件现藏日本中村书道博物馆。文中"即日异"之"异"字,罗振玉指为"毕"字之讹,今据改;"皆□□并"之"并"字,罗振玉释作"行",吴天颖读作"并",今从吴。

"田中根土著",孙成券作"根生土著毛物,皆属孙成",此处有省略,致不可通。②

"上至天,下至黄",乃"上至青天,下至黄泉"之省文,犹晋朱曼妻券之"上极天,下极泉"也。

"吏民",小官吏。《大词典》收有此词,释义为"官吏与庶民"。但在此例中,解释为"官吏与庶民"显然讲不通,"秦胡"当是平阴男子樊利家的字,所以应该不会称秦胡既为官吏,又为庶民。可以补《大词典》义项。汉代其他文献中也有用例,如《居延新简》(EPF22.38A):"府移大将军莫府书曰:奸

---

① 《王末卿买地券》中有"什三陌",《曹仲成买地券》中有"马领佰",皆足以证明"是陌"当为阡陌之名。

② 吕志峰:《东汉石刻砖陶等民俗性文字资料词汇研究》,上海人民出版社2009年版,第151页。引文与此稍异,主要是"田中根土著"引作"田比根土著";"西比羽林孟"下无脱字;"若一旦田为吏民秦胡所名,有歌子自当解之"标点为"若一旦田为吏民秦胡所名有,歌子自当解之"。

黠吏民作使宾客私。"鲁西奇(2014:41)把"吏民秦胡"作为一词,释作"各色人等"。他认为,"吏民"为汉代常用语,指编户齐民;"秦胡",仅举出《后汉书》中文献用例,未有释义。其他学者多分别训释。"秦胡"一词,初师宾先生(1978)最早释为"秦时移居河西已匈奴化的外族人。"① 其后(1979)他又修正了个人意见,认为"秦胡"是指秦时之胡或已汉化之胡。这一观点被吴礽骧、余尧、赵永复等学者采纳。② 方诗铭先生认为"秦胡"之秦指汉族人,胡指非汉族人③。邢义田先生认为"秦胡"指胡化的汉人,并指出在买地券中"秦胡"与"吏民"连言,可能还有"非编户齐民"的含义④。胡小鹏、安梅梅认为"秦胡"不特指某个少数民族或某地少数民族,而是一种政治身份或法律身份⑤。关于"吏民",高敏(2001)认为"吏"是编户齐民之下的特定群体"吏户",其身份地位是低于编户齐民的依附民⑥。刘敏(2008)认为,"吏民"是编户齐民中拥有"中家以上"财产的"生活富裕"的特定群体,其身份地位高于一般编户民⑦。黎虎(2005/2007/2008)写了多篇文章,对"吏民"一词进行了详细考证,在批驳以上两家观点的基础上提出,"吏民"即编户齐民。⑧

"沽酒各半"与孙成券同,殆如后世买地卖地者,各出酬金矣,房券省作"沽各半",建初玉地券作"沽酒各二千",义亦略同。

---

① 甘肃居延考古队:《居延汉代遗址的发掘和新出土的简册文物》,《文物》1978年第1期,第1—32页。
② 吴礽骧、余尧、赵永复:《关于卢水胡的族源及迁移》,《西北史地》1986年第4期,第43—54页。
③ 方诗铭:《释"秦胡"——读新出居延汉简甲渠言部吏毋作使属国秦胡卢水士民书札记》,《中国历史博物馆馆刊》1979年第1期,第37—39页。
④ 邢义田:《"秦胡"小议》,《地不爱宝:汉代的简牍》,中华书局2011年版,第68—83页。
⑤ 胡小鹏、安梅梅:《"秦胡"研究评说》,《敦煌研究》2001年第1期,第32—36页。
⑥ 高敏:《从〈嘉禾吏民田家莂〉中的"诸吏"状况看吏役制的形成与演变》,《郑州大学学报》,2001年第1期。
⑦ 刘敏:《秦汉时期"吏民"的一体性和等级特点》,《中国史研究》,2008年第3期。
⑧ 黎虎:《"吏户"献疑——从长沙走马楼吴简谈起》,《历史研究》,2005年第3期;《魏晋南北朝"吏户"问题再献疑——"吏"与"军吏"辨析》,《史学月刊》,2007年第3期;《魏晋南北朝"吏户"问题三献疑》,《史学月刊》,2006年第4期;《原"吏民"——从长沙走马楼吴简谈起》,《祝贺朱绍侯先生八十华诞史学新论》,河南大学出版社2005年版;《论"吏民的社会属性——原"吏民"之二》,《文史哲》,2007年第2期;《论"吏民"即编户齐民——原"吏民"之三》,《中华文史论丛》,2007年第2期;《原"吏民"之四——略论"吏民"的一体性》,《中国经济史研究》,2007年第3期;《关于"吏民"的界定问题——原"吏民"之五》,《中国史研究》2009年第2期。

"钱千无五十",罗振玉谓:"殆谓以九百五十为千,非足陌也。《隋书·食货志》:'自破岭以东,八十为百,名曰东钱;江郢已上,七十为百,名曰西钱;京师以九十为百,名曰长钱。大同元年,天子乃诏,用足陌。诏下,而人不从,钱陌益少,遂以三十五为百。'"亦为确当,可从。"五十",二字合文。《东汉中平五年(188)雒阳县房桃枝买地铅券》与此同。

十二、东汉中平五年雒阳县房桃枝买地铅券①

中平五年(188)三月壬午朔七日戊午,雒阳大女房桃枝,从同县大女赵敬买广德亭部罗西造步兵道东冢下余地一亩,直钱三千。钱即毕。曰(田)中有伏尸,男为奴,女为婢。田东、西、南比旧□,北比樊汉昌。时旁人樊汉昌、王阿顺皆知卷约。沽各半,夋(钱)千无五十。

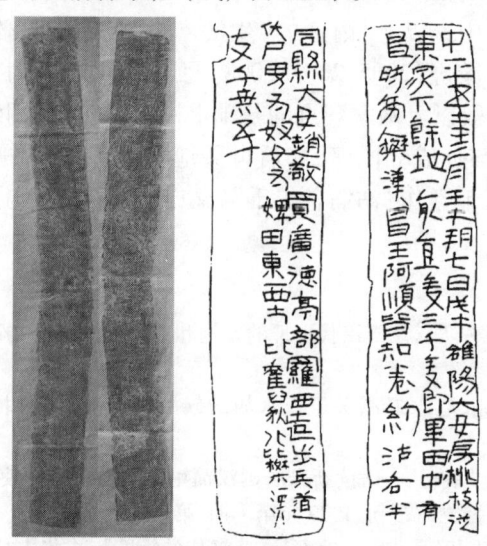

图2-7 东汉中平五年雒阳县房桃枝买地铅券
(图片出自罗振玉《贞松堂集古遗文》卷一五《铅券》,北京图书馆,2003:352-353。)

【题记】

罗振玉《地券征存·跋》:"高一尺五寸一分,广一寸七分。三行,行字多

---

① 洛阳出土。最早载于《贞松堂集古遗文》卷十五石印本,1931年版,第29页。罗振玉《雪堂类稿·金石跋尾·房桃枝买地铅券》跋:"此券十年前出洛阳,予在海东时得之。文三行……此券文与孙成樊利家两券略同。"刘体智《小校经阁金石文字》卷一三《杂器》、仁井田陞《中国法制史研究·土地法·取引法》、池田温《中国历代墓券略考》、吴天颖《汉代买地券考》、张传玺《中国历代契约会编考释》均有著录。

寡不等。隶书,刻铅版上。藏于唐风楼。"《雒阳县房桃枝买地铅券》与《雒阳县孙成买田铅券》同埋入洛阳广德亭部,在时间上,《雒阳县房桃枝买地铅券》早于《雒阳县孙成买田铅券》十七年。最初著录于罗振玉《贞松堂集古遗文》卷一五《铅券》,后又收入《丙寅稿》《地券征存》《芒洛冢墓遗文续编》,称为《房桃枝买地铅券》(九十六字),后附有摹本,铅质。贞松堂谓曰:"此券十年前出洛阳,予在海东时得之。"①

【注释】

"戊午",《丙寅稿》:"券首称三月壬午朔七日戊午。考《长术》是年三月朔值壬午,与券合。惟七日当得戊子。券作戊午,误矣。"②

"大女",成年女子。此则买地券中买卖双方均为女子,可知汉代女子和男子一样也可以主持签约,收买付卖,具有和男子一样的法律地位。《管子·海王》:"终月大男食盐五升少半,大女食盐三升少半,吾子食盐二升少半。"今见传世东汉买地券之主人,除孙成券明言其为"左骏厩官大奴"之外,余皆称券主为"大男"或"大女",其社会经济身份难以确考。然由"大男""大女"(即成年男女)之称谓观之,其社会地位不会太高,很可能即一般平民。《大词典》收有此义项,举《管子·海王》与贾思勰《齐民要术·大小麦》的例子,此例可补东汉时期书证。

"北比樊汉昌",樊汉昌是"旁人"之一,说明樊汉昌墓当在房桃枝墓之北邻;"旁人"可以"沽酒半",亦即可以分享祭品,也说明其墓地与亡人墓地相邻。

"沽各半",为"沽酒各半"的省文。指买酒以酬谢证人。各半,各半斗(五升)。朱德熙、裘锡圭《战国时代的"料"和秦汉时代的"半"》:"东汉买地券讲到对'旁人'的酬劳常常说'沽酒各半'或'沽各半','半'是指半斗。"③

十三、东汉中平五年雒阳县男子□□卿买地铅券④

中平五年(188)十二月戊申朔七日甲寅,雒阳男子□□□,从同县男子

---

① "房桃枝买地铅券",见罗继祖主编《罗振玉学术论著集》(第10集),上海古籍出版社2010年版,第123页。《地券征存》"房桃枝买地券",见《罗雪堂先生全集》五编,大通书局1973年版,第3册,第1300页;《芒洛冢墓遗文续编》卷上,见严耕望主编《石刻史料新编》,新文丰出版公司1982年版,第1辑,第19册,第14057页。
② 罗振玉:《雪堂类稿·丙·金石跋尾》,萧文立编校,辽宁教育出版社2003年版,第62页。
③ 《文史》第八辑,中华书局1980年版,第4页。
④ 赵振华、董延寿:《东汉雒阳县男子□□卿买地铅券研究》,《中原文物》2010年第3期,第74-79页。

申阿、仲节、季节、元节所名有当利亭部大阳仟(阡)北高坫佰(陌)西垣冢田一町,东西长廿五步,南北卅八步,东□东出角佰,广五步,长五十四步,并为田五亩。贾钱亩五千五百,并为钱二万七千五百五十。钱即日毕。约田中根生土著伏财物,上至仓(苍)天,下入黄泉,悉□□冥有,当□□□讼名有地者。时诣者,营冢长丞。营三得甫卿,卿无適甫。卿子男胡□、网得、元平及阿、仲节、元节、季节,当□□□田决□不能如平,平如故。田东比沐君谦、沐君高、沐□□;南比章延年、章仲千、章阿□;西比申阿、申仲节、季节、元节;北比申阿、申中节、季节、元节(正面刻辞)。时旁人泠阿车、王伯玉、刘唐、许伯雁、王元□、师□金,皆知券约。矢□所这,对为券书。沽酒各半。官钱千无六十,行钱无五十(背面刻辞)。

【题记】

据说此券出土有年,辗转由私人收藏,2010年首次披露。铅质,长方形,长约38厘米,宽4.4厘米,厚0.35厘米。两面刻文,隶书,正面5行,满行43~50字不等,背面2行,满行36字,字笔画间残留朱砂。表面和字痕内残泐不清,总字约276字。赵振华、董延寿附有拓片图版,并著有录文(图2-8)。

图2-8 东汉中平五年雒阳县男子□□卿买地铅券

(图片出自赵振华、董延寿:《东汉雒阳县男子□□卿买地铅券研究》,《中原文物》2010年第3期。)

【注释】

"中平五年十二月戊申朔七日甲寅",东汉流行的纪时方法,按照年、月、朔旦干支、日数以及日序干支排列,是道家所选择的吉日。"中平"是汉灵帝刘宏的年号,为东汉晚期。《二十史闰表》中,五年十二月初一日干支正是"戊申",所引历书不误。

"雒阳男子",是新近去世为自己购买冢田男子乡贯为"雒阳",据下文资料,男子当为复姓,名"卿"。申姓四人,为葬于同一家族墓地的雒阳人申阿与其三子,是阴间售地者。

"当利亭部大阳仟北高坈佰西",洛阳出土东汉时期的买地券记所买土地,俱指明其所在亭部以及阡陌。

"亭",是汉代县以下的基层政治单位,可分为疆亭与内郡亭两大类。内郡亭又可分为都市之亭与乡野之亭。亭有自己的管辖范围,称作"亭部"。卿所买的冢田位于乡野之当利亭部。

"当利",当为洛阳的一个里,是最基层的行政区划。

"垣冢田",是原为垣田改为冢田的一块土地。"垣田"即《王未卿买地铅券》和《王当买地铅券》中的"袁田",是专有名词,指原归国家所有。后来赏赐给私人的田地,可作"爰田"或"辕田"。

"一町",指具有一定亩积的一块田地。

"东西长廿五步"等6句,冢田即由一块长方形田之东连接一块长条形田组成墓地,合计五亩。依汉制,田二百四十步为一亩,西边的田为950平方步,约合3.96亩;东边的田为270平方步,约合1.12亩。两田相加为5.08亩。据铅券的亩价和总金额,则合田5.01亩,大概是田边某处内凹造成的。

"贾钱亩五千五百",洛阳东汉买地铅券多记载当时所买墓地与价格:《王当买地铅券》记买"袁田十亩为宅,价值钱万",即亩钱千;《曹仲成买地铅券》记买"冢田六亩,亩千五白,并直九千";《樊利家买地铅券》记买"田五亩,亩三千,并直万五千";《房桃枝买地铅券》记买"地一亩,直钱三千";《王未卿买地铅券》记买"袁田三亩,亩价钱三千一白"。而《□□卿买地铅券》却记"贾钱亩五千五百",地价最高。冢田亩价各异,并非地域不同风水优劣,即不是当时土地的实际价格,而是夸张虚拟的冥世价格与总值,与现世之土地价格并无直接关联。它不同于阳世土地由于所处地域、瘠沃、水旱、用途等不同情况而价格迥异①。新近死者向已葬者买墓地的记载无须与当时的实际土地价格类比,只是表明买卖合法,确认所有权。也说明地券专为

---

① 宁可:《记〈晋当利里社碑〉》,载《文物》1979年第12期,第57-61页。

冥世所用,是镇墓文的组成部分。

"约田中根生土著伏财物"5句,买卖双方约定,所买土地上的植物、动物和隐藏的财物,冢田上下界的天上地下的一切附属物,都归阴间的卿所有,一切鬼神不能与之争讼所有权。此为买地券常用语,若《孙成买地铅券》云"根生土著毛物,皆属孙成";《曹仲成买地铅券》云"根生伏财物一钱以上,皆属仲成";《樊利家买地铅券》云"田中根土著,上至天,下至黄,皆□□并"。

"仓天",仓通"苍"。仓天,即"苍天",指天。《说文·艹部》:"苍,艹色也。"段玉裁注:"引申为凡青黑色之偁。"《广雅·释器》:"苍,青天。"《诗·王风·黍离》:"悠悠苍天。此何人哉!"毛传:"据远视之苍苍然,则称苍天。"《大词典》未收"仓天",但收了"苍天",举《诗·王风·黍离》以及《史记·龟策列传》,可补东汉书证。

"冥",《说文·冥部》:"冥,幽也。"《广雅·释训》:"冥,暗也。"《后汉书·冯衍传》:"伤诚善之无辜兮,赍此恨入冥。"李贤注:"冥谓地也。赍恨入冥,言死有余恨也。"

"时诣者"4句,第二个"卿",是两短横的重文符号。因为葬犯地下神祇,当时营冢长丞降临就位,听取陈报,处理案情。

"营冢长丞",汉代主管冢墓诸神之一,是道士假借天帝使者的身份敬告地下的丘丞、墓伯、冢丞、冢令、主冢司令等一类掌管亡人灵魂的神祇,使庇佑葬者,禳解不祥。这些鬼神名号大多起源于汉代,模仿令丞之类人间官爵,活跃于当时人们的言说之中,是汉代宗教信仰实际状况的反映。

"营三得甫卿,卿无适甫",鲁西奇释作"当不得甫卿",今从赵、董二氏。因为动土,鬼魂三次伤害卿背负罪责,而卿是没有责罚罪过的。"营",灵魂。"得",伤害。"甫"即负,罪责,过失。"适甫"即谪负,责罚罪过。

"卿子男胡□"3句,最后的"平"字也是个两短横的重文符号。卿父子四人与申阿父了四人都是亡故者,如《王当买地铅券》谓"无责生人父母、兄弟、妻子家室。生人无责,各令死者无适负。"与当时镇墓文"为生者除殃,为死者解适"同义。这是要求地下鬼神不得谪罚亡人,并解除各种注祟凶殃,防止亡魂返回阳间危害生者。

"田东比沐君谦"4句,卿所买冢田处于三个家族墓地之间,东临沐家(大概是三兄弟)、南临章家,西、北两面伸入了申家墓地。加上天地,冥间墓地界限六至。据近年洛阳邙山、万安山陵墓调查钻探资料,东汉时期大型家族墓地有外围方形墙垣内列多个墓冢者,可以为证。

"知券约",即证人们主持了券书的订立。与《孙成买地铅券》的"时旁人樊永、张义、孙龙、异姓、樊元祖皆知券约,沽酒各半",以及与《曹仲成买地铅券》的"时旁人贾、刘皆知券约"相同。这些人物是已经葬于卿所买冢田周围的故人。我们从《房桃枝买地铅券》的记载中,可以看得很清楚:"田东、西、南比旧□,北比樊汉昌。时旁人樊汉昌、王阿顺皆知券约。沽各半。钱千无五十。"樊氏旧墓既在房女新坟之北,又是见证者与支持人。如《樊利家买地铅券》云"时旁人杜了陵、李季盛。沽酒各半。钱千无五十",是仅以旁人为证。

"矢□所这,对为券书",即施行此事,共同订立凭证。

"沽酒各半",习见于买地铅券,这个固有格式源于人间的地契。罗振玉说:"券文中之旁人,殆即今之中人,沽酒各半,殆今日所谓中费,买主卖主分任之耶。"① 亦有学者以为由土地买卖双方各出钱买半斗(五升)酒②,以宴饮的形式庆贺成交,酬劳知券人、旁人等,联络阴间感情。虽然行文时往往与其前的"旁人"等相连续,但是沽酒者必定是立约人,即土地的买主和卖主。如《土未卿买地铅券》记其从袁叔威处买田,"钱即日毕。时约者袁叔威,沽酒各半"。

"官钱千无六十,行钱无五十",有两重含义。一是说钱不足陌,官钱一千钱短六十钱,行钱一千钱短五十钱。即罗振玉《房桃枝买地铅券跋》云:"殆谓以九百五十为千,非足陌也。"(陌通"佰",为计算钱数的单位,钱一白为"陌")说的是当时流通钱币实行的省陌制,由于物价上涨,钱名为一百,实付时打折扣③。二是说官钱和行钱比率不同。"所谓的行钱,实际上是指质次的铜钱。行钱不仅可以流通,而且拒用者还要受重罚。这成为秦汉钱币政策中颇具特色的一项内容。"④ 买地券说的是官钱940钱相当于行钱950钱。官钱和行钱的比率是1:1.01,相当接近。买地铅券作为冥间的土地交易凭证,"钱千无五十"云云,只是模仿人间地契的行文格式而已,却也反映了当时民间商品交易所用"行钱"的史实。

十四、东汉中平五年召陵县性待郎买地铅券⑤

中平五年(188)三月壬午朔七日戊午,雒阳东郡太守南阳召陵人性待郎迁于雒阳东冢下,买地廿五丈八尺。东至大路,西至大石头,南至大冢,北至石人。如地中伏尸,男为奴,女为婢。券卒年葬地一顷,钱十五万,以供葬事

---

① 罗振玉:《雪堂类稿》丙《金石跋尾》,《汉孙成买地券跋》,辽宁教育出版社,2003年版,第61页。
② 张传玺:《中国历代契约会编考释》,北京大学出版社1995年版,第48页。
③ 潘懿:《省陌之省》,《钱币博览》,2007年第2期,第17页。
④ 吴荣曾:《秦汉时的行钱》,《中国钱币》,2003年第3期,第24-69页。
⑤ 张传玺:《中国历代契约会编考释》,北京大学出版社1995年版,第65页。

殡。其年所故□□己酉□葬。

【题记】

北京大学图书馆藏有拓片。券高33.3厘米,宽3.9厘米,三行,行字多寡不等。隶书,刻铅版上。

【注释】

"戊午",当作"戊子"。误。

"雒阳东郡太守"句,雒阳,县名,属河南尹。依汉代文例,"东郡太守"前不宜冠"雒阳"地名。

"南阳",属荆州刺史部。

"召陵",县名,属豫州刺史部之汝南郡。

"男为奴,女为婢",旧时指丧失自由、为主人无偿服劳役的人。《说文·女部》:"奴,奴、婢,皆古之辠人也。"《周礼·秋官·司厉》:"其奴,男子入于罪隶,女子入于舂槁。"郑玄注:"郑司农云:'今之为奴婢,古之罪人也。'……奴,从坐而没入县官者,男女同名。"可见,秦汉时期,奴婢不分性别的,其来源是有罪人、俘虏及其家属,亦有从贫民家购得者。通常男称奴,女称婢。后亦用为男女仆人的泛称。《史记·汲郑列传》:"臣愚以为陛下得胡人,皆以为奴婢以赐从军死事者家。"晋袁宏《后汉纪·质帝纪》:"或取良民以为奴婢,名曰'自卖民',至千人。"唐韩愈《柳子厚墓志铭》:"其俗以男女质钱,约不时赎,子本相侔,则没为奴婢。"奴婢是社会最低的一层,和牲口一样,供买卖和赏赐,受主人的役使和虐待。家长与奴婢之间有严格的主仆名分,其主仆关系不仅是终身,而且延及子孙。奴婢在奴隶社会是奴隶,在封建社会的中后期则很大程度上是一种依附民。

十五、东汉□平□年河南县□孟叔买地铅券[①]

□平□年十月□□□□辛亥,河南县男子□孟叔从雒阳男子王孟山、山子男元显、显子男富年买所名有(下阙五、六字)(上阙五、六字)田□亩,贾钱万,即日毕。□钱孟山、元显、富年。□田西北□□□□贾(下阙五、六字)(上约阙八字)田□□从孟叔便□□□□□。上至苍天,下至〔黄泉〕。(下约阙十字)(上阙六、七字)凡□□、樊□元,皆知卷(券)约。沽酒各(半)。

【题记】

洛阳出土,著录于罗振玉《芒洛冢墓遗文四编补遗》。原题《汉□孟叔买

[①] 罗振玉:《芒洛冢墓遗文四编补遗》,载于叶程义著,国立编译馆主编《汉魏石刻文学考释》,新文丰出版股份有限公司1997年版,第1310页。

地券》。券高一尺八寸二分,广二寸二分。四行,行字多寡不等。隶书,刻铅板上。

【注释】

"河南""雒阳",均县名,属河南尹。均在今洛阳市附近。

"贾钱",即买地价钱。贾,"价"的古字。价,《说文新附·人部》:"价,物直也。"《集韵·祃韵》:"价,售值也。"其他用例还有,《西汉建元元年(前140)荥阳邑王兴奎买田铅券》:"武阳太守大邑荥阳邑朱忠,有田在黑石滩,田二百町,卖与本邑王兴圭为有。众人李文信,贾钱二万五仟五佰。"《东汉建宁四年(171)孙成买地铅券》:"左骏厩官大奴孙成,从雒阳男子张伯始买所名有广德亭部罗陌田一町,贾钱万五千。"《东汉中平五年(188)雒阳县男子□□卿买地铅券》:"贾钱亩五千五百,并为钱二万七千五百五十,钱即日毕。"

"即日毕",当日钱地交付完毕。东汉时的买卖文书中时兴交易当天收付款,收付款行为不得拖欠。其他用例还有,《东汉建宁二年(169)王未卿买地铅券》:"建宁二年八月庚午朔,廿五日甲午,河内怀男子王未卿,从河南街邮部男袁叔威,买皋门亭部什三邱西袁田三亩。亩贾钱三千一百,并直九千三百,钱即日毕。时约者袁叔威。沽酒各半,即日丹书铁券,为约。"

"苍天",《说文·艸部》:"苍,艸色也。"段玉裁注:"引申为凡青黑色之偁。"《广雅·释器》:"苍,青天。"《诗·王风·黍离》:"悠悠苍天。此何人哉!"毛传:"据远视之苍苍然,则称苍天。"《大词典》收了"苍天",举《诗·王风·黍离》以及《史记·龟策列传》,可补东汉书证。

"下至(黄泉)",依买地券惯语,此处当补"黄泉"二字。黄泉,用以指代阴间,因为人死后葬于地下。战国秦汉表示阴间的语词有很多,如幽都、黄泉、下里、蒿里等。《楚辞·招魂》曰"君无下此幽都些",董楚平注:"幽,阴,暗。幽都,阴间的都城。"黄泉、九泉为一对,阴间、幽都、幽冥、冥界等为一簇,下里、蒿里、薨里、死人里等也为一簇,每一对词义相同,明白无误。魏晋以后买地券、镇墓文中常见用例。如,《前凉建兴十三年(325)阎芝镇墓文》:"今得初移□□□之下寅千年田,上至仓天,下至黄泉。"《刘宋元嘉十年(433)徐副买地券》:"上极青天,下座黄泉,东仟佰,各有丈尺,东西南北地皆属副。"《宋庆元五年(1199)万三七及妻邵氏地券》:"命归黄泉蒿里,斩草住山宅。"

十六、东汉召陵马荣买地铅券①

　　□□□(年)三月初七戊午,东郡太守马荣,南阳召陵人,姓□,为博学,时人常推重之。初为郡廉,再迁,除交长,后为东郡太守。元年十二月卒于官。买地于雒阳东地,计廿四丈五尺。□□□姓。如地中伏尸,男为奴,女为婢。此券。卒年五十有七。

【题记】

　　北京大学图书馆藏有拓片。券高32.3厘米,宽4厘米。三行,前二行各36字,第三行23字。隶书,刻铅版上。

【注释】

　　"南阳召陵人,"南阳,属荆州刺史部。

　　"郡功曹",汉代郡太守府的重要官吏。《后汉书·百官志》(五):郡国"皆置掾史。本注曰:诸曹略如公府曹,无东、西曹,有功曹,主要选署功劳;有五官掾,署功曹及诸曹事。"

　　"孝廉",汉代选举官吏的科目之一。《汉书·武帝纪》:"元光元年(前134)冬十一月,初令郡国举孝廉。"颜师古注:"孝,谓善事父母者;廉,谓清洁有廉隅者。"孝与廉,原为两科,至西汉后期,合而为一,称作"孝廉"。孝廉入选,即进入仕途。

　　"再迁",两次升迁。《玉篇·冓部》:"再,两也。"《书·多方》:"我惟时其教告之,我惟时其战要囚之,至于再,至于三,乃有不用我降尔命,我乃其大罚殛之。"《史记·苏秦列传》:"秦赵五战,秦再胜而赵三胜。"迁,有晋升或调动之义。《龙龛手鉴·辵部》:"迁,昇也。"《韩非子·定法》:"官爵之迁与斩首之功相称也。"《史记·屈原贾生列传》:"孝文帝说之,超迁,一岁中至太中大夫。"三国魏嵇康《与山巨源绝交书》:"间闻足下迁,惕然不喜。"

　　"除",担任官职。《洪武正韵·鱼韵》:"除,拜官曰除。"《史记·平准书》:"诸买武功爵官首者试补吏,先除。"司马贞索隐:"官首,武功爵第五也,位稍高,故得试为吏,先除用也。"《汉书·景帝纪》:"列侯薨及诸侯太傅除之官,大行奏谥、诔、策。"颜师古注引如淳曰:"凡言除者,除故官就新官也。"

　　"交长",交县长,但经查考有关文献,汉代无交县,不知何故,待考。

　　"东郡太守",东郡,郡名。秦王政五年(前242)置,治濮阳。汉因之。约当《史记·秦始皇本纪》:"五年,将军骜攻魏,定酸枣、燕、虚、长平、雍丘、山阳城,皆拔之,取二十城。初置东郡。"晋初,东郡省,其地分属濮阳国、

---

① 张传玺:《中国历代契约会编考释》,北京大学出版社1995年版,第68页。

济北国、东平国、平原国、阳平郡。"太守",原为战国时郡守的尊称。西汉景帝时郡守改称为太守为一郡最高行政长官。历代沿置不改。南北时期新增州渐多。

十七、北魏永安元年谯县刘兰训买地铅券①

永平正始年七月八日癸未,生于谯。郡府丞官王将军长史,六月六日百拜,四年五月五日除中书侍郎。买地颍阴县之北,廿五丈四尺。夫人刘氏年五十四,字兰训,永安元年(528),岁在甲子,三月十六日癸丑卒。□葬无资,修素至此,又可嘉悼之。旧墓遇水,欲于此下权葬,其赐葬地一顷。元年四月廿日附葬。

【题记】

北京大学图书馆藏有拓片。券高33.2厘米,宽42厘米。三行,行字不等。正书,刻铅版上。

【注释】

"永平正始",永平、正始为北魏宣武帝的两个年号。正始在前。正始五年八月癸亥,冀州刺史、京兆王愉据州反;乙丑,假尚书李平镇北将军、行冀州事以讨之;丁卯,大赦,改元"永平",以本年为永平年。券文梁年号颠倒。

"谯",郡名,治蒙县,今河南商丘市北。《史记·陈涉世家》:"攻铚、酂、苦、柘、谯皆下之,行收兵。"秦时地名,铚、谯,在今安徽。酂、苦、柘,在今河南。

"府丞",太守的属官。汉代西域各国王室的行政首长。明代顺天、应天二府,清代顺天、奉天二府皆置府丞,为府尹副职。

"中书侍郎",亦称中书郎。是中书监、令的副职,参与朝政。

"颍阴县",治今河南许昌市。

"永安元年,岁在甲子",永安为北魏孝庄帝年号。元年为公元528年。是年岁在戊申而非甲子。

"权葬",三日出殡。乾隆《桂平县志》曰:"人有疾病,延道士出杀跳鬼。及其死,延僧念经,俗称做灯子。三日则出殡,谓之权葬。数年后择地迁葬。"

"附葬",也称添葬,就是子孙从其父祖所葬。据《汉书·哀帝纪》记载,附葬之礼,自周兴焉。如周文王葬于"毕",其子周公旦死后,"从文王"亦葬于此地。汉代继承了这个制度。如周勃陪葬长陵,其子周亚夫死后葬于周勃冢南。附葬实际是"族坟墓"的一种新形式,其不同在于:附葬者不是以

---

① 张传玺:《中国历代契约会编考释》,北京大学出版社1995年版,第130页。

"族"的身份入葬茔域,而是作为"家"的成员葬于父祖的墓地。这种附葬制度,在唐代帝陵陪葬墓中得到了进一步发展,并以明文规定下来。

十八、宋庆历四年王典买地契券①

上蔡县郭下市北街西住宅没故亡人王典,今用银钱玖万玖仟玖佰玖拾贯文,就此黄泉赴邑射主边阑买得此地墓地,周流一倾,东至青龙,西至白虎,南至朱雀,北至玄武,四至分明。即日地钱交相分付讫。知见:东王公、西王母。书契人:功曹;读契人:主簿。保人:张坚固、李定度。扵后不得侵夺。执此契券为据。庆历四年(1044)八月初七。买地亡人:王典。

【题记】

1987 年出土于河南上蔡县城西关,墓葬情况不详。石灰石石料,略呈正方形,长宽为 39 厘米,厚 3.5 厘米,正面打磨平滑,镌刻文字,其他几面经过粗略加工。额题:葬主王典男王父,1 行,横写。券文从右至左阴刻楷书 11 行,每行字数不一,多者 17 字,少者 11 字,共约 133 字。字体大小不一,最大的 3.3 厘米×2.6 厘米,最小的 1.5 厘米×0.9 厘米,字迹清晰可辨,整篇文字可以通读。

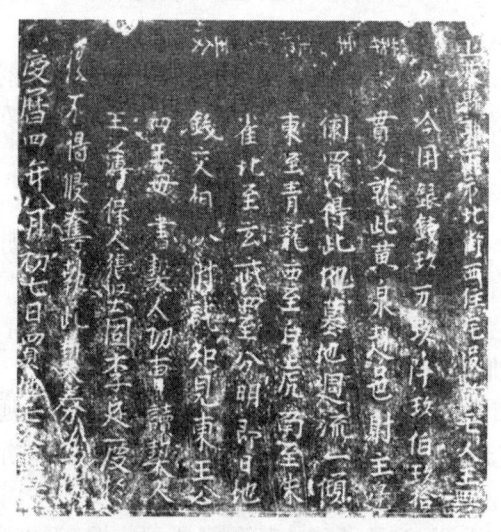

图 2-9　宋庆历四年王典买地契券

(图片出自谢辰等:《河南上蔡出土一块宋代买地石券》,《中原文物》1992 年第 8 期,第 62 页。)

---

①　谢辰、徐国强:《河南上蔡出土一块宋代买地石券》,《中原文物》1992 年第 8 期,第 62 页。高朋《人神之契:宋代买地券研究》、鲁西奇《中国古代买地券研究》均有著录。

【注释】

"青龙、白虎、朱雀、玄武",为四神,表示方向。据河南省南阳市最新考古报告《汉代四神图漆棺:震动河南考古界》①,考古人员根据墓葬形制和出土随葬遗物初步推断,12号墓的年代属西汉早期。根据墓内出土印章推测,墓主人当为孔调。棺体上刷黑漆,并施有彩绘,北侧为朱雀,东侧为白虎,南侧为玄武,西侧为青龙,棺盖上绘有阳乌和蟾蜍,四周以卷云纹加以修饰,画面十分丰富、精美。

"张坚固,李定度",张、李二仙在买地券中充当最多的角色是时知或保人。他们的名字作为见证人确实非常理想:固、度合韵,"坚固"与"定度"的含义则基本相同。"坚固"意思是支撑某一事物,"定度"意味着加固某一对象。这两个名字,经常作为见证人出现在买地券或告神衣物疏中,有时也会以保人、书券人甚至卖主的身份出现。叶昌炽在引述一份买地券时,曾将李定度与张坚固界定为神仙。有时因音读或字形讹变而略有出入,如有的买地券写作张兼固、张坚故,有的写作李定杜、季定度,但是总的来说,对他们的指代是明确的,不会发生误认。

十九、宋至和三年胡进买地券②

维至和三年(1056)岁次丙申三月癸丑朔八日庚申,没故[亡]人胡进,今用钱九万九千九百九十贯文买墓地。南北长四步,东西阔三步。东至青龙,西至白虎,南至朱雀,北至[玄][武]。保人:张坚[固]。见人:李定[度]。□□□得辄夺。先有居者,[永][避]千里之外。急急如律令。

【题记】

1955年出土于河南郑州市旧城南门外一座小型砖室墓中,其出土地宋时属于京西路郑州管城县。买地券出土时紧靠墓室西壁,砖质,方形,边长31.6厘米,厚5厘米。券文墨书,9行,每行字数不一,多者13字,少者5字,共约97字。河南省文化局文物工作队,发掘报告著有录文,未附图版。

【注释】

"至和",北宋仁宗年号,至和三年也即仁宗嘉祐元年,干支纪年的丙申

---

① 《汉代四神图漆棺:震动河南考古界》,《南阳晚报》2014年10月20日,第W9版:南阳人文。

② 河南省文化局文物工作队:《郑州南关外北宋砖室墓》,《文物参考资料》1958年第5期,第52-54页。此文另收入《郑州市管城回族区文物志》,中州古籍出版社2012年版,有录文。

年,即公元1056年。券文未注明殁亡人生前居所与葬地所在。

"没故□人胡进",据买地券习语,此当补为"没故[亡]人胡进"。魏晋以后买地券常见用例。如合肥出土《南唐保大十一年(953)姜氏妹婆买地券》:"维南赡部州大唐国庐州合肥县右厢永宁乡纳善坊,没故亡人天水郡姜氏妹婆,行年七十,不幸于保大十一年岁次癸丑六月己酉朔廿四日壬申券。"蒲江县出土《后蜀广政二十五年(962)李才买地券》:"维广政二十五年岁在庚中十二月乙酉朔十八日壬寅,今有邛州蒲江县美充乡善通里没故亡人李才之灵。"河南上蔡县出土《宋庆历四年(1044)王典买地契》:"上蔡县郭下市北街西住宅,没故亡人王典。"湖北浠水县所出《北宋治平二年(1065)郭五娘买地券》:"维大唐国蕲州蕲水县开元乡义丰里中保,今有没故亡人郭氏五娘,年登六十二岁。于治平二年正月初四日殁幸身亡。"

"北至□□",据买地券习语,此当补为"北至[玄][武]"。魏晋之后买地券常见。《刘宋元嘉九年(432)王佛女买地券》:"东至青龙,西至白虎,南至朱雀,北至玄武,雇钱卅九□□□。"《后蜀广政十一年(948)山南节度使张虔钊买地券》:"其地东至青龙,西至白虎,南至朱雀,北至玄武。中方勾陈,分掌四域。"《明永乐十九年(1421)徐道成为父徐道张、母李妙果买地券》:"四至:东至青龙,西至白虎,南至朱雀。北至玄武。内方勾陈,管分擘四域。"《康熙五十三年(1714)顾楷仁为姒张太夫人买山券》:"东至青龙,西至白虎,南至朱雀,北至玄武,上止青天,下止黄泉,中止吉穴。"

"保人:张坚□。见人:李定□。"据买地券习语,此当补为"保人:张坚[固]。见人:李定[度]。"为了使墓地购买具有"合法性",买地券文多出现以"任知""分券"之类作为证人、保人的说法,往往与道教的神仙人物有关。这些证人、保人有几种情况:一是以道教尊神东王公、西王母为证人,如江苏句荣出土《西晋永康元年(300)李达砖券》:"任知者东王公、西王母。若后志宅,当诣东王公、西王母是了。"二是以道教仙人为证人,如广西桂林出土《刘宋泰始六年(470)欧阳景熙石券》:"时王侨、赤松子、李定、张故分券为明,如律令。"其中王侨、赤松子是著名的仙人。三是以地下神仙为证人,广西融安县出土《梁天监十八年(519)覃华石券》:"时任知李定度、张坚固,以钱半百,分券为明。如律令!"李定度、张坚固是常出现于买地券文中的地下"专职神仙"[①]名号,虽然在早期道经中尚未见有关记载,但是同一券文中出现的"如律令",以及在其他券文中同时出现的"玄都鬼律"等道教咒语或道教律文则说明该券文为道士(术士)所作,故其应是道教文化中的神仙名号。四

---

① 黄景春:《地下神仙张坚固、李定度考述》,《世界宗教研究》,2003年第1期,第45—54页。

是以道士（术士）为证人，江西南昌出土《东吴黄武四年（225）浩宗砖券》："任知券者雒阳金童子、鹤与鱼。鹤飞上□，□□入渊。"从"雒阳""鹤飞""人渊"所代表的天、地、水空间方位来看，有分券作证的象征意义，也与道教"三官手书"所指代天、地、水信仰相类似。券文中金童子、鹤与鱼当是道士的称号或比喻，而且道教的这种象征文化具有鲜明的民俗化特征。

"□□千里之外"，据买地券习语，此当补为"［永］［避］千里之外"。买地券中常作"永避万里"。如《后蜀广政十一年（948）山南节度使张虔钊买地券》："先有居者，永避万里。若违此约，地府主吏自当其祸。"《明永乐十九年（1421）徐道成为父徐道张、母李妙果买地券》："先有居者，永避万里。"《宋元符二年（1099）赵□买地券》："先有居者，永避万里。"

"急急如律令"，唐李匡乂《资暇集》曰："今人符咒后言急急如律令者，令音零。律令，雷鬼之最捷者。谓当如律令鬼之捷也。"《东汉熹平二年（173）张叔敬瓦缶丹书文字》："急急如律令。"《延昌元年（512）孙抚买地券》："急急如律令。来时恍惚，不识书人。"《唐咸通二年（861）王楚中买地券》："急急如律令。"《嘉靖四十一年（1562）萧钦仰墓券文》："急急如律令！奉行令。"

二十、宋元祐元年赵怀为父赵荣等买地契①

维南赡部州大宋国邓州武胜军右厢第四界居住，弟子赵怀，伏为父超赵荣等，令不行早终，令去穰县曲堤村处，今对皇天父、后土母、社郎等，今用钱九万九千九伯九十九贯九十九文，买得此处墓地一段。其地东至青龙，西至白虎，南至朱程，北至玄武。牙人：张坚固。引领人：李定度。书契人：东王公。读契人：金主簿。书契人飞（非）上天，读契人入黄泉。四至分明。其钱分付天地神交相讫，自后各不许侵。先有，远婢。文字为凭，急急如令。元祐元年（1086）八月日。天水郡赵荣契。尊主□赵怀。孤赵直、赵青、八儿，次孤赵立，女夫，谨□。

---

① 南阳市文物研究所、邓州市文化局：《河南省邓州市北宋赵荣壁画墓》，《中原文物》，1997年第4期，第64—78页。

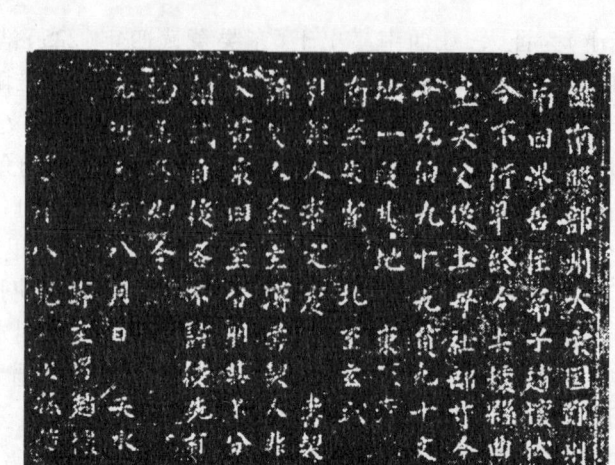

图 2-10　宋元祐元年赵怀为父赵荣等买地契

（图片出自南阳市文物研究所、邓州市文化局，《河南省邓州市北宋赵荣壁画墓》，《中原文物》1997 年第 4 期，第 64—78 页。）

【题记】

1993 年 10 月出土于河南省邓州张白砖厂一座壁画墓中，青灰色大理石质，质地细腻，正面磨光，方形，边长 40 厘米，边框外有磨去的刻字痕迹。券文从右至左阴刻楷书，间有草书，15 行，满行 15 字，加上漫漶不清者约 199 字。录文另见高朋的《人神之契：宋代买地券研究》，中国社会科学出版社 2011 年版，第 282 页。

【注释】

"先有，远婢"，当为"先有居者，远避万里"漏刻所致。

"邓州"，唐宋邓州治穰县，即今河南邓州市。《元和郡县图志》卷二一"邓州"条："（魏）太和中，置荆州，理穰县，今邓州所理是也。隋开皇七年，梁王岿入隋，自穰县移荆州还江陵，于穰县置邓州。大业三年，改为南阳郡。

武德二年,复为邓州。"①五代至北宋,邓州为武胜军节度使驻所,筑有两重城垣。②

"南至朱程",依买地券习例,当为"南至朱雀"。

"皇天父、后土母",后土,古有二义。一指土神。《礼记·月令》夏季之月:"中央土……其神后土。"一指社稷之神,《左传·昭公二十九年》:"后土为社稷,田正也。"后世民间由《国语·越语下》"皇天后土"一词引申出"皇天父后土母"来,后土逐渐演变后土娘娘。

"牙人",旧时居于买卖双方之间,从中撮合,以获取佣金的人。在早期契约文书中,说合买卖关系的,多是关系双方的亲友邻居,或本地的头面人物。中证人也多是由这样的人充当。这样的人一般不叫牙人。唐代的牙人多勾结官吏,开设邸店,代官府征收契税,实际已是半官方的经纪人,在市场甚至在地方上势力很大,把持市场,操纵物价,欺压小商小贩和一般用户。唐德宗建中四年(783),行除陌法,"天下公私给与货易,率一贯旧算二十,益加算为五十。给与他物或两换者,约钱为率算之。市牙各给印纸,人有买卖,随自署记,翌日合算之。……法既行,而主人、市牙得专其柄,率多隐盗"。明、清时期,牙行有官牙、私牙之分。官牙是由官府指定的,私牙也须经官府批准,领取牙帖和印信、文簿等,进行营业。在进行交易时,他们俨然以官方自居,要在契约上署名盖章。他们的印章确也为社会上所重视。职业牙人抽取行佣的比率,官府或牙行虽有规定,但牙人常常不予遵守,额外勒索。如《册府元龟》卷504《邦计·关市》曰:"后唐天成四年(929)七月,兵部员外郎赵燕奏:……其市牙人每贯收钱一百文,甚苦贫民,请行条理。"牙人之收费,竟达交易额十分之一,可谓严重了,以致惊动了官府。以后历代牙人收费,都有类似的情况。非职业中介人或牙人做中的,也有报酬,此制由来已久。

"引领人",买地券中常见,神仙名称不一。《宋宣和七年(1125)刘真买地券》:"保人:岁德、月德。引领人:真符使。牙人:张不明。见人:本土地。"《元至正十二年(1352)黄义一地契》:"引领人:蒿里老(押)。"

---

① 《元和郡县图志》卷二一《山南道二》,"邓州",中华书局1983年版,第522页。
② 鲁西奇:《城墙内外:古代汉水流域城市的形态与空间结构》,中华书局2011年版,第197—200页。

二十一、宋绍圣四年李守贵买地券[①]

维大宋国西京河南府登封县天中乡居住殁故亡人李守贵,今为生[周]记蒲,未有住葬之处。今选定绍圣四年(1097)十二月二十九日己酉大葬。愿比黄天父、后土母、社稷主边买得墓田壹所,周流壹顷,用钱九万九千九百九拾九贯文,其地左至青龙,右至白虎,前至朱雀,后至玄武,上至仓天,下至黄泉。陆至分明,各有其处。其买地钱分付与天神明了,两无悬欠。一、书契人:石功曹。一、读契人:金主簿。要见书契人,变飞鸟上天,若觅读契人,化鱼龙入东海。急急如律令。如地下有诸兰夺,付与五道将军领过,阎罗天子永判玄堂。李守贵住宅,万代吉昌。一、代保人:如后。一、代保人:张坚固。一、代保人:李定度。见人如后。一见:天神;一见人:地祇。绍圣四年十二月二十九日己酉大葬。李守贵券契一本。

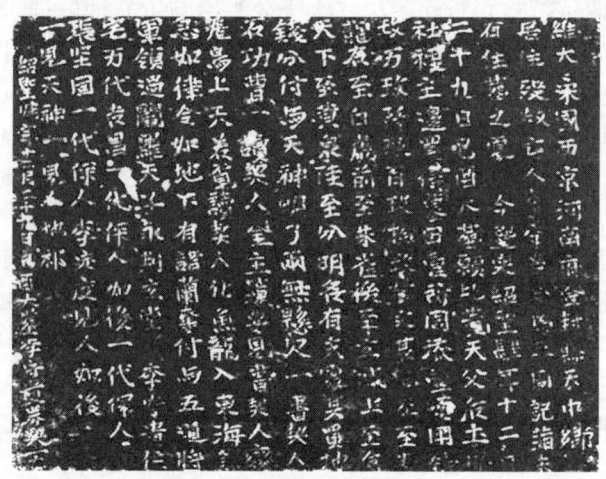

图 2-11　宋绍圣四年李守贵买地券
(图片出自《河南登封黑山沟宋代壁画墓》,《文物》2011 年第 10 期第 60-66、2 页。)

【题记】

1999 年出土于河南省登封市关镇南黑山沟村一座砖室壁画墓中,青石质,方形,长 39 厘米、宽 38 厘米、厚 10 厘米,券文从右至左阴刻楷书,17 行,满行 16 字,加上漫漶不清者约 272 字。

---

① 郑州市文物考古研究所、登州市文物局:《河南登封黑山沟宋代壁画墓》,《文物》,2011 年第 10 期,第 60-66 页。录文另见高朋:《人神之契:宋代买地券研究》,中国社会科学出版社 2011 年版,第 282-283 页。

【注释】

"登封县天中乡",据《元丰九域志》卷一记载,登封县领有二乡及颍阳、曲河、费庄三镇①。登封县天中乡,北宋时指的是现在禹县白沙镇附近。据宿白先生考证,河南禹县白沙,北宋属于西京登封县天中乡崌山村管辖,因此,墓主人李守贵应该居住并亡故于现在的禹县白沙附近。据券文记载,李守贵葬于1097年,殁故却是在1094年前后。

"李守贵",史料上不见记载,券文中也未说明其身份,但是,从墓室建筑来看,整个墓室结构考究,建筑彩画富丽堂皇,壁画绘制精细,墓主应该是有一定财力的乡绅或者富民。

"天中乡",当登封县二乡之一。白沙颍东第154号墓所出《宋故河南路君(适)墓志》:"(适子)平、铣将以政和四年(1114)七月二十九日卜葬于登封县天中乡之阜。"②

"愿比",当为"愿从"之误。

"周流壹顷",买地券常用。或作"周流一顷"。如:《宋庆历四年(1044)王典买地契券》:"今用银钱玖万玖阡玖佰玖拾贯文,就此黄泉赴邑射主边阑买得此地墓地,周流一倾。"《宋元符二年(1099)何府君买地券》:"今用钱万万九千九伯九十文,就此皇天父、后土母、社稷十二边买得前件墓田,周流一顷。"《宋绍兴九年(1139)朱近买墓田券》:"前用钱一万九千九伯九十文,就皇天父、后土母、社稷主买得前墓田,周流一顷。"

"金主簿",据鲁西奇先生研究,在今见江南样式的买地券中,关于书券人与读券人大致有三个系统:一是水中鱼、天上鸟(鹤)或山中鹿,二是石功曹与金主簿,三是张坚固与李定度。个别买地券也以营墓的阴阳司、阴阳生作为书券人。显然,这种类型的买地券较之《地理新书》式买地券稍微繁复,具备更全面的土地买卖契约诸要素。

二十二、宋元符二年赵□买地券③

□□□□□□□□□□□□□□□□□□□□□□□□□□□监□□□□□□□□□□□□[乡](将)下曲□□□□□□□□□□□□□□□贯文,兼五彩信币,买□□□,东西广十九步,南北长二十二步。

---

① 《元丰九域志》卷一,西京河南府"登封"县,中华书局1984年版,第5页。
② 白沙颍东第154号墓资料迄今未见发表,此处所引路适墓志见宿白《白沙宋墓》,文物出版社1957年版,第3页下注16。
③ 高朋:《人神之契:宋代买地券研究》,中国社会科学出版社2011年版,第283-284页。

东至青龙,西至白虎,南至朱雀,北至玄武。内方勾陈,分擘掌四方。□丘丞墓伯,封步界畔。道路将军,齐[阡](安)整[陌](隋)。千秋万岁,永远无灾殃。若辄干犯呵禁者,将军亭长,收付河伯。今以牲牢酒饭,百味香新,共为信契。财地分付。自工匠修营安厝已后,永保休宁。见人:岁月主[者](星)。保人:今日直符。故气邪精,不得忏怪。先有居者,永避万里。若违此约,主吏自当其[祸](间)。主人内外存亡,悉皆□□。急□□□□女青律令。□合□□□。大宋元符二年(1099)九月十□日。赵。

【题记】

出土于河南登封县东南境白沙水库墓区颍东一一九号墓,砖质。高32厘米、宽31.5厘米、厚5.3厘米。出土时置于后室北壁假门前,券面向南。券文朱书16行。宿白《白沙宋墓》有录文,未附图片。池田温《中国历代墓券略考》著录时,重新调整了语序。高朋、鲁西奇等亦有录文。

【注释】

"内方勾陈",星名,在紫微垣内,靠近北极星,天文学家多借以测极,谓之极星。北极五星,勾陈六星,皆在紫宫中。勾陈是大帝王妃的居住地,也是大帝常去的地方,也称后宫。

"已后",即以后。以,余母,之部;已,余母,之部。属同音通假。《正字通·人部》:"以,与已同。"表示完成,相当于"已经""既"。从先秦著作开始就如此,同时代的著作用法也如此。《墨子·杂守》:"峰火以举。"《太平经》卷四十一:"开辟以来承负之厄会,义不敢妄语。"《史记·陈涉世家》:"卒买鱼烹食,得鱼腹中书,固以怪之矣。"《汉书·冯唐传》:"齐尚不如廉颇李牧之为将也。"上曰:"何已?"何已,《史记·冯唐列传》作"何以"。东汉时期镇墓文中也可写作"以后",如《东汉熹平二年(173)张叔敬瓦缶》:"生人筑高台,死人归,深自埋,眉须以落,下为灰土。"可见,东汉时期"已后"与"以后"两种写法并存。如"以"通"已",《墨子·杂守》:"峰火以举。"《太平经》卷四十一:"开辟以来承负之厄会,义不敢妄语。"

"今以牲牢酒饭,百味香新,共为信契",王洙《地理新书·改葬开墓法》曰:"开旧墓者为改葬所家藏,于岁月德掘地,方深三尺,着水于坑内。墓左设席五领,香火各一座,随方色。信币数用生数,尊用疋,卑用尺,东方青三,南方赤二,西方白四,北方黑一,中央黄五。清酒三,牲肉、饼饭、果实、豉食,方各一盘。焚香奠酒,再拜,祝曰:'维某年月朔日,孤哀子某宫姓名,敢昭告于某氏墓内诸神:丘丞、墓伯、幽堂亭长、府公某旧居此宅,今以吉辰启此幽室,谨以制币清酌之奠荐于诸神,唯诸明灵留恩降祐,永保宁吉。'尚飨,三奠而彻,取币帛一段埋之。讫,于月德上三锹发土向南翻。讫,则开之。若改葬弃旧墓者,以五谷置坑内,复其土,令平。"①

"忓悷",干犯、触犯,买地券习语。毛远明先生认为"悷"之"侵占"义是由"悔恨"义引申为"耻辱"义,而后经语法功能的变化成"侵辱、冒犯"义②。赵家栋认为"忓""悷"二者语义只是相关,不能视为同义③。"悷"是"悷护"义,其词义应为"悷""护"组合,即为因吝贪而干护,其语义并不是由"耻"义辗转引申而来。董志翘认为"悷"的"贪而不施""靳己所有"义引申出"占据"义,从而引申为"侵占"义④。我们认为董说为是。今查历代买地券,"忓悷"在东汉以来,一直都有用例,只是所用词形变化不同。《唐元和九年(814)乔进买地牒》:"其钱交付讫。其后更不得忓悷。如有忓悷,打打你九千,使你作奴婢上至天,下至皇泉。"《后唐天成元年(926)钱氏买地券》:"故气邪精,不得忓悷。"《后蜀广政十一年(948)山南节度使张虔钊买地券》:"故气邪精,不得忓悷。"有的作"干犯"。如,《宋嘉熙元年(1237)五月十日李氏地券》:"故气邪精,不得干犯。"有的作"争占"。如,《宋熙宁八年(1075)江注地券》:"邪精故炁,各不在争占。"《宋嘉泰元年(1201)叶九地券》:"魍魉邪神,不得争占。"《大字典》《大词典》均未收此义,当补。

二十三、宋宣和六年高通奉为亡祖等买地券⑤

大宋宣和六年(1124),西京登封县天中乡堀山村祭掌高通奉,为故亡祖父高杯宝、祖母谢氏及亡父高中立并亡兄高政、妻李氏,各见在浅土,载谋迁座,选拣得今年十月初六已酉之晨安葬。以于五月十四日庚寅之晨,祭地、斩草、破土。□□□龟[筮](策)协从,相地[袭](悉)吉,宜于当乡村赵□地内安葬。谨用钱玖万玖千玖百玖拾玖文省,并五色□□,买得葬茔一所。东西阔壹拾壹步,南北长壹拾三步……

【题记】

1951年出土于河南白沙水库颍东一五八号墓,发掘报告未见刊布,唯于宿白《白沙宋墓》第3页注16、第45-46页注97及第83页中著有部分录文。此券文末尾文字不全。据已有券文,此券是高通奉为已故祖父、祖母、父、兄、嫂诸人迁葬时所用。于五月十四日祭地、斩草、破土,至十月初六日安

---

① 〔北宋〕王洙等:《地理新书校理》,湘潭大学出版社2012年版,第451页。
② 毛远明:《释"忓悷"》,《中国语文》,2008年第4期,第378-380页。
③ 赵家栋:《"忓悷"释义复议》,《宁夏大学学报》,2011年第1期,第20-22页。
④ 董志翘:《也释"忓悷"》,《汉语史研究集刊》(第十二辑),巴蜀书社2009年版,第285-292页。
⑤ 宿白:《白沙宋墓》,文物出版社2002年版,第20页。

葬,历时近半年,显然十分郑重。

【注释】

"斩草",关于宋金时期丧葬中的"斩草"仪式,宿白先生《白沙宋墓》中最初予以揭示。徐苹芳《唐宋墓葬中的"明器神煞"与"墓仪"制度——读〈大汉原陵秘葬经〉札记》及韩森的《传统中国日常生活中的协商:中古契约研究》均对"斩草"做了较详细的讨论。据鲁西奇先生研究,"斩草",最初见于相传成书于秦汉时的堪舆书青乌子《葬经》,谓"葬不斩草,名曰盗葬"。① 敦煌所出十世纪丧葬书《葬录》(S2263)也提到斩草,称"既葬,不得重斩草作新冢,大凶"。② 宋代王洙编《地理新书》卷一四"斩草忌龙虎符人墓年月"条于"斩草"仪式有详细记载:"凡斩草日,必丹书铁券埋地心。凡斩草,取茅或秆草九茎,三三之数也。斩三下者,断三殃害也。"③ 显然,此方买地券乃斩草时所书,所记日期亦为斩草之日,葬日当在其后。虽然青乌子《葬经》已记有"斩草",然六朝买地券(或镇墓文、衣物疏)均未见有"斩草"之记载,故此券出,可证"斩草"之俗,确有深远渊源。④

"龟筮",龟卜与蓍筮的合称。周代的占卜就有龟、筮、筵筹,以及星占等。先秦传世文献多有记载。《尚书·洪范》:"龟筮共违于人,用静吉,用作凶。"《尚书·大禹谟》:"鬼神其依,龟筮协从。"《礼记·表记》:"是以不废日月,不违龟筮。"《管子·权修》:"上恃龟筮,好用巫毉。"《易·蒙》:"初筮告,再三渎,渎则不告。"王弼注:"筮者,决疑之物也。"《诗·卫风·氓》:"尔卜尔筮,体无咎言。"《史记·高祖本纪》:"平生所闻刘季诸珍怪,当贵,且卜筮之,莫如刘季最吉。"《大词典》未收此词,当补。

"袭吉",是指重复,反复,意为数次占卜,才选此处为墓葬吉地。其他用例还有,《金天德二年(1150)钱择买地券》:"生居城邑,死安宅兆,龟筮协从,相地袭吉,宜于河南府洛阳县金谷乡南北张村之原。"《明金昌二年(1191)洛阳县赵通买地券》:"祭主畀赵通奉为殁故先祖父母诣灵龟,筮协从,相地袭吉。"《元宪宗八年(1258)冯汝楫为曾祖冯三翁买地合同券契》:"遂于本州岛岛河内县旧居冯封村正北偏西,旧祖茔坟西南方,龟筮协从,择此高原,相

---

① 青乌子著、兀钦仄注:《葬经》,《学津讨原》本,张氏照旷阁嘉庆十年刻本,第6页上。

② 黄永武:《敦煌宝藏》(第17册),台北:新文丰出版公司,1981年版,第605页;金身佳:《敦煌写本宅经葬书校注》,民族出版社2007年版,第295-298页。

③ 王洙等:《图解校正地理新书》卷一四,(台北)集文书局1985年版,据台北"中央图书馆"藏金明昌三年张谦刻本影印,第453页。

④ 鲁西奇:《中国古代买地券研究》,厦门大学出版社2014年版,第182-183页。

地袭吉,堪为宅兆,立契券。"《元至元二十五年(1288)齐□□为祖先买地券》:"龟筮协从,相地袭吉,宜于本县龙首乡朝堂社常乐坡正西原上道北,买到坟地四亩,内安厝宅兆。"

二十四、宋宣和七年刘真买地券①

大宋国蔡州确山县新定乡左张寨村孝孙男刘真,今用自己地,内置祖茔一所,共计地壹亩三角。谨具界至如后:一东王青龙为界,一西至白虎为界,一南至朱雀为界,一北至玄武为界。一丘陵墓伯封步界畔。一道路将军齐整阡陌。右买地,谨用价钱玖万贯文,并云马骆驼等,共成信契。伏愿买地之后,家门清廉,常居安荣之显,子孙昌盛,乃获福庆之光。宣和七年(1125年)五月十三日。买地人:孝孙男刘真。代保人:岁德、月德。引领人:真符使。牙人:张不明。见人:本土地。准西术士曹子中,葬。右赞善大夫孙男进士朱浩然书。

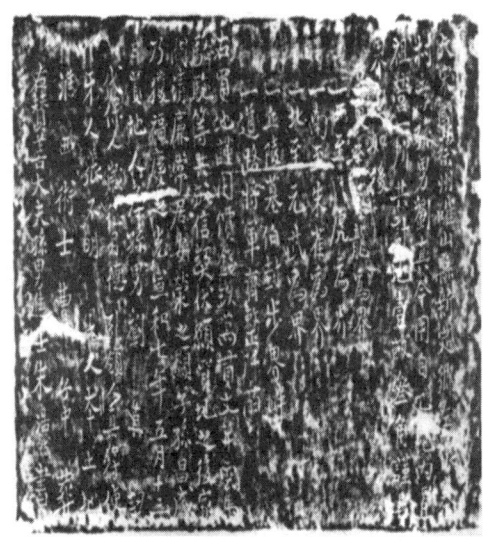

图 2-12　宋宣和七年刘真买地券

(图片出自谢辰:《河南驻马店市出土一块宋代买地券》,《中原文物》1991 年第 2 期,第 117 页。)

【题记】

1987 年 11 月出土于河南驻马店市西郊建设综合办公楼,石质。石券略

---

① 谢辰:《河南驻马店市出土一块宋代买地券》,《中原文物》1991 年第 2 期,第 117 页。录文另见高朋:《人神之契:宋代买地券研究》,中国社会科学出版社 2011 年版,第 284—285 页。

呈长方形,长 57 厘米,宽 39 厘米,厚 3.5 厘米。一面打磨平整镌刻文字,其他几面经过粗略修整。券文正面从右至左阴刻楷书 19 行,满行 14 字,最少的一行 4 字,共约 199 字。字体大小不一,最大字 2.5×4 厘米,最小字 0.8×1.2 厘米,其字排列基本整齐。

【注释】

"祖营",当为"祖茔"之误。

"确山县",据《宋史·地理志》记载,原属京西北路,蔡州,系汝南郡,淮康军节度。今驻马店市原为确山县地域,明代在此设驿站,始称驻马店,1949 年为确山县一镇,后几次与确山县分合。1965 年 7 月为驻马店地区行政公署所在地。1980 年升为县级市。

"左右赞善大夫",是元丰改制前的文阶官,正八品。

"阡陌",指通往坟墓的道路。《吴大和六年(934)汲府君买地券》:"道路将军,齐整阡陌,千秋万岁,□□突□。"《后蜀广政十一年(948)山南节度使张虔钊买地券》:"道路将军,整齐阡陌。千秋万岁,永无咎殃。"《后蜀广政十八年(955)宋琳地券》:"道路将军,整齐阡陌。阡秋万岁,永无殃咎。"或作"仟佰"。《刘宋元嘉十年(433)徐副买地券》:"东仟佰,各有丈尺,东西南北皆属副。"《元阴赐福等为亡父阴德买地券》:"[整](望)仟佰,致使千秋百……长将付□□。"

"信契",签订的契约。金元时期买地券常见用例。《金天德二年(1150)钱择买地券》:"今以牲牢钱币,共立信契。"《金大定十年(1170)杜氏为亡父母及张外翁外婆买地券》:"今以□币酒馔牲牢,共为信契,财地相交分付,工[匠][修]茔安厝已后,永保祥吉。"《金大定二十九年(1189)董承祖为祖董贵□买地合同》:"今以牲牢酒饭,百味香□,持为信契。"《金明昌二年(1191)赵通为先祖父母买地券》:"今以牲牢酒饭,百味香新,共为信契。"《元宪宗八年(1258)冯汝楫为曾祖冯三翁买地合同券契》:"今备牲牢酒脯,百味香心,共为信契。"《至元二十五年(1288)齐□□为祖先买地券》:"今以牲牢酒饭,百味香新,共为信契。"

"伏愿",恭敬地愿望。买地券、镇墓文常用语。《前蜀永平六年(916)的石人券文》:"伏愿诸神鉴知,垂恩界护,道树芬芳,神灵卫护。"《宋宣和七年(1125)刘真买地券》:"伏愿买地之后,家门清廉,常居安荣之显,子孙昌盛,乃获福庆之光。"《元延祐六年(1319)陈氏地券》:"伏愿亡灵,既葬之后,灵仪允执,永镇幽宅。"《元贞二年(1296)冯兴等为祖父买地券》:"伏愿本处地祇,分掌四[域](城)诸神共垂祐护,子孙后裔永保宁吉。"《嘉靖四十一年(1562)萧钦仰墓券文》:"伏愿:一要子孙昌盛,二要广进田庄。三要堆金积玉,四要牛马满上岗,五要黄金满屋,六要鹅鸭满池塘,七要多生贵子,八要早登科第,九要首登龙虎榜,十要身到凤凰台。"

二十五、金天德二年钱择买地券①

维大金天德二年(1150)岁次庚午四月丁未朔二十四日庚午,奉为殁故钱择等诸灵大葬立券。生居城邑,死安宅兆,龟筮协从,相地袭吉,宜于河南府洛阳县金谷乡南北张村之原,谨用银钱九万九千九百九十九贯文,兼五彩信币,于后土皇地祇处买地一段,坟域用地,南北长二十一步,东西阔一十七步。其地东至青龙,西至白虎,南至朱雀,北至玄武。内方勾陈,分擘四域。今以牲牢钱币,共立信契。财地交相分付,工匠修营安厝已后,永保祥吉。见知人:岁月星。主保人:今日直符。故气邪精,不得忤悋。先有居者,永避万里。主人内外存亡,悉皆安吉。急急如五帝使者律令。

【题记】

1994年12月出土于河南省孟津县麻屯镇东北邙岭坡一座金代单室土洞墓中,灰陶质。方形,边长29.2厘米、厚6厘米。券文从右至左阴刻楷书,后涂朱,共12行,满行21字,最少17字,共约219字。

图2-13 金天德二年钱择买地券
(图片出自《洛阳孟津县麻屯金墓发掘简报》,
《华夏考古》,1996年第1期,第13—16页。)

---

① 洛阳市文物工作队:《洛阳孟津县麻屯金墓发掘简报》,《华夏考古》1996年第1期,第13—16页。另见高朋:《人神之契:宋代买地券研究》,中国社会科学出版社2011年版,第285页。

【注释】

"宅兆",指墓地。宅,墓穴;兆,墓园。《孝经·丧亲》:"卜其宅兆而,安措之。"注:"宅,墓穴也;兆,茔域也。"《汉书·王莽传》:"营相宅兆。"《孝经》中提到"卜其宅兆而安厝之"。"宅兆"即指墓地。《齐赵辅和为世宗筮宅兆》:"高祖崩于晋阳,葬有日矣。世祖令显祖亲卜宅兆于邺西北漳水北原,频卜不吉。"买地券、镇墓文中常见用例。《刘宋元嘉十年(433)徐副买地券》:"坟墓宅兆,营域冢郭,闭系亡者魂魄,使道理开通,丘墓诸神,成当奉板,开示亡人地道,安其尸形,沐浴冠带。"《金大定十年(1170)杜氏为亡父母及张外翁外婆买地券》:"孝女杜氏□□为殁故父母及张外翁外婆诸灵,生居城[邑],[死]安宅兆。"《金大定二十九年(1189)董承祖为祖董贵□买地合同》:"宜于嵩州伊阳县宜阳乡黄寨村西北源安厝宅兆。"《金明昌二年(1191)赵通为先祖父母买地券》:"祭主畀赵通,奉为殁故先祖父母诸灵,龟筮协从,相地袭吉,宜于河南府洛阳县金谷乡上清宫北后河村之原,安厝宅兆。"《元宪宗八年(1258)冯汝楫为曾祖冯三翁买地合同券契》:"在于浅土,未卜茔坟,自心忧思,不遑所厝,遂于本州岛岛河内县旧居冯封村正北偏西,旧祖茔坟西南方,龟筮协从,择此高原,相地袭吉,堪为宅兆,立契券。"《至元二十五年(1288)齐□□为祖先买地券》:"龟筮协从,相地袭吉,宜于本县龙首乡朝堂社常乐坡正西原上道北,买到坟地四亩,内安厝宅兆。"

"五彩信币",供死者使用的冥币。在五代、宋、金、元、明时期的买地券中常见。《宋大观三年(1109)孙大郎、徐大娘地券》:"谨用钱九万九千九百九十九贯文,兼五彩信币,买地一段,东西一百步,南北一百步。"《宋宣和三年(1121)张公地券》:"谨用银钱九万九千九百九十九贯文,五彩信币等物,就此皇天大□□主边,买得天心福地一穴,发作丙向。"《金明昌六年(1195)王立买地券》:"谨用钱九百九十九贯文,兼五彩信币,买地一段,新封园一座。"《宋景定二年(1261)吴氏买地券》:"谨用价钱九万九千九百九十九贯,五彩信币,买地一段。"

"地祇",古代指地神。或直称"祇"。《说文》:"祇,地祇,提出万物者也。"《玉篇》:"祇,地之神也。"《书·微子》:"今殷民乃攘窃神祇之牺牷牲用。"陆德明释文:"天曰神,地曰祇。"杨泉《物理论》:"地者,卦曰坤,其德曰母,其神曰祇。"祇,或作"示"。《周礼·春官·大宗伯》:"大宗伯之职,掌建邦之天神人鬼地示之礼。"郑玄注:"示,音祇,本或作祇。"陆德明《经典释文》:"示,或本作祇。"高承《事物纪原·后土》:"汾阴后土,本汉祀地示之所也。"古人将土地神化而加以崇拜,由来已久,殷墟卜辞即有"社曰祭土"的记载。初直接以酒、人血、牲血洒地献祭,即把土地当作自然神而崇拜之后出现垒土以为地神之神体而祭拜之;再后则设神位加以时常祭拜。周代置社以祭,并以后土配天以郊祀之,仪式颇隆重,之后历代帝王亦仿此以为重要的礼仪。春秋战国后,各地均立庙(俗称土地庙)奉祀,历世相沿成习。

"今日直符",或作"岁月直符",神名。《夏儒墓券》:"知见人岁主登明、月主保人大吉、今日直符小吉、时直符从魁、左邻人东王翁、右邻人西王母、验地人白鹤仙、书契人东海鲤鱼翁。"《万安王妃王氏坟地券》:"代保人:后土阴君之神、岁主直符转送之神、月主直符从魁之神、日主直符大吉之神、时主直符登明之神。"

二十六、金大定十年杜氏为亡父母及张外翁外婆买地券①

[金]大定十年(1170)岁次庚寅十一月丁丑朔初八日甲申,孝女杜氏□□为殁故父母及张外翁外婆诸灵,生居城[邑],[死]安宅兆。龟筮协从,相地袭吉,宜于河南府[洛][阳]县第十一都。谨用银钱九万九千九百九十九[贯]文,[皇][天]后土皇地祇处,买地一段,坟茔用地,自□九步,扵茔外东南安葬张外翁、外婆之灵。今以□币酒馔牲牢,共为信契,财地相交分付,工[匠][修]茔安厝已后,永保祥吉。见知人:岁月星;主保人:今日直符。故气邪精,不得忏怪。先有居者,永避[万][里]。[若]违此约,地府主吏自当其祸。主人内外存亡,[悉]皆安吉。急急如[五]帝使者侣青律令。

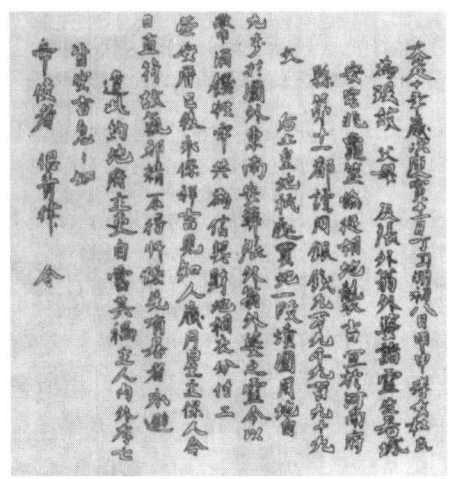

图2-14 金大定十年杜氏为亡父母及张外翁外婆买地券
(图片出自褚红卫、严辉:《洛阳邙山出土金代买地券》,《文物》1999年第12期,第88页。)

---

① 褚红卫,严辉:《洛阳邙山出土金代买地券》,《文物》1999年第12期,第88页。录文另见高朋:《人神之契:宋代买地券研究》,中国社会科学出版社2011年版,第285-286页。

【题记】

1996年6月出土于河南省洛阳市北郊邙山南麓一座金代墓葬中,泥质灰陶,方形,边长30.3厘米,厚5.6厘米,底部饰有绳纹,券面刷墨,有朱色边框。券文自右至左阴刻行楷朱书12行,满行23字,共约200字。

【注释】

"[金]大定十年","大定"为金世宗年号,"大定十年"即公元1170年,据此,前补"金"字。

"河南府[洛][阳]县",县名残缺。《金史·地理志》记载,河南府有洛阳县,又该券出土地点在洛阳邙山南坡,据此补上"洛阳"二字。

"第十一都","都"是县以下的行政区划名称,金代以下的区划设置。

"九步",按照宋制,一步五尺,一尺合今0.316米,约2.8米。

"地祇",为地下神灵之称。褚红卫、严辉录文为"地只",文义不通。

"坟圀",褚红卫、严辉录文为"围",疑误。"围",繁体作"圍",与"圀"形体相近而误。根据摹本判断,当为"圀"字,是"园"字的同音字,且两字形体相近。"坟园"为坟地之称。

"故气邪精",买地券习语,用例颇多。如《后唐天成元年(926)钱氏买地券》:"故气邪精,不得忏悇。"《后蜀广政十一年(948)山南节度使张虔钊买地券》:"故气邪精,不得忏悇。"《宋元符二年(1099)赵□买地券》:"故气邪精,不得忏悇。"《宋嘉熙元年(1237)五月十日李氏地券》:"故气邪精,不得干犯。"《金明昌六年(1195)王立买地券》:"故气邪精,不得干[悇]。"《金大安二年(1210)董纪、董明买地券》:"故气邪精,不得拦□。"或作"邪精故炁"。如《宋熙宁八年(1075)江注地券》:"邪精故炁,各不在争占。"

二十七、金大定二十九年董承祖为祖董贵□买地合同[①]

维大定二十九年(1189)闰五月二十六日乙酉,祭主董承祖,以于天眷三年五月十九日殁故祖父董贵□,龟筮协[从](促),相地袭吉。宜于嵩州伊阳县宜阳乡黄寨村西北源安厝宅兆。仅用钱九万九千九百九十九贯文,兼五彩信币,买地一段。东西一十九步,南北一十九步。东至青龙,西至白虎,南至朱雀,北至玄武。内方勾陈,分擘四域。丘丞墓伯,封步界畔。道路将军,

---

① 李献奇:《河南嵩县发现金大定董承祖买地券》,《中原文物》1993年第1期,第107页。著有录文,惜未附图影。录文另见高朋:《人神之契:宋代买地券研究》,中国社会科学出版社2011年版,第286页。鲁西奇《中国古代买地券研究》亦有录文。闫建春、石俊贵的《托克托县发现金代买地合同分券》有简要介绍。

□齐阡陌。千秋万岁,永无殃咎。若辄[干犯](千纪)诃(禁)者,将军亭长,收付河伯。今以牲牢酒饭,百味香□,持为信契。财地交相分付,工匠修营安厝已后,永保安吉。知见人:岁月主。保人:今日直执符。故气邪精,不得□悇。先有居者,永避[万](力)里。若违此约,地府主吏自当其祸。主人内外存亡,悉皆安吉。急急如五帝使者女青律令。

【题记】

1987年5月,河南省洛阳市第二文物工作队在配合嵩县河村乡姚北坡村西桐油厂基建时,发掘一座金代大定二十九年墓葬,发现一件写在方砖上的买地券。李献奇(1993)《河南嵩县发现金大定董承祖买地券》称:"方砖长宽各32厘米,厚5厘米。买地券为朱色楷书,11行,满行25字,计257字,其中漫漶4字。"合同契是由判书形式的书契发展演变而来的,促成这一发展变化的主要原因有两个:一个是纸的发明和广泛使用,纸契逐渐代替了竹木契;另一个是在一制两份或数份纸契上用大书字的办法为款缝,代替书契的刻侧之制,方便而易行。至于为什么写一"同"字,或写"合同"二字,是为了体现缔约各方合同一致之意。《说文解字》:"同,合会也。"《礼·乐记·乐礼篇》:"流而不息,合同而化,而乐兴焉。"合同就是会合齐同之意。写"同"或"合同",既为合券制作了验证的标记,又体现了缔约各方的意思。作为合券标记的大字的写法,清代赵翼《陔余丛考》卷三十二《合同》曰:"今俗作契券,有所谓'合同'者。以两纸尾相并,共写'合同'二字于其上,而各执其一以为验。盖本古法也。"平步青《霞外攟屑·合同》:"今人署字,二纸叠并,大书'合同'二字,各执一纸。"李献奇(1993)又说,该地券方砖一侧,还朱书"合同"二字的半丬字。其意为一式两份,各执一半为凭。这进一步证明了买地券是由现实买地契约文化演变而来的。

【注释】

"合同",至于"合同"二字,其一,在券文中提及;其二,作二字合文,此法最为多见;其三,亦见有"合同"外复加他字者,如《王佑墓券》,分二石,其一石下边刻有左半边之大字楷书,凡三字形。首字为"合同"之合文,可据此推知半边文字为"合同为照",作二券合而同之意。《田应敖墓券》,其一石,四周雕以纹饰,而似为避"合同"等字,纹饰至文字处缩一角。《王佑墓券》,二石文字尽同,亦或为"合而同之"之意,一为竖书左行,一为竖书右行。

"天眷三年","天眷"为金熙宗年号,此年指公元1140年。

"龟筮协[从](促)",李献奇录文是"促",鲁西奇录为"从",鲁是。龟,灵龟,用以占卜。"筮",用蓍草占卜休咎或卜问疑难的事;占卦。《易·蒙》:"初筮告,再三渎,渎则不告。"王弼注:"筮者,决疑之物也。"《诗·卫风·氓》:"尔卜尔筮,体无咎言。"《史记·高祖本纪》:"平生所闻刘季诸珍怪,当贵,且卜筮之,莫如刘季最吉。"

"□整齐",李录文是"□齐阡陌",鲁西奇录文是"□齐阡陌"。

"[干犯](千纪)",李献奇录文是"干犯",鲁西奇录文是"干犯"。

"财地交相分付,工匠修营安厝已后,永保安吉",李献奇断句是"财地交相,分付工匠修营安厝,已后永保安吉",鲁西奇改为"财地交相分付,工匠修营安厝已后,永保安吉。"此外,"已后",鲁西奇改为"以后"。

"知见人:岁月主。保人:今日直执符",李献奇为"知见人岁,月主保人",鲁西奇为"知见人:岁月主。保人:今日直执符"。

"今日直符",李献奇为"今日直(值)执符",鲁西奇为"今日直执符"。均不当。

"永避万里",为买地券俗语。李献奇为"永避力里",鲁西奇为"永避[万](力)里",鲁是。简体"万"与"力"相近而误。

"地府",李献奇为"地付(府)",鲁西奇为"地府"。

"地府主吏自当其祸。主人内外存亡,悉皆安吉。"李献奇断句为"地府主吏,自当其祸。主人内外,存亡悉皆安吉";鲁西奇断句为"地府主吏自当其祸,主人内外存亡悉皆安吉",均不确。

"东西一十九步,南北一十九步",据宋制,一步为五尺,一尺合今0.316米,则此茔域实际东西、南北各约6米,为正方形。

二十八、金明昌二年赵通为先祖父母买地券[①]

维大金明昌二年(1191)岁次辛亥七月丁未朔十五日辛酉,祭主畀赵通,奉为殁故先祖父母诸灵,龟筮协从,相地袭吉,宜于河南府洛阳县金谷乡上清宫北后河村之原,安厝宅兆。谨用银钱九万九千九百九十九贯,又兼五彩信币,买地一段:东西十五步,南北十六步二分。东至青龙,西至白虎,南至朱雀,北至玄武。内方勾陈,分掌穴域。丘丞墓伯,封步界畔。道路将军,齐整阡陌。千秋万载,永无殃咎。若辄犯呵禁者,将军亭长,收付河伯。今以牲牢酒饭,百味香新,共为信契。财地交相分付,工匠修营安厝已后,永保休吉。知见人:岁月星。保人:今日直符。故气邪精,不得忏怪。先有居者,永避万里。若违此约,地府主吏自当其祸,主人内外存亡,悉皆安吉。急急如五帝女青律令。

【题记】

据鲁西奇考证,券文称亡人葬地在金谷乡上清宫北后河村。今河南省

[①] 王新英辑校:《全金石刻文辑校》,吉林文史出版社2012年版,第364页。

孟津县西南境临近洛阳市辖区处仍有上河、下河及庙后三个自然村,估计本券即当出于此地。罗振玉《地券征存·跋》:"专高广各一尺三寸五分。十四行,行字不等。正书。"池田温、张传玺皆著有录文。此券与明昌四年《郊震买地券》极为相似,只是更改了人名及土地面积数量。《郊震买地券》,1997年1月出土于陕西省耀县。买地券泥质灰陶,正面磨光,呈正方形,四周有边栏,边长35厘米,厚5厘米。券文楷书,朱砂书写10行,满行29字。

【注释】

"畀",当为"男"字之误。

"诸灵",张释作"诣灵",作连后读作"诣灵龟筮协从",当误,今不从。

"殁故",殁,指人去世,不存在了;"殁"与"故"同义,均为死亡之义。《国语·晋语四》:"管仲殁矣,多谗在侧。"《史记·屈原贾生列传》:"伯乐既殁兮,骥将焉程兮?"《周书·郑孝穆传》:"父叔四人并早殁。"买地券中常见用例。《南汉大宝五年(962)马氏二十四娘买地券》:"维大宝五年岁次壬戌十月一日乙酉朔,大汉国内侍省扶风郡殁故亡人马氏二十四娘,年登六十四,命终,魂归后土。"《后蜀广政十八年(955)宋琳地券》:"维广政十八年太岁乙卯十二月乙亥朔二十日甲申,大蜀国眉州彭山县乐阳乡北通零里殁故宋琳地券。"《大词典》未收此词,可补。

"岁月星",当作"岁月主"。与"今日直符"均为道教中的神灵。我国古代道教神灵中,岁、月、日、时均有不同的神灵主宰,岁主直符大吉之神,月主直符天罡之神,日主直符河魁之神,时主直符太冲之神。买地券中将他们作为"保人"和"知见人",目的是为了降妖伏魔,辟邪保吉。

"五帝",道教供奉的五尊神。据《云笈七籤》卷十八"老子中经"载:"东方苍帝,东海君也","南方赤帝,南海君也","西方白帝,西海君也","北方黑帝,北海君也","中央黄帝君也"。

"女青律令","女青"是早期道教中的一个重要人物,常常书写于买地券结尾,用来约束地下鬼神。如"如太上老君地下女青律令""如五帝使者女青律令"等。道教中还有"急急如女青律令"之类的语言。元明时期买地券常见用例。《元宪宗八年(1258)冯汝楫为曾祖冯三翁买地合同券契》:"葬主内外存亡悉皆安吉。急急如[五](玉)帝使者女青律令。"《至元二十五年(1288)齐□□为祖先买地券》:"主人内外存亡悉皆安吉。急急□□□者女青律令。"《万历三十七年(1609)孙遇诰买地券》:"急急如五帝吏(史)者女青律令!"

二十九、元宪宗八年冯汝楫为曾祖冯三翁买地合同券契①

维南瞻部州怀孟州长官冯汝楫,伏为殁故曾祖冯三翁奄逝。在于浅土,未卜茔坟,自心忧思,不遑所厝,遂于本州岛岛河内县旧居冯封村正北偏西,旧祖茔坟西南方,龟筮协从,择此高原,相地袭吉,堪为宅兆,立契券。谨用钱九千九百九十九贯文,兼五彩信币,买地一段。南北长二十步,东西阔十七步五厘。东至青龙,西至白虎,南至赤雀,北至玄武。内方勾陈,分掌四域,丘丞墓伯,封部界畔,道路将军,齐整阡陌。致使千秋百载,永无殃咎。若有干犯诃禁者,将军亭长,缚付河伯。今备牲牢酒脯,百味香心,共为信契。财地交相各分付,工匠修茔安厝已(以)后,永保安吉。知见人:岁月主。保人:今日直符。故气邪精,不得[忏悴](忤忤)。先有居者,永避万里。若违此约,地府主吏自当其祸。葬主内外存亡悉皆安吉。急急如[五](玉)帝使者女青律令。戊午年(1258)十月二十二日安葬,大吉利。

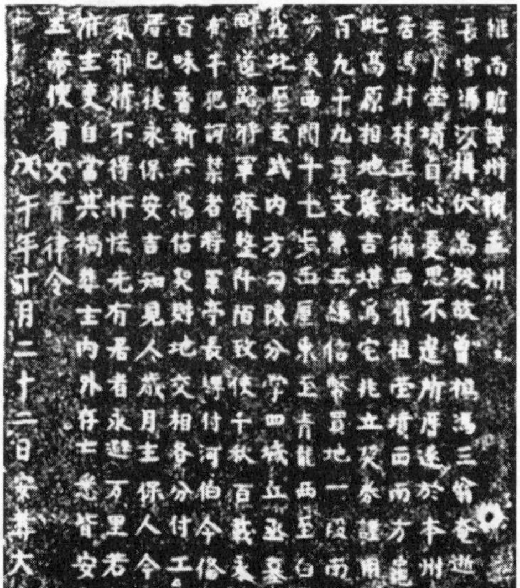

图 2-15 元宪宗八年冯汝楫为曾祖冯三翁买地合同券契

(图片出自杨育彬:《河南考古》,中州古籍出版社 1985 年版,第 436-441 页。)

---

① 杨育彬:《河南考古》,中州古籍出版社 1985 年版,第 436-441 页。

【题记】

1973年出土于河南省焦作市政西郊老万庄一座砖砌单室墓中,铜质。背有阴刻骑缝"合同契券"四字。正面阴刻券文。原报告著有录文,然未附拓片。

【注释】

"河内县",据《河内县志》记载,河内县,南怀州治此。皇统年间,置黄堤都大勾管司,大定年置行元帅府,兴定间置元帅府、置招抚司。有四镇:武德、柏香、万善、清化。焦作西郊为清化镇所管辖。

"南北长二十步,东西阔十七步五厘",据宋制,一步为五尺,一尺合今0.316米,一分为一步的十分之一,则一厘为一步的百分之一,则此坟域东西、南北约6.32米,为正方形。

"知见人:岁月主。保人:今日直符。故气邪精,不得[忏悋](忤咎)。"杨录文是"知见人岁月,主保人今日,直符故气邪精不得忤咎"。鲁录文是"知见人:岁月主。保人:今日直符。故气邪精,不得忏悋"。

"玉帝",杨录文是"五帝",鲁录文是"玉帝"。

三十、至元二十五年齐□□为祖先买地券①

维大元至元二十五年(1288)岁次戊子月朔安葬。祭主安西府咸宁县东关居住、□□韩□,于先亡祖考妣之丧,俱不记年月日殁故,又亡妻吕氏,甲辰相,享年四十三岁,于至元二十三年八月二十五日殁故。龟筮协从,相地袭吉,宜于本县龙首乡朝堂社常乐坡正西原上道北,买到坟地四亩,内安厝宅兆。谨用钱九万九千九佰九十九贯文,兼五彩信币,置到坟一座,南北长一十二步五分,东西阔九步五分二厘,积一佰一十九步。其地东至青龙,西至白虎,南至朱雀,北至玄武。内方勾陈,分掌四域,[丘](立)丞墓伯,封步界畔。道路将军,齐整仟佰。千秋百载,永无殃咎。若辄干犯诃禁者,将军亭长,收付河伯。今以牲牢酒饭,百味香新,共为信契。财地交相分付,工匠修茔安厝已后,永保大吉。知见人:岁月主。保人:今日直符。故气邪精,不得忏□。先有□□,□□□□□此约,地□□□□□祸,主人内外存亡悉皆安吉。急急□□□□者女青律令。

---

① 西安市文物保护考古所编著:《西安韩森寨元代壁画墓》,文物出版社2004年版,第37页。

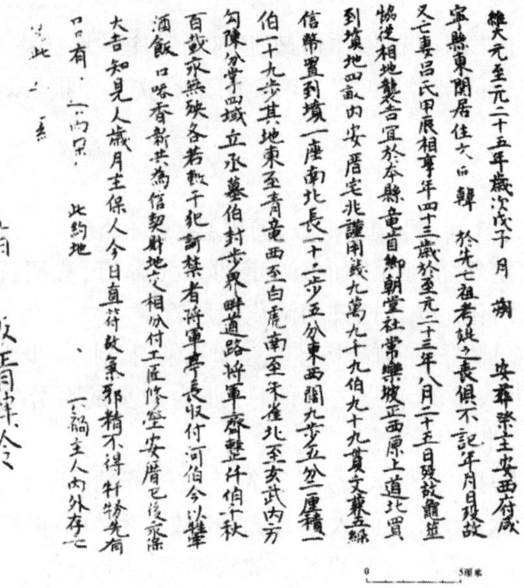
維大元至元二十五年歲次戊子月 朔 安葬祭主安西府咸
寧縣東關居住六品 韓 於先亡祖考錤之喪俱不記年月日歿故
又亡妻呂氏甲辰相享年四十三歲於至元二十三年八月二十五日歿故龜筮
協從相地襲吉宜於本縣竜首鄉朝堂社常樂坡正西原上道北買
到墳地四畝內安厝宅兆謹用錢九萬九千九伯九十九貫文兼五綵
信幣買到墳一座南北長一十二步五分東西闊九步五分二厘積一
伯一十九步其地東至青竜西至白虎南至朱雀北至玄武內方
勾陳分掌四域丘丞墓伯封步界畔道路將軍齊整阡陌千秋
百載永無殃咎若輒干犯訶禁者將軍亭長收付河伯今以牲牢
酒飯□咯香新共為信契財地交相分付工匠修塋安厝已後永保
大吉知見人歲月主保人今日直符故氣邪精不得忏恡先有
□□有、一□內□、 此約地 、 一禍主人內外存亡
□此□□悉
□白 女青律令

图 2-16　至元二十五年齐□□为祖先买地券

（图片出自《西安韩森寨元代壁画墓》，文物出版社2004年版，第37页。）

【题记】

河南汲县出土。买地券位于砖棺床北沿和墓室北壁之间，斜倚于墓室北壁的假门上。买地券为一方形青砖，是用修建该墓时使用的普通方砖加以打磨而成的，故比墓中的方砖略小。长29.9、宽29.4、厚4.7～4.8厘米。其上以朱砂楷书14行文字，竖排，每行字数不一，满行23～31字，个别字迹漫漶，计约322字。楷书工整有力。

【注释】

“祭主”，主丧之人，一般由亡人后代承担。亡人的后代，男的用寅，女的用申，是否适合做祭主，要看祭主相命不遇河魁星、天罡星，不遇这些凶煞星，才能做祭主来主丧。如果亡人长子作为祭主犯了河魁星、天罡星，不适宜做祭主来主丧，应由次子代替他主丧。如果亡人只有一个儿子，确不得已，也要临时少避一会儿就可。详细考查年月日时，如能遇到德神化解，也不会为害。大葬祭祀时的祭主不能用妇女来主持，如果那样做会发生重丧，大凶。

“考妣”，古代称已死的父母。父死后称“考”，母死后称“妣”。语出《礼记·曲礼下》：“生曰父，曰母，曰妻，死曰考，曰妣，曰嫔。”汉郑玄注：“考，成也,言其德行之成也;妣之言媲也,媲于考也。"古代墓碑上常刻有"显考""显妣""先考""先妣"。古代也有用以称在世的父母,如《尔雅·释亲》:"父曰考,母曰妣。"晋郭璞注引《苍颉篇》:"考妣延年。"

"殃咎",灾祸。语出《左传·庄公二十年》:"哀乐失时,殃咎必至。"《备急千金要方·养性》:"家道日否,殃咎屡至。"唐韩愈《论佛骨表》:"佛如有灵,能作祸祟,凡有殃咎,宜加臣身。"清蒲松龄《聊斋志异·小梅》:"既以为神,朝夕供养,自无殃咎。"

"忾□",当为"忾悢"。

"先有□□,□□□□。□□此约,地□□□□□祸",依买地券习例,此处当补为"永避他所。如违此约,地府主吏自当其祸。"

"急急□□□□者女青律令",依买地券习例,此处当补为"急急如五帝史者女青律令。"

三十一、至元二十五年卫辉路齐□□买地砖券①

维大元至元二十有五年(1288),岁次戊子日(月)丙辰初五日庚申,祭主齐……伏缘祖先掩逝,未卜兆营(茔),夙夜忧思,不惶所厝(措)。今者,择此高原,来去朝迎,□地袭吉。地属卫辉路西关之原,堪为斋兆。谨备钱彩,买到地一段,南北长一十六步,东西阔一十四步一分八厘七毫五系。东至青龙,西至白虎,南至朱雀,北至玄武。内方勾陈,管分擘四域;丘丞墓伯,封步(部)界畔;道路将军,齐整阡陌。致使千秋万载,永无灾咎。若辄干犯,并令将军亭长,缚付河伯。今备牲牢酒饫(饭),百味香新,共为信契,财地交相分付。今工匠修营(茔)安厝已后,永保休吉。知见:戊子巳卯日(月);代保人:今日直符申。故气精不得忾悢。先有居者,永避他所。如违此约,地府主吏自当其祸。助葬……〔主人内〕外存亡,悉皆安吉。急急如律令。

右付

……准此祭主齐……

〔至〕元二十五年二月……

【题记】

罗振玉《地券征存》的跋:"高广各一尺四寸。朱书,专上十六行,每行字数不等。正书。唐风楼藏。"

【注释】

"丙辰","辰"下脱"朔"字,或"初"当作"朔"字。

---

① 张传玺:《中国历代契约会编考释》,北京大学出版社1995年版,第624页。

"掩逝",死亡的婉词。买地券中不常用。还有一例。如《天启七年(1627)宋法地券》:"维天启七年岁次丁卯十二月甲午朔越初九日壬寅。安葬延安府鄜州中部县立石乡东利二都龙首村居住,庠生宋公讳法,伏缘此身掩逝,未卜茔坟,夙夜忧思,不遑所厝。"

"□地袭吉",据买地习了,当补为"相地袭吉"。

"斋兆",当为"宅兆"之误。

"卫辉路","路"为元朝二级地方政区,隶属于省。卫辉路治汲县(今河南省)。《元史·地理志》卷五十八:"元中统元年,升卫辉路总管府,设录事司。户二万二千一百一十九,口一十二万七千二百四十七。领司一、县四、州二。"

"分擘",是分管、分掌的意思,为镇墓文习语。擘,用手把东西掰开。《广雅·释诂》:"擘,分也。"《广韵》入声麦韵:"擘,分擘。"《礼记·内则》:"炮之,涂皆干,擘之。"《史记·刺客列传》:"既至王前,专诸擘鱼,因以匕首刺王僚,王僚立死。"《北齐书·高百年传》:"时年十四,其父光自擘之,乃开。"买地券中常见用例。如,《宋元符二年(1099)赵□买地券》:"内方勾陈,分擘掌四方。"《金天德二年(1150)钱择买地券》:"内方勾陈,分擘四域。"《金大定二十九年(1189)董承祖为祖董贵□买地合同》:"内方勾陈,分擘四域。"《明永乐十九年(1421)徐道成为父徐道张、母李妙果买地券》:"四至:东至青龙,西至白虎,南至朱雀。北至玄武。内方勾陈,管分擘四域。"

"直符申",当作"直符神"。凡是立明堂,必须用四直神掌握堂券。如果没有直符主事,亡人下葬后会发凶。都是因为买得坟地不立字据。见到后土伏尸相争,即为盗葬,这样会使亡人在天之灵不安宁,以至于活着的生人也会不利。

"故气精","精"上脱"邪"字。

三十二、元贞二年冯兴等为祖父买地券[①]

维大元国元贞二年(1296)岁次丙申正月庚午朔二十一日庚寅,陕州在城丰庆坊住坐,祭主冯兴、男冯进,冯百户、男冯亨,欲葬祖父冯政,祖母吕氏、王氏,父百户冯禧、母李氏,父冯兴、母兰氏。于陕州陵县州东尚村姚四嫂处立契,用价钱中统宝钞柒拾伍两,买到坟地一所,南北长一十七步伍分,东西阔一十七步二分,计地壹亩贰分。又坟前赡坟地贰分半,通计壹亩伍分,安厝宅兆。伏愿本处地[祇]、分掌四[域](城)诸神共垂祐护,子孙后裔

[①] 孙进己、孙海:《中国考古集成华北卷河南省山东省宋元明清》,中州古籍出版社1999年版,第399-401页。

永保宁吉。元贞二年正月日给。

【题记】

1983年出土于河南省三门峡市上村岭一座竖穴土洞墓中。宋会群在《三门峡市上村岭发现元代墓葬》一文中报道称:"陶质,方形,置于骨架左侧腰部,正对墓门。长30厘米、厚5厘米。正反两面皆有朱书文字。反面一行,竖行,书在买地券边沿,每字只余半截,难以辨识。正面文字十行,竖行。每行字数不等,总共177字。"①原报告著有录文,未附图影。

【注释】

"元贞二年正月",此墓年代当晚于买地券中记载的"元贞二年正月",因为买地之时并非墓主人埋葬之日,但距元贞年间也不会太远。此墓当是元代中期偏早的墓葬。

"尚村",当为"上村"。该墓距今上村仅有1公里余。该墓所占之地现仍属于上村生产队。此外,此墓距陕县老城约有5公里,这和买地券中所提到的"陕州陕县州东"的方位正好相合。因此,我们可以知道元代的陕州州治就在今陕县老城一带,而且,州、县治所在一地。

"赡坟",买地券中把买到的墓地分为坟地和赡坟地两部分。坟地用作葬人,赡坟地是供给守坟人所用之地。这块地守坟人可以用来耕作,墓主人后代也可把它作为祭祀场所。买到坟地是"壹亩贰分",赡坟"贰分半",这和通计"壹亩伍分"不合,我们推测,此误当为抄写"计地壹亩贰分"时漏掉了"半"字而误,

"永保宁吉",祈求子孙安康,常用于买地券末尾。或作"永保休宁"。如《宋元符二年(1099)赵□买地券》:"自工匠修营安厝已后,永保休宁。"或作"永保祥吉"。如《金天德二年(1150)钱择买地券》:"财地交相分付,工匠修营安厝已后,永保祥吉。"《金大定十年(1170)杜氏为亡父母及张外翁外婆买地券》:"今以□币酒馔牲牢,共为信契,财地相交分付,工[匠][修]茔安厝已后,永保祥吉。"或作"永保安吉"。如《金大定二十九年(1189)董承祖为祖董贵□买地合同》:"财地交相分付,工匠修营安厝已后,永保安吉。"《元宪宗八年(1258)冯汝楫为曾祖冯三翁买地合同券契》:"财地交相各分付,工匠修茔安厝已(以)后,永保安吉。"或作"永保休吉"。如《金明昌二年(1191)赵迪为先祖父母买地券》:"财地交相分付,工匠修营安厝已后,永保休吉。"《至元二十五年(1288)卫辉路齐□□买地砖券》:"财地交相分付。今工匠修

---

① 宋会群:《三门峡市上村岭发现元代墓葬》,《考古》1985年第11期,第1053—1055页。

营(茔)安厝已后,永保休吉。"或作"永保宁吉"。如《元贞二年(1296)冯兴等为祖父买地券》:"伏愿本处地祇、分掌四[域](城)诸神共垂祛护,子孙后裔永保宁吉。"《元贞二年冯兴等为祖父买地券》:"伏愿本处地[祇](祇)、分掌四[域](城)诸神共垂祛佑护,子孙后裔永保宁吉。"或作"永保大吉"。如,《至元二十五年(1288)齐□□为祖先买地券》:"财地交相分付,工匠修茔安厝已后,永保大吉。"

三十三、万历三十七年孙遇诰买地券①

幽堂券式

维[万][历]三十七年(1609)岁次己酉十二月十三日庚申,□吉安葬。孝男廪生孙卫宸、举人孙向宸、长孙廪生[晫]悼。伏绿(缘)亡考儒官孙公遇诰灵魂,自从奄逝,永择祖穴,□孜忧思,不遑所厝。遂今日者,卜此平原,自□癸龙,艮山落脉,水出己午,来去朝迎,颐占全吉。地属略阳县生员吴本厚之地。偹到价钱九万九千九百九十九贯文,谨设牲牢酒脯,共为信契。财地相交,各已分明。令工匠修茔安厝之后,永保吳吉!

知见人:岁主神后之神、月主太乙之神。

代保人:日主小吉之神。

左邻人:东王公;右邻人:西王母。

验地人:白鹤仙;书契人:青衣童子。

故气䘵(邪)精,永不干悏。先有居者,永避[万]里。若违此约,地府主吏,自当其祸。助保葬主。[内]外存亡,悉皆安吉。急急如五帝吏(使)者女青律令!券立二本,一本后土地祇,一本给付墓中亡考,孜执之为照用。立券之后,故气伏尸,永不侵争。

【题记】

1995年5月出土于河南省洛阳市瀍河回族区五股路龙泉小区一座明代墓葬,泥质灰陶。上横书题额,自左至右朱色楷书,共4字,为"幽堂券式"。券文自左至右竖书,朱书行楷20行,满行20字,共约300字。此券文中所涉及的买卖双方均未具体人物,其中四位人物在《河南洛阳县志》中有记载。②

---

① 邢富华,邢建洛,司马国红:《洛阳出土明代买地券》,《文物》2011年第8期,第69-72页。有摹本及录文。

② 邢富华等:《洛阳出土明孙氏父子墓志反映的孙氏世系及其它问题释略》,《洛阳民俗文化研究》,三秦出版社2008年版。从此例可以看出,买地券具有重要史料价值,可与墓志铭、地方志资料相互印证,如《河南洛阳县志》《明显考儒官孙公及母常氏合葬墓志铭》《明直隶肃宁县知县先考荩甫孙公暨配先妣段氏合葬墓志铭》。

第二章 河南省出土买地券辑注

图 2-17 万历三十七年孙遇诰买地券

（图片出自邢富华,邢建洛,司马国红:《洛阳出土明代买地券》,《文物》2011年第 8 期,第 69-72 页。）

【注释】

"幽堂",堂,厅堂,借指住宅。幽堂,同"幽宅"。坟墓的婉称。唐韩愈《刘统军碑》:"有谥有诔,有幽堂之铭。""幽堂券式"即"幽契",又称"墓别",是葬于墓内的类似于"地契"的迷信品。幽契的内容,除极个别的与当时的真地契一样外,绝大部分充满迷信色彩。如幽契说墓地是从"后土"等神灵处买来的,土地四至为"东至青龙,西至白虎,北至玄武,南至朱雀",土地的总价值是"九万九千九百九十九贯文",见证人是"西王母、东王母"。这样,幽契便具有了法律效力。

"[万][历]",券文中此处两字缺失,据墓志铭补充。《孙遇诰墓志》:"万历三十七年五月二十一日丑时我父卒,于是年十二月十三日窆葬新茔。"

"孝男廪生孙卫宸",据《河南洛阳县志》"贡生"条记载:"孙卫宸,温县教谕。"①《孙遇诰墓志》:"卫宸,痒廪生。"《孙拱宸墓志》:"卫宸,邑痒廪生。"

"举人孙向宸",《河南洛阳县志》"举人"条:"孙向宸,万历丙午",《孙遇诰墓志》:"向宸,万历丙午科举人。"《孙拱宸墓志》:"向宸,丙午举人。"

"长孙廪生[晫]",券文缺失之字参考墓志当为"晫"字。《河南洛阳县志》"举人"条:"孙晫,乙卯未任。"《孙遇诰墓志》:"晫万历乙卯科。"《孙拱宸墓志》:"晫,举人。"

"伏绿",当为"伏缘",买地券俗语。

---

① 清嘉庆十八年洛阳知县魏襄修,陆继辂纂:《河南洛阳县志》,1813 年。

"儒官孙公遇诰",《明显考儒官孙公及母常氏合葬墓志铭》:"我父遇诰,松溪其别号也,庠生。"《河南洛阳县志》:"父魁梧奇颖,夙抱壮心,五试棘围,未博一第。迨我长兄领乡荐督学,公嘉我父课子勤劳,拔之胶庠,授以儒官。"《明直隶肃宁县知县先考荩甫孙公暨配先妣段氏合葬墓志铭》也有"遇诰,授儒官"的记载。又说其死后与常氏"合葬之新茔去城北一里许,其地平原,其土肥润,其木郁森,后犹有古城遗址"。

"吴本厚",《孙遇诰墓志》:"我父遇诰,松溪其别号也,庠生。……生我兄弟三,女一。长拱宸……孙男八,晖万历乙卯举人,娶贡生吴本厚女。"《孙拱宸墓志》:"先考讳拱宸,字荩甫,别号荩一。……生孤兄弟二,长即孤晖,举人,娶博士吴公讳本厚女。"《河南洛阳县志》"贡生"条有"吴本厚,西安教授"。由可知,"吴本厚"当为亡者长孙孙晖岳父。

"券立二本",地券既为合同类文字,其套语略多于前期,文字也趋规范,辽宁鞍山所出《崔源墓券》:"券立二本,一本奉付后土,一本给付墓中,令昭勇将军都指挥崔公源收把,准备永远照用,令分囗墓上,又书合同二字,令故气伏尸永不侵争。"又如北京所出《明正德十年(1515)夏儒墓券》:"券立二本,一本奉赟后土地祇,一本给付墓中亡过显老庆阳伯复儒收执,付身永为备照。"

"永保㝍吉",依买地券习例,当为"永保宁吉"。

第三章 河南省出土镇墓文辑注

一、东汉延光元年朱书陶罐镇墓文[①]

延光元年(122)□□十四日。生人之死易解。生自属长安,死人自属丘丞墓。汝□千日生人,食三谷,无人。土生上,往□人。汝自祈。如律令。

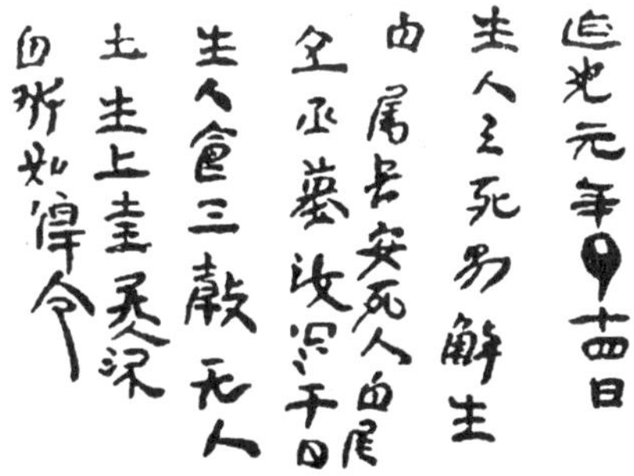

图 3-1 东汉延光元年朱书陶罐镇墓文
(图片出自王育成:《洛阳延光元年朱书陶罐考释》,《中原文物》1993 年第 1 期,第 71 页。)

【题记】

此罐是现知纪年明确的最早的镇墓文与道符同见一器的东汉物。朱书,7 行 50 字,原字迹漫漶不清。

---

① 河南出土,载于《贞松堂集古遗文》卷十五。又见于王育成:《洛阳延光元年朱书陶罐考释》,《中原文物》1993 年第 1 期,第 71 页。

【注释】

"易解",易字原书有缺笔,似作易,其字应为阳之省笔。我国古人把人死入土看作"归阴"。熹平元年(172)朱书云:"生人上就阳,死人下归阴。"丧葬是阴事,必须在天晴出太阳的日子进行。《左传·宣公八年》:"雨不克葬,礼也。"汉代继承之,即以阳解阴,目的是为阴阳调和、逢凶化吉,万世平安。故该文的"易解"必为"阳解",意思是:生人之死阳日解除。解,解除,即通过对鬼神祭祀而除去凶殃邪气。[①]《史记·封禅记》:"古者天子常以春解祠。"《索隐》曰:"谓祠祭以解殃咎求福也。"

"生自属长安,死人自属丘丞墓",为对应之辞。罗振玉所辑佚年镇墓文云:"生人西属长安,死人属东太山"[②]有学者指出:东汉都城洛阳而不是长安,则所谓"生人属长安"当是西汉时流传下来的观念。值得注意的是,在延光元年朱书中,与"长安"相对的不是"死人属太山",而是"死人属丘丞墓"。这可能是泰山治鬼的迷信在此时或没有或虽然产生,还没有进入解除迷信中。很可能是在西汉及东汉前、中期的迷信观念中,死人是归地下丞吏所管理的,故延光元年朱书以"死人自属丘丞墓"与"生人属长安"相对应。东汉后期泰山治鬼迷信形成并进入镇墓文后,地下丞吏开始从行文内提升在文首,称为巫道人物发出镇墓文的行文对象,并且名目也逐渐繁杂起来。如永寿二年(156)镇墓文:"光和二年十月辛未朔三日癸酉,告墓上、墓下、中央主土,敢告墓伯、魂门亭长、墓主、墓皇、墓𠲸。"这种变化反映出东汉后期鬼神世界的逐渐庞杂,而追溯其始,延光元年朱书"丘丞墓"一辞可能为其滥觞了。

"汝",是对死者的称呼,在镇墓文中常见。《续汉书·礼仪》:"赫女躯,拉女干,节解女肉,抽汝肺肠,女不急去,后者为粮。"此例中"女"为汝之省,这是汉代文字通例。可见,称死者或鬼魅为汝,为东汉巫道人物或施法者的习惯用语。"汝□干日生人",意为你(指死者)是某干年出生的人。

"食",指祭食。《礼记·曲礼上》:"食居人之左,羹居人之右。"郑玄注:"食,饭属也。"

"三谷",疑为"五谷"之残笔。汉代墓葬中常置"五谷"瓶罐之类,盛放送死的祭食或私人在阴间所食"五谷"。

"无人",指无人干犯。

"土生上",指五行相生的迷信观念。按汉代阴阳五行家的说法,干支分

[①] 吴荣曾:《镇墓文中所见到的东汉道巫关系》,《文物》,1981年第3期,第56-64页。

[②] 邹安:《艺术丛编》六《艺陶》,创圣明智大学刊行。

别与五行相配,可以相互衍生,称是为专比日。如,甲午。甲属木,午属火。甲在前,午在后,木生火,是上生下之日,反之,则为下生上之日。专比日在汉代迷信中是吉日,可以出入往来。《淮南子·天文训》:"水生木,木生火,火生土,土生金,金生水。"此句是下生上之意,即土生火,属下生上的专比日。

"往□人",人(指死者)可以前往。

"汝自祈",告知死者,劝其好自为之之意。

二、东汉桓帝元嘉二年河南缑氏镇墓文①

元嘉二年(152)十二月丁未朔十四日甲申,黄帝与河南缑氏真□中华里许苏阿铜□刑宪女合会,神药乂(以)镇,□冢宅□□,七神定冢阴阳,死人无□□,生人无过。苏􀀁(醒)之后,生□□□人阿铜、宪女适过□□□为􀀁(治),五石、人参解□□□安􀀁(井)瓶,神明(明)利冢,□□□许苏氏家生人富利,从合日始,如律令。

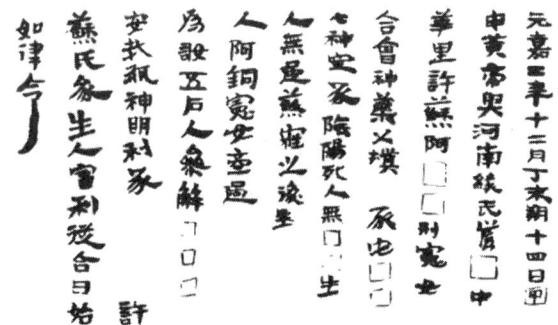

图 3-2　东汉桓帝元嘉二年河南缑氏镇墓文
(图片出自《洛阳李屯东汉元嘉二年墓发掘简报》,《考古与文物》,1997 年第 2 期,第 2-8 页。)

【题记】

1974 年 3 月在洛阳市李屯发现的东汉墓中清理出土一件小口、卷沿、浅腹、大平底的陶瓶,瓶腹朱书文字 12 行,每行 10～14 个文字不等,可识别 90 余字。主要内容是为许苏阿铜、刑宪女的冥婚合坟而作,希望为死者解除殃

---

① 洛阳市文物工作队:《洛阳李屯东汉元嘉二年墓发掘简报》,《考古与文物》1997 年 2 期,第 2-8 页。

咎，为生人祈求吉祥。

【注释】

"缑氏"，古地名，一作侯氏。春秋周地。在今河南偃师东南，因山得名。地当伊洛平原东部嵩山口，历为军事要地。公元前520年周王子朝之乱，晋籍谈、荀跞等来助周平乱，曾驻军于此。汉刘向《列仙传·王子乔》："王子乔者，周灵王太子晋也。好吹笙，作凤凰鸣。游伊洛之间，道士浮丘公接以上嵩高山。三十余年后，求之于山上，见桓良曰：'告我家：七月七日待我于缑氏山巅。'至时，果乘白鹤驻山头，望之不得到，举手谢时人，数日而去。"

"刑宪"，刑法，宪法。汉王充《论衡·答佞》："圣王刑宪，佞在恶中；圣王赏功，贤在善中。"

"神药"，神奇的药。其他用例还有《东汉阳嘉二年（133）曹伯镇墓文》："从今以后长保孙子，寿如金石终无凶。何以为信？神药厌填，封黄神越章之印。"《洛阳唐寺门成氏镇墓文》："十八物□龟神药，□绝钩注、重复君央。"《大词典》收此词。举例《列子·汤问》："扁鹊遂饮二人毒酒，迷死三日，剖胸探心，易而置之，投以神药，既悟，如初。二人辞归。"《史记·秦始皇本纪》："方士徐市等人海求神药，数岁不得。"三国魏曹操《秋胡行》之二："思得神药，万岁为期。"此例可以补充东汉书证。

"冢宅"，坟墓，坟地。北魏郦道元《水经注·淄水》："北门外东北二百步，有齐相晏婴冢宅。"清顾炎武《酬归祚明戴笠王仍潘柽章四子韭溪草堂联句见怀二十韵》："梦犹经冢宅，愁不到中闉。"

三、东汉永寿二年陶瓶劾鬼文①

永寿二年（156）五月，□□□□亡。直天帝使者旦（但）[为]□[氏]之家，填（镇）寒署（暑）□□□□移大黄印章，𢧵（迫）佼四时五行，追逐天下，捕取五[厉]。冢（矢）之符昼（咒），制日夜□□，乘传居署，趏（越）度阁梁，堇（谨）摄录佰鬼。名字无合得桃（逃）亡，近留行，远[留]生，□溪山主，獀（获）致荣□。□□□□旦（殚）女（汝）婴，执火大夫烧汝骨，风伯雨师扬汝灰，没[汝]□者，使汝筑灰垣五百□。□成其上，没成其下，秦（臻）其□汝，黄帝呈下，急[济]舟□，[水]神玄武，其物主者。慈（兹）石[宕]池（驰），[如]建（律）[令]！

---

① 蔡运章：《东汉永寿二年镇墓瓶考略》，《考古》，1989年第7期，第649—653页；释文又参见《甲骨文与古史研究》，中州古籍出版社1993年版，第193—236页。

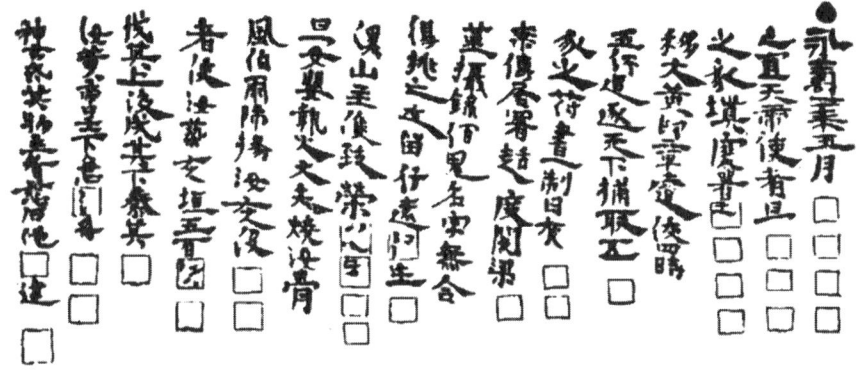

图 3-3　东汉永寿二年陶瓶劾鬼文

（图片出自蔡运章：《东汉永寿二年镇墓瓶陶文考略》，《考古》1989 年第 7 期，第 649—653 页。）

【题记】

1980 年发现于洛阳东郊史家湾村，出土时镇墓瓶中有大量绿豆般大小药丸。它的腹部有长篇朱书劾鬼文书，竖写，朱书，文字 16 行，每行 9~10 字，末一行为 12 字，最后一字写在瓶底下。这些陶文大都保存完好，脱落者约 30 字。这件镇墓文是目前所知内容最丰富的劾鬼文实物资料。《搜神记》卷二《寿光侯劾鬼》说："寿光侯者，汉章帝时人也，能劾百鬼众魅，令自缚见形。"可见，由方士或巫觋来作法亥鬼，是东汉时常见的一种巫术活动。目前，我们见到的东汉镇墓文资料，包括发掘品和传世品，总数 30 余件。它们多出在洛阳、西安、宝鸡等地，内容多是某年、某月某人死亡，天帝使者告死者之家或丘承墓伯，为死者解适、生人除殃之类的吉利语。但专门讲"劾厌杀鬼"的却极为罕见。

【注释】

"永寿二年五月"，这类文字开头多纪年、月、日。"永寿"是汉桓帝（公元 147—166 年在位）的年号，其"二年"即公元 156 年。

"直天帝使者旦(但)[为]□[氏]之家"，《汉书·张良传》："直堕履圯下"，颜师古曰："直，犹故也。"

"天帝使者"，古人认为"天帝"是上天的主君，具有主宰人间和幽灵的权力，故镇墓文中常以天帝的名义向地下官吏发号施令。"天帝使者"由下文"黄帝呈下"推测，当指天神黄帝讲的。这种镇墓文就是太平道方士所书。它深深地受到道教的影响，太平道方士参与了选择冢地活动，因此当时葬俗也受到了道教的影响。从内容上还可以看出，迷信色彩愈来愈重，如"招魂招魄,欲令后世无有死者……"等词句。通篇几乎不记载有关买卖冢地的具体活动,这说明冢地买卖已不甚严格,无须定券约束,没有了实际效力与意义,而妄图通过迷信活动来慰问死者,祈求天帝使者保佑死者在地狱平安无事。①

"旦□□□之家","旦",通作但。"旦"下三字漫漶,此句与西安出土初平四年王氏陶瓶文"谨为王氏之家②"的辞例相同。谨,同仅。《古书虚字集释》卷五说:"仅,但也。"可见"但""仅"的含义相同,可以互训。由此推测,此句可以补为"但为□氏之家"。

"填寒署","填",通作镇。《广韵·真韵》:"填,压也。"朱骏声《说文通训定声》:"填,塞也。叚借为尘,又为镇,又为珍,又为奠。"《国语·晋语七》:"柔惠小物,而镇定大事。"韦昭注:"镇,安也。"《史记·周本纪》"镇"作"填";《汉书·王莽传》:"以土填水",颜师古注曰:"填读与镇同",皆是其证。《玉篇·金部》:"镇,安也。"寒署弦谓冷热之称,在此喻为灾祸妖邪的意思。东汉买地券和镇墓文中出现的"镇"字,几乎都通假于"填"。

"移大黄印章","移",《史记·田叔列传》集解引徐广曰:"移犹施。"《汉书·扬雄传》:"移珍来享。"如淳曰:"以物与人曰移。"故"移"为施舍之义。

"大黄印章","黄"当指黄帝。《文选·幽通赋》:"黄神邈而靡质兮。"李善注:"黄,黄帝也。"东汉镇墓文说:"黄神生五岳,主生人录;召魂召魄,主死人籍。"③可见黄帝是主管生人爵录和死人籍簿的神灵。因而东汉的方士或巫觋在劾鬼时常假借黄帝的名义,去驱鬼镇邪。他们还制造黄神使者印章,来作为驱鬼镇邪的神灵之物。《抱朴子·登涉》载:"古之人入山者,皆佩黄神越章之印",以避妖邪。释玄光的《辨惑论》骂道士"造黄神越章,用持杀鬼",讲的就是这回事。在传世的汉印中,还有"黄神越章"等贡神之印的实物④。因此"大黄印章"即黄神之印。

"𧺆(迫)佼四时五行","𧺆",字书所无,当是迫字异体。《玉篇·辵部》:"迫,逼迫也。""佼",《史记·赵世家》索隐曰:"佼,犹行也。"《淮南子·说山训》高诱注:"行,犹使也"。故"迫佼"当为迫使之义。

"四时",《史记·封禅书》载:始皇东游海上,行礼祭祀"四时主,祠琅邪"。《索隐》按:"是山如台,《地理志》琅邪县有四时祠也。"可见"四时"就

---

① 张翠敏:《汉代"房桃枝买地券""镇墓文"及其他》,孙进己等主编《中国考古集成》,北京出版社1997年版,第1094–1095页。
② 唐金裕:《汉初平四年王氏朱书陶瓶》,《文物》1980年1期,第95页。
③ 郭沫若:《奴隶制时代》人民出版社1973年版第91页。
④ 陈介祺:《十钟山房印举》;方清霖:《集古官印谱》;罗福颐:《待时轩印存》。

是主管春、夏、秋、冬四时的神灵。

"五行",《左传·昭公二十九年》载:"少皞氏有四叔,曰重、曰该、曰修、曰熙,实能金、木及水,使重为句芒,该为蓐收,修及熙为玄冥,世不失职,遂济穷桑,此其三祀也。颛顼氏有子曰黎,为祝融。共工氏有子曰句龙,为后土。此其二祀也。"杜预注:"句芒,木正。蓐收,金正。玄冥,二子代也水正。黎为火正。句龙能平水土,故死而见祀。《汉书·扬雄传上》师古曰:"拘芒,东方神。蓐收,西方神。玄冥,北方神。祝融,南方神。"《礼记·月令》:"中央土……其神后土。"《楚辞·招魂》:"魂兮归来,君无下此幽都些。"王逸注:"幽都,地下后土所治也。"这说明"五行"当是指木神句芒、金神蓐收、水神玄冥、火神祝融、社神后土,它们分别主管东、西、北、南、中五方和地下幽冥世界。

"捕取五□","五"下一字残泐,从上下文意看,"五□"是天帝使者追捕的对象,疑即给生人制造灾难的恶鬼"五疠"。《楚辞·九章·惜诵》:"吾使厉神占之兮",王逸注"厉神,盖殇鬼也"。《管子·轻重甲》:"君请立五厉之祭,祭尧之五吏。"《后汉书·顺帝纪》:"上干和气,疫疠为灾。"厉同疠。故"五疠",是主管瘟疫的鬼神[①]。

"豖之符昰":"豖",通作矢。《说文·互部》:"彑,豖也。……从互,矢声。"《汉书·食货志上》师古曰:"彑即豖。"而彑读矢声,故豖可通作矢。《诗·大雅·江汉》毛传:"矢,施也。"故"矢"当为施加的意思。

"符昰","符"即符录。"昰",读如咒。《集韵·宥部》:"昰,陟救切,音咒",是其音近可通之证。"符咒"是指方士或巫觋驱使鬼神所用的符录和咒语。

"制曰夜□□","制",《史记·秦始皇本纪》:"命为制,令为诏。"是"制"为命令之义。

"乘传居署","乘传",《汉书·高帝本纪》:"乘传诣雒阳。"如淳曰:"律,四马高足为置传,四马中足为乘传,一马二马灰轺传。急者乘一乘传。"师古曰:"传者,若今之驿,古者以车,谓之传车。"故"乘传"当是指古时驿站用四马驾驶的快车。"署",指驿站。

"趏度阁梁","趏",《玉篇·走部》:"趏,走貌。"同"越"。《广韵·末部》:"越,郑玄云:'瑟下孔。'又云:'剪蒲为席。'或作趏。"《集韵·末韵》:"越,艹也。《春秋传》:'大路越席。'一曰瑟虚。或从舌。"《篇海类编·人事类·走部》:"趏,与越同。注:瑟下孔。"《直音篇·走部》:"趏,音活,越同。"故"趏"为越过之义。"阁",《集韵》:"阁,碍也。""梁",指桥梁。这句为越过

---

① 袁珂:《中国神话传说词典》,上海辞书出版社,1985年,第71页。

障碍桥梁的意思。

"堇摄录佰鬼","堇",同谨。《荀子·礼论》杨倞注:"谨,严也。""堇"通"谨",其他文献中未见。东汉买地券和镇墓文中多见,如《卢县曹氏瓶朱书解除文》:"天帝使者,谨为曹伯鲁之家移殃去咎。"《灵宝张湾汉墓出土四件镇墓瓶》:"天帝使者,谨为杨氏之家镇安隐冢墓,谨以铅人金玉为死者解適。"从上古音看,谨,见母,文部;堇,见母,文部。"堇"正好为"谨"的声符,可以通假。属同音通假。此种通假可能为书写者用声符替代造成的。

"摄",《国语·吴语》韦昭注:"摄,执也。""摄录"为拘捕的意思。"佰",同百。《汉书·郊祀志下》:"亦祠天神帝百鬼。""百鬼"指各种鬼怪。

"□徯山主",《说文》:"徯,待也。从彳,奚声。"《尔雅·释诂下》:"徯,待也。"《广韵·齐韵》:"徯,有所望也。"《书·仲虺之诰》:"徯予后,后来其苏。"孔传:"待我君来,其可苏息。"宋岳珂《桯史》:"朝廷方患其跳梁,日徯吉语。"

"山主",当即泰山君。《文选·颜延年曲水诗序》:"山渎效灵。"李善注:"山,五岳也。"《广雅··释诂》:"主,君也。"镇墓文说:"黄神生五岳,主生人录;召魂召魄,主死人籍。"这表明黄神乃山狱之神灵。还说:"生属长安,死属太山,死生异处,不得相防(妨)。"《博物志》卷六:"泰山,天帝孙也,主召人魂。"因此,吴荣曾指出:"两相对照,主死人籍录的黄神,或许就是天帝之孙的泰山神"[①],是对的。

"獲",当是"獲"字的省体,通作获,为获得之义。"荣",繁盛,在此喻为自由的意思。

"□□□旦女婴",句首残三字,由文意推测,即某种神灵之名。"旦",通作殚。《山海经·北山经》:湖灌之水"其中多亶",郭璞注:"鲖,亦鳝鱼字";《史记·春申君列传》集解引徐广曰:"单,亦作殚",可资佐证。殚,《说文·歺部》谓"极尽也"。"女",通作汝。"婴",谓婴儿。这句的大意是:让某种神灵杀尽你的子孙后代。

"执火大夫烧汝骨","执火大夫",即司火之神。火神除前已述及的火正祝融外,还有吴回和阏伯两种说法。《山海经·大荒西经》郭璞注:"吴回,祝融弟,亦为火正也。"吴回即回禄。《左传·昭公十八年》:"禳火于玄冥、回禄。"杜预注:"回禄,火神。"孔颖达疏:"楚之先,吴回为祝融,或云回禄即吴回也。"《汉书·郊礼志上》:"陶唐氏之火正阏伯,居商丘,礼大火,而火纪时焉。"可见"执火大夫"当是指祝融、吴回或阏伯讲的。

---

① 吴荣曾:《镇墓文中所见的东汉道巫关系》,载《文物》1981 年 3 期。

"风伯雨师扬汝灰","风伯",司风之神。其说有二,《淮南子·原道训》高诱注:"风伯,箕星也。"《汉书·扬雄传》应劭曰:"飞廉,风伯也。"可见,"风伯"当是指箕星或飞廉讲的。"雨师",司雨之神。其说有三,《山海经·海外东经》郭璞云:"雨师谓屏翳也。"《艺文类聚》卷二引《风俗通》云:"玄冥,雨师也。"《列传》云:"赤松子神农时雨师。"可见"雨师"当是指屏翳、玄冥或赤松子讲的。

"□戍其上没戍其下","戍",《说文·戈部》:"戍,灭也。"《文选·子虚赋》李善注引张辑曰:"戍,削裁制貌也。""没",《汉书·匈奴传》师古曰:"没,溺也"。这两句的大意是:让大风吹削它的上面,让雨水冲削它的下面。

"秦其□汝","秦",通作臻。《尔雅·释诂》云:"臻,至也。""其"下残泐之字,从文意看当为"获""擒"之义的字。这句为"等到捕获你"的意思。

"黄帝呈下","黄帝"即黄神。"呈",《广雅·释诂》谓"解也"。《说文·角部》:"解,判也。"故"呈"当为判决之义。

"□神玄武","神"上一字残泐。《后汉书·王梁传》:"玄武,水神之名。"李贤注:"玄武,北方之神,龟蛇合体。"按玄武为我国古代神话传说中的水神(亦即北方之神),后被道家尊奉为玄武帝。故"神"上残字当为"水"。

"其物主者","物",《史记·留候世家》索隐:"物谓精怪及药物也。"《汉书·东平思王宇传》:"或明鬼神,信物怪。"师古曰:"物亦鬼。"《郊祀志》师古曰:"物谓鬼神也。"故"物"当指鬼怪的意思。这句是说:水神玄武是各种鬼怪的君长。必须指出的是,水神玄武亦主刑杀。《汉书·扬雄传》:"以终始颛顼、玄冥之统。"应劭曰:"颛顼、玄冥,皆北方之神,主杀戮也。"《郊祀志》臣瓒曰:"水阴,阴主刑杀。"可见水神玄武亦主刑杀百鬼,故得称为各种鬼怪的君长。

"慈石池","慈",读如兹;"石",通作宕。《说文·宀部》:"宕,过也。""池",通作驰。《广雅·释宫》:"驰,奔也。"

"□建□","建",通作律。"建"上残一字,瓶底一字亦模糊不清。镇墓文常仿效汉代官府文书的文体,用"急急如律令"或"如律令"做结束语。故"建"上所残之字当是"如",瓶底模糊不清的字当是"令"。律令即法令。

这件劾鬼文的大意是说:东汉桓帝永寿二年(156)五月,某人死亡,故天帝使者黄帝谨为某氏的家里,解除灾祸妖邪,遂施舍黄帝的大印章,迫使四时及水、火、木、金、土诸神,去捕捉制造瘟疫的恶鬼。并用驱使鬼神的符咒,命令日夜兼程,乘坐四匹马拉的快车,越过障碍桥梁,严厉地拘捕各种鬼怪。凡是名字不合的鬼怪可以逃亡,在邻近的地方只可以通行,到遥远的地方才能生存,等待太山君赦免后,就可获得自由。凡是名字相合的鬼怪,某神灵要杀尽你们的子孙后代,火神要将你们焚身碎骨,风伯、雨师要吹散你们的骨灰,淹没你们的魂魄,使你们筑成灰墙五百座,让大风吹削它的上面,让雨水冲削它的下面。等到捕获你,经黄帝判决后,立即乘坐舟船,把你押送到水神玄武那里,去执行杀戮。这篇文告立即执行,像法令那样不得违抗!

四、东汉永康元年唐寺门村成氏镇墓文①

天帝曰:乍(且)告天上使者、凶之吏,今有小杜里成氏后(后)死子,男年十一,英(营)建寿冢,为距足瓶十八物□神药(药),□绝钩疰,重□君央(殃),便死利生,[不]相防(妨)池。如律[令]!

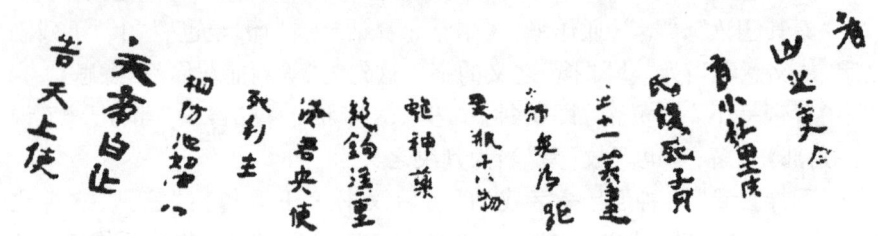

图3-4　东汉永康元年唐寺门村成氏镇墓文
(图片出自《洛阳唐门寺两座汉墓发掘简报》,《中原文物》1984年第3期,第38页)

【题记】

1970年洛阳东郊唐寺门村东汉桓帝永康元年(167)镇墓文二,一书于筒瓦上,据报告者介绍,筒瓦文字"第一行开初几字为'永康元年十月'",并说"永字刚出土很清楚,现已看不清了"。同墓所出有朱书陶瓶解注文,纪年残缺,亦曾为永康元年物,其中首行"者"字应移至文末。文字有缺文。朱书,共14行,59字,这件镇墓文的发现,为研究东汉道巫的宗教活动和埋葬习俗提供了重要资料。这件镇墓文便是为"成氏后死子"修建坟墓,恐"葬犯墓神墓伯"而"解谢土神"的遗物。

镇墓文内容是:"天帝说:告诉上天派来的使者和凶恶的官吏,现今居住在小杜里的成氏死亡一个孩子,男,年十一岁,因营建坟墓,渎犯上神,得罪地下神祇,才制作这件大脚瓶,内装十八种神药,用它来断绝病魔的侵害,全部免除您的灾殃,以方便死者而有利于活着的人。这篇文告不得违抗,像法令那样迅速贯彻执行。"

---

① 洛阳市文物队:《洛阳唐寺门两座汉墓发掘简报》,《中原文物》1984年第3期,第34-42+118-119页。所辑录文字采自蔡运章《洛阳汉墓若干陶器文字浅释》,《甲骨金文与古史研究》,中州古籍出版社1993年版,第219-228页。

【注释】

古人迷信,认为天帝是上天的君主,具有主宰人间和幽冥的权力。因此镇墓文中常以天帝的名义向地下官吏发号施令。

"乍",当是且的假借字。因乍同作,金文"作"皆作"乍"是其例。而"作"与"且"古字相通,《说文·歺部》:"殂,亦作歺作",可以为证。《古书虚字集释》卷八:"且,犹夫也,揭示之词也。"

"天上使者",即天帝使者,多指黄神,亦称黄帝。宝鸡出土镇墓文说:"黄神北斗谨为王氏之家后死之人",还说:"黄神北斗主为葬者阿丘镇解诸咎";《书道全集》卷三也说"天帝使黄神越章","天帝神师黄越章",都是很好的例证。可见,所谓"天上使者"是指黄神或青鸟讲的。但是,镇墓文是方士或巫觋为死者驱鬼镇邪的产物,因此这些"天上使者"实际上应是执行这项法术的方士或巫觋的自称。

"小杜里",东汉时期洛阳里坊名称,确切地待考。

"英建",即营建,"英"通"营"。营,《小尔雅·广诂》:"营,造也。"《广韵·清韵》:"营,造也。"《诗·小雅·黍苗》:"肃肃谢功,召伯营之。"郑玄笺:"营,治也。"《文选·扬雄〈羽猎赋〉》:"器械储备,禁御所营。"李善注引应劭曰:"营,谓造作也。"《大词典》举例《后汉书·郎颛传》:"离房别观,本不常居,而皆务必精土木,营建无已。"唐玄奘《大唐西域记·印度总述》:"国家营建,不虚劳役,据其成功,酬之价值。"此例可提前到东汉。古人迷信,以为营建坟墓就会渎犯土神,得罪地下神祇,即所谓"葬犯墓神墓伯"。这样死者家属就得为死者解除罪谪。《洛阳烧沟汉墓出土建宁三年(170)镇墓文》:"赵□□□新造冢,恐犯先□,岁月破煞",与此相同。

"寿冢",生时所建之坟墓。《后汉书·侯览传》:"又预作寿冢,石椁双阙,高庑百尺。"李贤注:"生而自为冢为寿冢。"《南史·王僧虔传》:"先是天福将行,令家人豫作寿冢,未至东,又信催速就。冢成而得罪,因以葬焉。"《大词典》收有此词,举《后汉书·侯览传》为例,此例可提前到东汉时期。

"为距足瓶十八物□神药","距",《淮南子·氾论训》:"跖距者举远。"高诱注:"距,大也。""距足瓶"即大脚瓶的意思。因这种瓶的形状为小口、短颈、浅腹、大平底,故称"距足瓶"。这是按照此瓶的形状命名的。必须指出的是,以往对这种陶瓶的名称叫法不一。《简报》和不少考古报告都称其为陶罐①。1954年洛阳西郊东汉遗址出土的一件陶瓶有朱书文字:"解注瓶,

---

① 洛阳市文物工作队:《洛阳唐寺门两座汉墓发掘简报》,《中原文物》1984年第3期,第34-42页。

百解在,如律令。"①"解注(疰)"即解除疾病,之义。1957年西安出土初平四年王氏陶瓶文说:"故以神瓶镇郭门。"这些资料说明此瓶亦可称"解注瓶"或"神瓶",都是按照它的用途命名的。由此可见,这种陶器铭文皆自称为"瓶",《简报》和一些考古报告将其称为陶罐,是不妥当的。

"十八物□神药",这是说用十八种药材制成的神药之意。1970年宝鸡五里庙出土的镇墓文亦称"神药",喜平二年镇墓文说:"故今进上复除之药,欲令后世无有死者。"可见,"神药"亦称"复除之药"。在以往出土的镇墓文中有"曾青、□木之精""雄黄""牡厉(蛎)""五石之精"等具体名称。这里的"曾青"就是硫酸铜;"□木之精"即《抱朴子·金丹》所谓"草木之药,可得延年,不免于死"者;"雄黄"亦名石黄、鸡冠石,可做颜料,亦供药用;"牡蛎",亦名蚝,是一种软体动物,可食用,亦可入药;"五石",《抱朴子·金丹》说:"五石者,丹砂、雄黄、白矾、曾青、慈石也。"汉魏时所谓的"神药",据《抱朴子·金丹》所列,主要有铜青、丹砂、水银、雄黄、礜石、戎盐、牡蛎、赤石脂、滑石、胡粉、赤盐、曾青、慈石、雄黄、石硫黄、太乙余粮、黄铜、珊瑚、云母、铅丹、丹阳铜、淳苦酒等22种。这里所讲的18种,不知确指何物,但大体不会超出《金丹》所讲的范畴。初期道教以符咒消灾、药物治病和诵经纳福来进行活动。因此,道士们就用汞、硫黄、铅、砒霜、硝石、云母等以及一些植物性药材,炼制成红色的丹丸,被称为灵丹妙药,宣称服后不仅可除病消灾,还可成仙升天。1965年在南京象山东晋王氏墓中出土了200多粒丹丸,大小如绿豆,据化验主要成分是硫化汞(含硫13%,含汞60.9%)。古代的道士们就是用这些所谓"神药"来哄骗大众的。

"绝钩注","注"通作"疰"。《广雅·释诂》:"疰,病也。"《释名·释疾病》:"注病,一人死,一人复得,气相灌注也。"《太平御览》卷七四三引作"疰病"。这是一种慢性传染病,有注入和久住之义。"绝钩注"与"解注"的含义相近,都是断绝、解除疾病的意思。《释名·释疾病》:"注病,一人死,一人复得,气相灌注也。"毕沅疏证:"注,《太平御览》引作'疰'。"东汉至魏晋南北朝的镇墓文中多见"注",刘昭瑞先生提出镇墓文又可以分为若干小类,带有解注类词语的文字,称为解注文。② 张勋燎先生也认为镇墓文中的一部分应该归之于解注文。③ 刘屹先生也注意到了其中的区别,不过他并没有进行

---

① 郭宝钧、马得志、张云鹏、周永珍:《一九五四年春洛阳西郊发掘报告》,《考古学报》1956年第2期,第1-33页。

② 刘昭瑞:《谈考古发现的道教注文》,《敦煌研究》,1991年第4期,第51-57+123-124页。

③ 张勋燎:《东汉墓葬出土的解注器材和天师道的起源》,《道教文化研究》(第九辑),上海古籍出版社1996年版,第256页。

细分,只是将其和买地券分开,统称之为"镇墓—解除"类型。① 易守菊虽然注意到解注文中有很多是针对当时的传染病即所谓的"注"病的,但其主要探讨当时的传染病,没有将传染病与解注信仰联系起来,同时也将镇墓文与解注文等同。② 魏晋南北朝小说张也多见"注"。江蓝生先生对此有很好的阐发③。东汉佛经中也屡见,颜洽茂有补充④。综合各家意见,我们认为"注"是一种传染病,后来具有了宗教意义。"解"谓解除。所谓"解注"就是要解除注病,具体说来就是以宗教法术解除注鬼注害生人的问题。

"重□君央","重",《文选·东京赋》:"其取威也重矣。"薛琮注:"重犹多也。""央",通殃,灾殃。央,影母,阳部;殃,影母,阳部。属同音通假。《素问·生气通天论》:"味过于辛,筋脉沮驰,精神乃央。"高士宗注:"央作殃……筋脉阻驰,则阴经不濡于筋,神气不充于脉,故精神乃殃。"秦汉时期碑刻常用"央"字。如,汉《吴仲山碑》:"而遭祸央。"顾南原《隶辨》二引《无极山碑》:"来福除央。"《严䜣碑》:"君获其央。"马王堆汉帛书《十大经·称》:"天有环(还)刑,反受其央。"用的都是"央"。在镇墓文中,"央""殃"也常常并用。

"□相防池","相"前残缺一字,疑为[不]"防",通作"妨",有妨碍之义。"池",通作"驰"。《文雅·释宫》:"驰、奔也。"

五、东汉建宁三年洛阳赵氏镇墓文⑤

建宁三年(170)九月□日,黄帝青鸟□□曾孙赵□□□造新冢,恐犯先□,岁月破煞□□□葬者得适(谪)□□□,以曾青□木之精,置中人厌除,四方土害气消也,佑利死者。

【题记】

1953 年发现于洛阳烧沟汉墓群第 1037 号墓的建宁三年赵氏镇墓文,文字多剥落,发表时无摹文。这类解注文的内容主要为以法术解除死者入土时对土地的破伤和对地下鬼神的惊扰可能招致的惩罚和报复,以及死者可能给生人带来的各种灾祸,而这与后代"避煞"的目的有直接的关系。

---

① 刘屹:《敬天与崇道——中古道教形成的思想史背景之一》,首都师范大学 2000 年博士论文,第 14 页。
② 易守菊:《概述解注文中的传染病思想》,《南京中医大学学报》,2001 年第 3 期,第 139-142 页。
③ 江蓝生:《魏晋南北朝时期小说词语汇释》,语文出版社 1988 年版,279-280 页。
④ 颜洽茂:《佛教语言阐释:中古佛经词汇研究》,杭州大学出版社 1997 年版。
⑤ 洛阳市文物队:《洛阳烧沟汉墓》,科学出版社 1959 年版,第 154 页。

【注释】

"黄帝青鸟",均是天帝使者。章怀太子《后汉书注》:"葬送造宅之法,若黄帝青鸟之书也。刘昫《唐书·经籍志五行类》有《青鸟子》三卷,金丞相兀钦仄《青鸟先生葬经注》:'先生,汉时人。精地理阴阳之术,而史失其名。'晋郭氏《葬书》引经曰为证者,即此是也。"《山海经·大荒西经》说:西王母之山"有三青鸟,赤首黑目,一名曰大鹂,一名曰少鹂,一名曰青鸟"。郭璞云:"皆西王母所使也。"《史记·司马相如列传》:"幸有三足鸟为之使。"《正义》引张辑云:"三足鸟,青鸟也,主为西王母取食。"这说明"青鸟"本为古神话中西王母的使者,后被道教吸收而演变为天帝使者。

"曾青",炼丹药物,即硫酸铜。为八石之一。《抱朴子内篇·金丹》:"又乐子长法,以曾青、铅丹、合汞及丹砂,箸铜桶中,千瓦白滑石封之,于自砂中蒸之,八十日,服如小豆,三年仙矣。"

"破煞",民间认为,人刚死不久,在魂魄离开身体的时候,对人会造成伤害,鬼对人的这种妨害被称为"煞"。因此,在人死之后,活人要通过适当的方式来规避和防止这种危害,称为"破煞"。

第四章

河南省出土约束石券辑注

本章仅引《东汉建初二年(77)侍廷里父老僤买田约束石券》[①]为例进行分析辑注,石券原文如下:

建初二年正月十五日,侍廷里父老僤祭尊于季、主疏左巨等廿五人,共为约束石券。里治中乃(迺)以永平十五年六月中造起僤,敛钱共有六万一千五百,买田八十二亩。僤中其有訾次当给为里父老者,共以客田借与,得收田上毛物谷实自给。即訾下不中,还田转与当为父老者,传后子孙以为常。其有物故,得传后代户者一人。即僤中皆訾下不中父老,季、巨等共假赁田也。如约束。单侯、单子阳、尹伯通、锜中都、周平、周兰、□□、周伟、于中山、于中程、于季、于孝卿、于程、于伯先、于孝、左巨、单力、于雅、锜初卿、左伯、文□、王思、锜季卿、尹太孙、于伯和、尹明功。

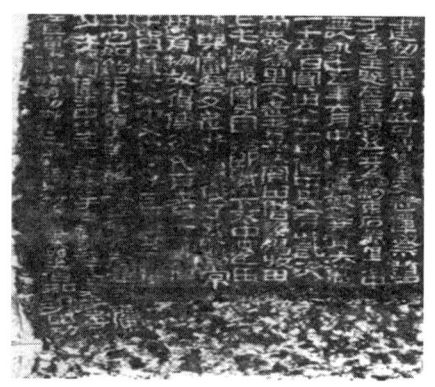

图 4-1　《东汉建初二年侍廷里父老僤买田约束石券

(图片出自张传玺:《中国历代契约汇编考释》,北京大学出版社1995年版,第2页。)

---

① 最早见于黄士斌的《河南偃师县发现汉代买田约束石券》,《文物》1982年第12期,第17-20页。高文《汉碑集释》、郭宏涛《偃师碑志精选》、张传玺《中国历代契约汇编考释》等亦有收录。

【题记】

《文物》1982年第12期第17、18页有释文和图片。亦见高文《汉碑集释》(河南大学出版社,1997年版,第11页)。东汉刻石。刻于东汉建初二年。1973年在河南省偃师县(今偃师市)缑氏公社出土,现存于偃师商城博物馆。石券高154厘米,宽80厘米,厚12厘米。石券为一粗略修整的长方形毛石,全石未经打磨,表面坑洼不平。正面阴刻券文。隶书,阴刻,凡12行,行字多寡不等,满行多则27字,少则14字,计213字。字形方正,气势雄伟,风格苍劲而质朴,笔画的肥瘦也富有变化,这对研究汉代书法增添了新的资料。

券文记述了东汉永平十五年(72),侍廷里父老二十五人组成一个叫作"父老僤"的互助团体,共聚集六万一千五百钱,作为僤的基金,购买了八十二亩土地,将这些土地借给担任里父老的人,以出产的收入作为担任里父老者的经费。当此人不担任里父老后,将这块地转给下一位担任里父老的人使用,成员的权益,在其死后可由子孙一个人来继承。在券文中,三分之一是合约人姓名,正文不足一百五十字,但关于汉代僤的组织、僤中集体财产的使用管理等情况都有所反映。同时,也说明东汉时期土地除了国有和私有外,还有集体所有,这一发现,引起了全国史学界,特别是研究古代经济史和土地制度史专家的高度重视。此石券是比较罕见的汉代社会实用石刻,记录的社会基层生活状况可以补充古代文献中的不足。对了解汉代民间社会中残存的原始社会制度,进而了解中国古代社会生产关系的演化过程都具有相当重要的意义。

【注释】

"父老",为汉代的乡官,没有俸禄。里父老为主管一里事者。《公羊传·宣公十五年》何休注曰:"一里八十户,八家共一巷,中里为校室。选其耆老有高德者,名曰父老;其有辩护伉健者,为里正;皆受倍田,得乘马。父老比三老、孝弟官属,里正比庶人在官。吏民春、夏出田,秋、冬入保城郭。田作之时,春,父老及里正旦开门坐塾上,晏出后时者不得出,莫不持樵者不得人。五谷毕入,民皆居宅,里正趋缉绩,男女同巷相从,夜绩至于夜中,故女功一月得四十五日作,从十月尽正月止。"券文中"即訾下不中还田,转与当为父老者",这条记载说明,侍廷里的里父老,是由有一定资财的人担当的,如果某人的资财达不到标准,便罢职,改由僤中另一个有资财的人充任,僤中的田也随之转给具备条件当里父老的人管理。这里,能否提任里父老的关键在于资财多少,在东汉,已经改变了先秦时里父老由乡中德高望重的人充任的做法。

"侍廷里",里名,东汉属缑氏县(今河南偃师县东南)。秦汉时在今偃师县境内曾设有缑氏县。石券所出土的南村,距今缑氏镇(唐代缑氏县治)仅4公里远,该村在汉时可能也在缑氏县境内,甚至可能就是该县的最基层行政组织侍廷里的所在地。"里"是古代地方行政组织。自周始,后代多因之,其制不一。①二十五家为一里。《周礼·地官·遂人》:"五家为邻,五邻为里。"《礼记·郊特牲》:"唯为社事,单出里。"郑玄注:"二十五家为里。"②五十家为一里。《管子·小匡》:"制五家为轨,轨有长;十轨为里,里有司。"《鹖冠子·王铁》:"五家为伍,伍为之长;十伍为里,里置有司。"③七十二家为一里。《尚书大传》卷二:"八家而为邻,三邻而为朋,三朋而为里。"《礼记·杂记下》:"主之而附于夫之党"孔颖达疏引《论语撰考谶》:"古者七十二家为里。"④八十家为一里。《公羊传·宣公十五年》:"什一行而颂声作矣。"汉何休注:"在田曰庐,在邑曰里,一里八十户。"⑤一百家为一里。《礼记·杂记下》:"则里尹主之。"郑玄注:"《王度记》曰:百户为里。"《管子·度地》:"百家为里。"《后汉书·百官志五》:"本注曰:里魁,掌一里百家。"《旧唐书·食货志上》:"百户为里,五里为乡。"⑥一百一十家为一里。《明史·食货志二》:"迨造黄册成,以一百十户为一里,里分十甲曰里甲。"《清史稿·食货志二》:"凡里百有十户,推丁多者为长。"

"父老僤",里中的一种自愿组成的互相性组织。在汉印中经常见到"僤"字,如东僤祭尊和成僤之印,印上的"僤"字与石券上的"僤"字完全一样,含义也应相同。此外,还有孝子单祭尊、酒单祭尊、宗单祭尊、千秋乐平单祭尊、千岁乐平单祭尊印和工里弹印。这些印上的"单""弹"字与"僤"读音通,或许就是"僤"的假借字。所谓的东单、成僤、孝子单、宗单、工里弹等均应为一种组织的名称。石券中的"侍廷里父老僤",当是侍廷里左巨等二十五人建立的名叫父老僤的组织。关于"僤"这种组织,有两种解释:一是《周礼》郑注提到的街弹之"弹"。汉代县下有乡,乡下有亭,亭下有里,里所管辖的范围不大,有二十五家、七十二家或百家之说,也有八十户或一百一十户之说。街弹为里官治事之所。二是坛,是坛社的意思。坛指用土筑起的高台,用于祭祀。因坛建社,坛社是一种民间组织。汉代的里社中还有私社,即按行业或门第自行结合起来的组织。父老僤这样的坛社也是私社,是由侍廷里中有一定资财的、有充任里父老资格的二十五家自愿组织起来的(因为二十五家共敛钱六万一千五百,平均每户须出钱二千四百六十,当时一般农户是交不起的)。

"僤中其有訾次当给为里父老者"等三句,是说这八十二亩土地以客田的方式借给僤中充任里父老的成员,土地上的收获"自给"。即作为僤中的开支。左巨等人敛钱买的这八十二亩土地,很明显,就是做僤中活动经费用的。《汉书·食货志》:"除社闾尝春秋之祠,用钱三百。"《居延汉简》卷三有祭社用品简文:"对祠社,鸡一,黍米一斗,酒二斗,盐少半斤。"这和侍廷里父老僤一样,都是兑集钱财以供僤社开支。实际上里、社合一,领导社事的就是里正、里父老。由券文可知,侍廷里的里父老也是父老僤的领导者,他除了检僤中民事外,还兼管僤中的财物。

"祭尊",僤之官长,犹祭酒。古代大飨宴时酹酒祭神的长者。汉贾谊《新书·时变》:"骄耻偏而为祭尊,黥劓者攘臂而为政。"宋王应麟《困学纪闻·小学》:"滴水李氏云,古印有文曰祭尊,非姓名,乃古之乡官也。《说苑》载乡官,又有祭正,亦犹祭酒也。"汉时僤、里和其他组织中都有祭尊,祭尊是当时对里父老长者的尊称,主祭祀之事。石券上的父老僤祭尊于季主持僤中共立约束石券,当是僤中的领导。券文末第二行人名上端似有父老二字,下为周伟、于中山、于中程、于季等。这说明于季既是父老僤的祭尊,又是侍廷里的里父老之一。

券中记载,侍廷里父老僤敛钱六万一千五百,买田八十二亩,平均每亩价钱为七百五十。今偃氏南村一带属于丘陵地带,较伊洛河沿岸土质稍差。这样的丘陵地,每亩七百五十钱,应是当时土地买卖的真实价格。汉代的土地价格高低不一,从出土的买地券看:《建初六年(81)武孟縻婴买田玉券》载明"为田廿三亩奇百六十四步,直钱十万二千",每亩约值四千余;《建宁二年(169)王未卿买地铅券》载明"亩价钱三千一百";《光和元年(178)曹仲成买地铅券》载明"亩千五百";《光和七年(184)樊利家买地铅券》载明"亩三千";《中平五年(188)房桃枝买地铅券》载明"直钱三千"。这些买地券上每亩的价钱,最高的四千余,最低的一千五百,都比父老僤买田价钱为高。陈直先生在《两汉经济史料论丛》一书中,论及汉代的土地价格时指出:"'善田一亩价三百,恶田每亩价七十。'案:两汉田价,高低不一,因有地域、时期、良恶三种关系,大约最高每亩可值一金,……最低每亩值一百,或仅值数十钱……"①侍廷里父老僤约束石券的买田价为七百五十。若以汉代每亩岁收一石半粟、每石百钱计算,田价相当于五年的收获。这个比价基本上合理。②

"敛钱",自动凑集或募捐钱财。《说文·攴部》:"敛,收也。"《尔雅·释诂下》:"敛,聚也。"《荀子·非十二子》:"奥窔之间,簟席之上,敛然圣王之文章具焉。"杨倞注:"敛然,聚集之貌。"

"于季",人名,任祭尊者。

"主疏",乡官,盖犹今秘书之类。

---

① 陈直:《两汉经济史料论丛》,陕西人民出版社1958年版,第284页。
② 李献奇,黄明兰:《画像砖·石刻·墓志研究》,中州古籍出版社1994年版,第175—178页。

第四章 河南省出土约束石券辑注

"左巨",人名,任主疏者。

"约束石券",契约的一种。《周礼·天官·小宰》郑玄注引郑众曰:"傅别,谓券书也……傅,傅著约束于文书;别,别为两,两家各得一也。"刘熙《释名·释书契》:"券,绻也。相约束绻绻以为限也。"王先谦《释名疏证补》引苏舆曰:"《文心雕龙》:券者,束也。明白约束以备情伪。"故契券亦谓之约束券。因刻于石,故谓之"约束石券"。

"里治中",乡官名。①

"永平",东汉明帝年号。永平十五年为公元72年。

"有訾",訾同赀、资。《说文·贝部》:"赀,货也。"《汉书·杜周传》:"家訾累巨万矣。"颜师古注:"訾与赀同。"又《司马相如传》:"以訾为郎。"颜师古注:"读与赀同。赀,财也。以家财多得拜为郎也。"有訾,有一定数量的家产,因之获得为乡官资格。此制约始于秦。《史记·高祖本纪》:刘邦家有生产作业。刘邦"及壮,试为吏,为泗水亭长"。又《史记·淮阴侯列传》:"淮阴侯韩信者,淮阴人也。始为布衣时,贫无行,不得推择为吏。"《大词典》未收此词,但收有"赀财"一词,意谓钱财、财物。赀,通"资",书证为唐代,过晚,可提前到东汉时期。

"次当给",依次当充任。次,顺序。《史记·陈涉世家》:"二世元年七月,发闾左谪戍渔阳九百人,屯大泽乡。陈胜、吴广皆次当行,为屯长。"

"客田",指买来的82亩田地。谓之客田者,盖与私人所有之田相对而言。

"借与",无偿借给耕种。

"毛物",参看《东汉建宁四年(171)雒阳县孙成买田铅券》下注释。

"訾下不中",家财少而不到充任里父老的标准。此当指原已任里父老而后贫者,故有"还田转与当为父者"之事。

"物故",古人对死亡、去世的委婉语。《荀子·君道》:"人主不能不有游观安燕之时,则不能不有疾病物故之变焉。"《汉书·苏武传》:"单于召会武官属,前以降及物故,凡随武还者九人。"颜师古注:"物故谓死也,言其同于鬼物而故也。"在出土的其他汉代文献中也常见有此种用词,如《高彦墓砖》:"琅琊左尉高君,讳彦,始建国天凤五年,三月廿日物故。"《石门阙铭》:"段仲孟年八十一,以永和三年八月物故。"

"代户者",继为户主者。

"假赁",租借。季、巨等僤内成员都可租种,但需要交租。假,《广雅·释诂二》:"假,借也。"《集韵·祃韵》:"假,以物贷人也。"《汉书·宁成传》:

---

① 高文:《汉碑集释》,河南大学出版社1997年版,第13页注[三]。

191

"乃贳贡陂田千余顷,假贫民,役使数千家。"颜师古注:"假,谓雇赁也。"《后汉书·孝和孝殇帝纪》:"勿收假税二岁。"李贤注:"假,犹租赁。"假赁,即租借之义。《大词典》收有此义项,但举例为《魏书》、唐刘知几《史通·自叙》及宋代孟元老《东京梦花录·杂赁》的例子,此例可将书证提前至东汉。

"单侯"至"尹明功",为立石券之二十五人之姓名。

第五章

河南省古代土地契约文书辑注

一、金大定二十八年修武县马用父子卖地契①

出卖地业人，修武县七贤乡马坊村故税户马愈、男马用同弟马和，自立契将本户下□□地二段，共计弍亩叁厘，立契卖与全真门弟子王太和、王崇德为永业，修盖全真道庵。准得价钱壹拾陆贯文，各七□九伯。并据即目见定交割。谨具开坐如后：

出卖村南竹茜地一段：南北畎，东长式拾陆步，西长式拾捌步半，南阔壹拾步，北无步。东至大河，西自至，南自至，北自至。并据钱、业主对目商议定：所有地内差税物力实钱，照依通捡去马愈户下贮脚供输。所据地内竹竿树木，不系卖数。

天雨水透流，车牛出入，一依仍旧通行。

右件前顷（项）出卖地土，卖与全真门弟子等为永业。并不是衷私卑幼□交，亦不是债欠准折，并无诸般违碍，又加立契日一色见钱交领，并□别无悬欠。恐人无信，故立此文为据。

大定二十八年（1188年）十二月。自立契出卖地人马用（押）

同立契人马和（押）

引领人部下王守纱（押）

写契人本村王莹（押）

税说价钱壹拾陆贯文廿三日

【题记】

清代王昶《金石萃编》卷一百五十八《真清观牒》附《本观置买地土文契》。王昶《真清观牒》跋曰："石高七尺一寸五分，广三尺八寸八分。分两截书：上截牒。大小字共十二行，行字多至廿九字，止。下截，田契。三十五

---

① 王支援、尚幼荣、王强：《故纸拾遗》卷一，三秦出版社2006年版，第11页。

行,行二十一字。正书。"又曰:"牒后载《本观置买地土文契》,所列各条与今人文契体例相仿。契文中年月后,一曰立契出卖地人,即今之卖主也;一曰同立契人,即今之卖主亲族也;一曰引领人,即今之中人也;一曰写契人,即今之代书也。自大安(大安元年为1209年)至今,越六百余年,而买卖地土之格大致相符。可见凡事皆有缘起,亦留心世务者所宜知也。"按:"大安"为赐《真清观牒》时之年号。此处应作"在大定至今"。在此卖地契中,土地四至分明,产权清晰,所谓"并无诸般违碍",而且"目见定交割"后即完成产权转移。立卖契人除了当事人马用外,签押的还有"同立契人",即卖主亲族。此外,还有"引领人""写契人",可见,作为买卖契约成立的要件已相当完备。

【注释】

"修武县"。今属河东南路怀州,属河南。

"故税户马愈",立此契时,马愈已"故"。由契后的"立契出卖地人"署其子"马用","同立契人"署用之弟马和,而不再署"马愈"之名可知。

"全真门",道教两大派之一。亦称全真教、全真道、全真派。金世宗大定七年(1167),王重阳所创立。教旨以"澄心定意,抱元守一,存神固气"为"真功";"济贫拔苦,先人后己,与物无私"为"真行"。功、行俱全,故名"全真"。此派主要流行于北方。另一派名"天师正一道",主要流行于南方。

"目见定交割",买卖双方在中保人参与下,当面履行交易手续,并进行银贷授受的行为。通过交割后,交易即告结束。

"竹茜",即"竹园"。茜,园的俗体字。

"畛","畛"的俗体字,界限之意。"南北畛",即田地为"南北走向",南北为长度,东西为阔度。

"衷私卑幼□交",即卑幼不经尊长的准许,擅自出卖产业。金《皇统制》参照隋、唐、辽、宋法律编成,于皇统五年(1145)年颁行。后经数次修订,于泰和元年(1201)编成《泰和律令敕条格式》,翌年颁行。已失传。《唐律疏议》卷一二《户婚上·卑幼辄用财》:"凡事同居之内,必有尊长。尊长既在,子孙无所自专。若卑幼不由尊长,私辄用当家财物者,十匹笞十,十匹加一等,罪止杖一百。"此义可资参考。

"引领人",中介人。宋、金时有官、私引领。

"写契人",即代书人。

二、清康熙二十三年赵豸生地契①

立文契人赵豸生因为粮银急紧,无处办转,今将自己家西滩下地一段,

---

① 王支援、尚幼荣、王强:《故纸拾遗》卷一,三秦出版社2006年版,第1页。

其地南北畛。计地六亩,长一畛,东至赵振铎,西至赵振学,南至山,北至二畛头。四至分明,同祖赵鸿时说合,情愿出卖于本甲秦加坤名下永远为业,言定时置(值)买(卖)价银一两整,其银当日交足无欠,永不幡(反)悔,干(甘愿)罚白米五石,入官公用。恐后无凭,立契存照。主取。

计开坐落柳树沟宽六步。

康熙二十三年(1684年)二月二十五日立文契人赵豸生画押

割□二钱两家□

全中人赵鸿时画押

秦国才画押

出卖荒□无粮

【题记】

此券宽23.3厘米,高42厘米。白色宣纸泛黄,正文处有两处残缺,黑色毛笔书写,正文中有一枚6.4厘米×6.4厘米的正方形官印,为满汉两种文字,印文不辨。

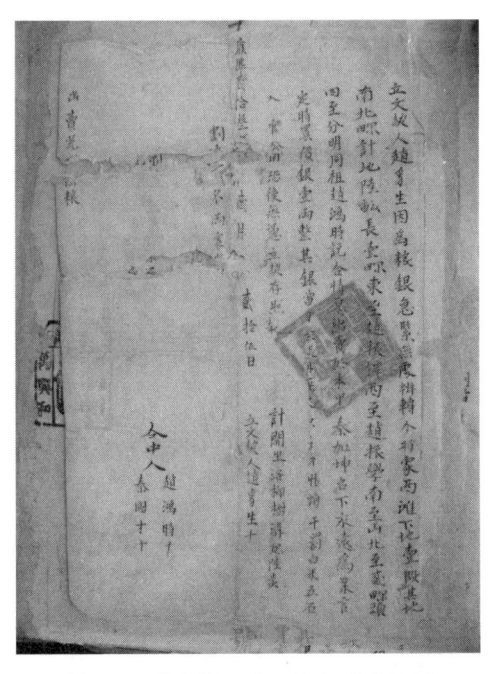

图5-1　清康熙二十三年赵豸生地契

(图片出自王支援等:《故纸拾遗》卷一,三秦出版社2006年版,第1页。)

【注释】

"粮银",农业纳税,溯源久远。《大定府志》:"土田之租,即孟子所云粟米之征也。夏贡殷助,周通而用之,日彻贡助。虽有三名,实则贡助两端而已。孟子非贡而善助,而秦汉以来莫不用贡。盖郡县之,天下与封建异地。自古田租,咸敛于秋成。唐杨炎始为两税法,百姓便之。宋、元遵用。"明代,田租之外复有里甲户口之役,且以仓储粮有雀鼠耗、碎银铸锭有火耗为由而加耗羡。万历时,将夏税秋粮、存留起运之额均徭、里甲土贡雇募加银之额,通为一条总征而均支之,谓"一条鞭法"。清代沿明制。乾隆时并丁于田地,称地丁粮银,额外加征耗十分之一点五。清代后期,耗外又加收"公费"。民国之初,并地丁粮银、耗羡、杂租为田赋,按地亩以赋元计算征收。民国后期,田赋之外又征军粮、县级公粮、积谷等,农民负担特重。新中国成立以后,改田赋为"农业税",按常年产量依率计征,税率较低,且不断减轻农民负担。

"急紧",手头拮据。

"办转",筹办,周转。

"下地",《汉书·食货志上》云:"民受田:上田,夫百亩;中田,夫二百亩;下田,夫三百亩。岁更种者,为不易上田;休一岁者,为一易中田;休二岁者,为再易下田。三岁更耕之,自爰其处。"

"本甲",当为"本家"之误。

三、清康熙五十九年张士凤官契存照[①]

立卖文契人张士凤因无银使用,今将自己分到房基三分段,四至畛长开列约后。其地坐落□□营,今凭牙行张标讲说,情愿出卖于赵祯、赵祥名下永远管业。三面议定,时值价银四两五钱□□□□。当日交足无欠,自卖之后,永无返悔。地内原有树木亦在卖数,如有户族人等争差者士凤一面承当。恐后无凭,立契存照。

东至赵元德,西至卖主,南至□□,北至张义文□□□。
同牙行知见人张怀秀
　　　　孙显之
康熙五十九年(1702)八月十六日立文契人张士凤画押
条约四则列后
一地房税银一项关乎国帑考成,□□□□□□嗣后民间凡置买房地成

---

① 王支援、尚幼荣、王强:《故纸拾遗》卷一,三秦出版社2006年版,第4页。

契交价之后随□卖契投税。如有故违匿契不报者,或经查出或□傍人□者,□按以漏税律例究□不贷。

一凡民间置买产业、□□同卖主到□卖房,地区处路,勘四至□界亩数多寡,以杜□□□换段之弊,查讯地邻虚实则无影射之端,然后议价堪相情愿,方可立契成交毋得造次收□日后讼端。

一买产全凭契券,以为永守之符,岂可以模糊字迹残废纸张立契投税。殊属不合今本县捐备纸张,新颁契式印刷分发牙子。凡有买卖房地之家给付等填官契交明价值即行投税。本县为□弊安民起见,各宜凛遵。

一凡卖产业成交之时,须同买主官牙较量价值议明多寡两相情愿成契交银如同截木。今查有等无赖经年累月之后复萌找价之端深属不法况找价一事

又奉旨□□嗣后如再有借端找价,许买主执此官契□□以凭拿究治罪。

【题记】

该官契存照宣纸,石印,毛笔填写,长51.8厘米,宽40.2厘米。右边缘中部有一戳记"验讫";右上角有一官印,满汉两种文字,印文不辨;下部牙行处盖一戳记"洛阳县田宅行张□德"。

【注释】

"房基",地基。

"牙行",是中国古代和近代市场中为买卖双方介绍交易、评定商品质量、价格的居间行商。汉代称驵、驵侩,唐、五代称牙、牙郎、牙侩,宋、元、明又有引领百姓、经纪、行老等称呼。牙商最初只说合买卖,唐宋以后,营业范围扩大,牙商众多,才有行会性质的牙店或牙行组织,负有代官府监督商人纳税的责任。明清都规定开设牙行须经官府批准,所领凭证,名"牙帖",所缴帖费和每年缴纳税银,称"牙税"。近代牙行又称行纪、牙纪。

"管业",个人所有固定资产。

"返悔",通"反悔",后悔之意。

"族人",同宗族的人;同家族的人。《韩非子·说林上》:"其族人曰:'晋近,奚不之晋',庆封曰:'越远,利以避难。'"

"争差",不足;不满。"争"的"差、欠"义可从唐代及以后的典籍中找到。唐杜荀鹤《自遣》诗:"百年身后一丘土,贫富高低争几多",其中的"争几多"就是"差多少"的意义。宋杨万里《舟中夜坐》诗:"与月隔一簟,去天争半篷。"元王实甫《西厢记》杂剧第三本第二折:"争些儿把你娘拖犯。"意义是说"差点儿连累了我。"元代开始出现"争差"一词。元曲中用例较多。元郑庭玉《后庭花》第三折:"兀的是人命争差,恰便似金刚厮打,佛也理会不下。"元李行道《灰阑记》第一折:"我想他家中大妻小妇必有争差,少不得要

告状打官司的。"又引申为"差错；意外"的意义。如《元曲选·张国宾〈合汗衫〉》二："倘或间有些儿争差,儿也,将您这一双老爹娘可便看个甚么？"明代汤显祖戏曲《牡丹亭·闺怨》："则要你守砚台,跟书案,伴诗云,陪子曰,没的争差。"西安方言保留了"争"的"差、欠"义。如"要买房,我的钱还争得多着哩！他争我三石麦一直不还！从今以后,咱俩谁不争谁的！"

四、清乾隆元年王世德卖地契①

立卖地契人王世德,今立文字,情因差粮紧急,无处起借,今将自己祖业村北老茔道北头白地一段,计地七亩,系南北畛。东至道,西至于,南至田,北至道,四至明白,情愿立契出卖与孝友里十甲于万珍永远做主,同众言明,时值价银四十二两整。其银当日交足,并不短少。日后倘有户族人等违碍不明等情,并不与买主之事,系卖主一面承当。恐（空）口无凭,立卖地契文字存照。

□□认到夏秋粮四□六合

汾字等七百四十□号于万珍投税讫

乾隆元年二月二十一日

立卖地契文字人

王世德画押

房税人：王世荣画押

同中人：于有富画押

于渊画押

武要状画押

于淋画押

阎正祥画押

乾隆元年（1736年）六月初七日上税银□□

【题记】

宣纸,48厘米×40厘米,毛笔书写。共盖有四枚印文为满汉两种文字"汾阳县印"（6.5厘米×6.5厘米的正方形官印）。该契约写明紧急无处可借。无奈之中将土地出卖,七亩地卖了四十二两银,每亩合银六两。农民为筹措粮差而不得不将赖以生存的土地卖掉。反映了清朝中期官差的繁重。

---

① 王支援、尚幼荣、王强：《故纸拾遗》卷一,三秦出版社2006年版,第5页。

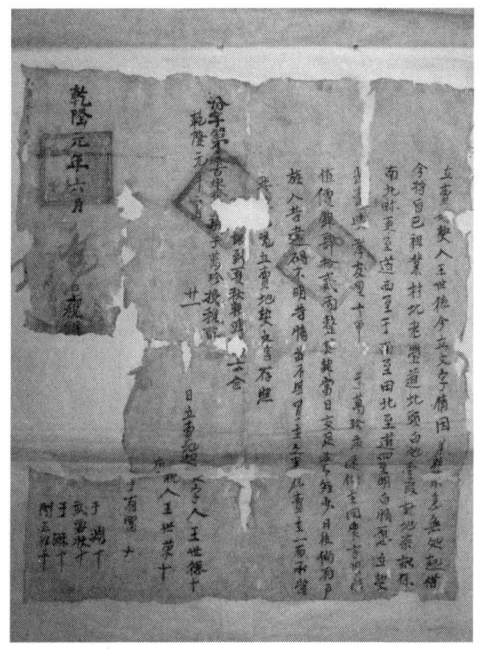

图 5-2　清乾隆元年王世德卖地契

（图片出自王支援等：《故纸拾遗》卷一，三秦出版社 2006 年版，第 5 页。）

【注释】

"茔"，葬地。《汉书·楚元王刘交传》："太夫人薨，赐茔，葬灵户。"颜师古注："茔，冢地。"《魏书·刘昶传》："豫营墓于彭城西南，与三公主同茔而异穴。"《红楼梦》第十六回："林如海已葬入祖茔了，诸事停妥。"

"白地"，生地；未耕种的地。北魏贾思勰《齐民要术·胡麻》："胡麻宜白地种。"

"畛"，田间道路。《说文·田部》："畛，井田间陌也。"《尔雅·释言》："障，畛也。"陆德明释文："畛，田间道。"古时往往以田间小道为界限，所以，引申指田界。《广韵·轸韵》："畛，田界。"《庄子·齐物论》："夫道未始有封，言未始有常，为是而有畛也。"成玄英疏："畛，界畔也。"《文选·张衡〈东京赋〉》："殿未出乎城阙，旆已反乎郊畛。"李善注："宋衷《太玄经》注曰：畛，界也。"或称作"畛陌"。《楚辞·王逸〈九思·悯上〉》："逶巡兮圃薮，率彼兮畛陌。"原注："田间道曰畛。陌，塍分界也。"北魏郦道元《水经注·渠》："昔贾逵为魏豫州刺史，通运渠二百里余，亦所谓贾侯渠也。而川渠径复，交错畛陌，无以辨之。"

结 语

河南契约文书历史悠久、文体多样,从语言学角度观察,它们很有特色,是汉语词汇史研究中值得关注的一个领域。河南契约文书反映了中原地区社会经济制度与文化特征,将成为中原文化研究新的出发点,推动中原文化研究向纵深发展。

我们对契约文书语言的研究有以下三个作用。

一是有利于契约文书的整理研究。清代地契文书属于出土文献资料,出土文献的整理出版既是为了公布没有传世的新材料,也是为了给研究者提供一个相对可靠的研究文本。由于这类材料的书写者的身份及文化程度的限制,导致这类文献资料中有大量的俗字异体、同音别字和当时的口头语词,这些都给整理者和研究者带来了特殊的困难。语言研究对提高契约文书的整理质量具有十分重要的意义。

二是对字典辞书的编纂有一定的帮助。由于中国的典籍浩如烟海,字典辞书的编纂又是一个细致琐碎的工作,即便用力再勤,在资料的收集和利用上也难免有遗漏。而出土文献更是由于出土时间和整理出版相对较晚,字典辞书的编纂对这部分文书的利用非常少。通过对这些材料的语言研究,可以为字典辞书提供一定的新材料,使之在收词、举证、释义等方面得到改进和完善。

三是可以弥补专书语言和断代语言研究的不足。当前的语言研究侧重于专书语言和断代语言研究,相对忽视对体裁语言的研究,其实,体裁语言的研究是汉语史研究的基础,不但不能忽视,而且更应加强研究。因为它的语言具有同时性、真实性和通俗性的特点,对体裁语言的研究,可以在一定程度上弥补专书语言和断代语言研究的不足,克服对语言现象认识的单一和片面的弊端。基于此,才写下了以上文字,以起抛砖引玉之效。

附 录

河南省古代契约文书一览表

类别	序号	名称	年代
遗嘱文书	1	颍川太守何并先令书	西汉哀帝(前6—前1)
买地券	2	荥阳邑王兴奎买田铅券	西汉建元元年(前140)
	3	南阳郡诸葛敬买地铅券	西汉黄龙元年(前49)
	4	姚孝经买地券	东汉永平十六年(73)
	5	李德买地铅券	东汉延光四年(125)
	6	钟仲游妻买地券	东汉延熹四年(161)
	7	王未卿买地铅券	东汉建宁二年(169)
	8	雒阳县孙成买田铅券	东汉建宁四年(171)
	9	雒阳县赵奇买地铅券	东汉熹平二年(173)
	10	曹仲成买地铅券	东汉光和元年(178)
	11	河南县王当买地铅券	东汉光和二年(179)
	12	樊利家买地铅券	东汉光和七年(184)
	13	雒阳县房桃枝买地铅券	东汉中平五年(188)
	14	雒阳县男子□□卿买地铅券	东汉中平五年(188)
	15	召陵县性待郎买地铅券	东汉中平五年(188)
	16	河南县□孟叔买地铅券	东汉□平□年
	17	召陵马荣买地铅券	东汉
	18	谯县刘兰训买地铅券	北魏永安元年(528)
	19	王典买地契券	宋庆历四年(1044)
	20	胡进买地券	宋至和三年(1056)
	21	赵怀为父赵荣等买地契	宋元祐元年(1086)
	22	李守贵买地券	宋绍圣四年(1097)
	23	赵□买地券	宋元符二年(1099)

类别	序号	名称	年代
买地券	24	高通奉为亡祖等买地券	宋宣和六年（1124）
	25	刘真买地券	宋宣和七年（1125）
	26	钱择买地券	金天德二年（1150）
	27	杜氏为亡父母及张外翁外婆买地券	金大定十年（1170）
	28	董承祖为祖董贵□买地合同	金大定二十九年（1189）
	29	赵通为先祖父母买地券	金明昌二年（1191）
	30	冯汝楫为曾祖冯三翁买地合同券契	元宪宗八年（1258）
	31	齐□□为祖先买地券	至元二十五年（1288）
	32	卫辉路齐□□买地砖券	至元二十五年（1288）
	33	冯兴等为祖父买地券	元贞二年（1296）
	34	孙遇诰买地券	万历三十七年（1609）
镇墓文	35	朱书陶罐镇墓文	东汉延光元年（122）
	36	河南缑氏镇墓文	东汉桓帝元嘉二年（152）
	37	陶瓶劾鬼文	东汉永寿二年（156）
	38	唐寺门村成氏镇墓文	东汉永康元年（167）
	39	洛阳赵氏镇墓文	东汉建宁三年（170）
约束石券	40	侍廷里父老僤买田约束石券	东汉建初二年（77）
土地契约文书	41	修武县马用父子卖地契	金大定二十八年（1188）
	42	赵豸生地契	清康熙二十三年（1684）
	43	张士凤官契存照	清康熙五十九年（1702）
	44	王世德卖契	清乾隆元年（1736）

参考文献

一、征引书目

[1] [汉]班固.汉书[M].北京:中华书局,2005.
[2] [唐]徐渭.徐渭集[M].北京:中华书局,1983.
[3] [唐]颜元孙.干禄字书[M].北京:中华书局,1985.
[4] [北宋]陶谷.清异录[M].北京:中华书局,1991.
[5] [北宋]王洙.重校正地理新书[M].上海:上海古籍出版社,1996.
[6] [南宋]周密.癸辛杂志[M].北京:中华书局,1988.
[7] [南宋]周密,撰.王根林,校点.癸辛杂识[M].上海:上海古籍出版社,2012.

二、研究专著

[8] 白于蓝.战国秦汉简帛古书通假字汇纂[M].福州:福建人民出版社,2012.
[9] 北京图书馆金石组.北京图书馆藏中国历代石刻拓本汇编[M].郑州:中州古籍出版社,1989.
[10] 曹小云.汉语历史词汇研究[M].合肥:安徽大学出版社,2014.
[11] 陈进国.隔岸观火泛台海区域的信仰生活[M].厦门:厦门大学出版社,2008.
[12] 陈柏泉.江西出土墓志选编[M].南昌:江西教育出版社,1991.
[13] 陈槃.旧学旧史说丛[M].上海:上海古籍出版社,2010.
[14] [日]池田温.アジアの社会と文化(第1卷)[M].东京:东京大学出版会,1982.
[15] [日]池田温.中国古代籍账研究·概观·录文[M].东京大学东洋文化研究所,1979.
[16] 樊锦诗.丝绸之路民族文献与文化研究[M].兰州:甘肃教育出版

社,2015.

[17] 冯尔康.中国社会结构的演变[M].郑州:河南人民出版社,1994.

[18] 高文.汉碑集释[M].开封:河南大学出版社,1997.

[19] 高朋.人神之契:宋代买地券研究[M].北京:中国社会科学出版社,2011.

[20] 高恒.秦汉简牍中法制文书辑考[M].北京:社会科学文献出版社,2008.

[21] 甘肃省文物考古研究所.居延新简[M].北京:文物出版社,1990.

[22] 龚韵蘅.两汉灵冥世界观探究[M].北京:文津出版社,2006.

[23] [美]韩森.变迁之神:南宋时期的民间信仰[M].包伟民,译.杭州:浙江人民出版社,1999.

[24] [美]韩森.传统中国日常生活中的协商:中古契约研究[M].鲁西奇,译.南京:江苏人民出版,2008.

[25] 河北省文化局文物工作队.望都二号汉墓[M].北京:文物出版社,1959.

[26] 黑维强.敦煌、吐鲁番社会经济文献词汇研究[M].北京:民族出版社,2010.

[27] 黄公渚.两汉金石文选评注[M].北京:商务印书馆,1935.

[28] 黄征.敦煌俗字典[M].上海:上海教育出版社,2005.

[29] 吉仕梅.秦汉简帛语言研究[M].成都:巴蜀书社,2004.

[30] 蒋礼鸿.义府续貂(增订本)[M].北京:中华书局,1987.

[31] 蒋福亚.走马楼吴简经济文书研究[M].北京:国家图书馆出版社,2012.

[32] 金身佳.敦煌写本宅经葬书校注[M].北京:民族出版社,2007.

[33] 金身佳.地理新书校理[M].湘潭:湘潭大学出版社,2012.

[34] 李玉洁.先秦丧葬制度研究[M].郑州:中州古籍出版社,1991.

[35] 李蔚然.南京六朝墓葬的发现与研究[M].成都:四川大学出版社,1998.

[36] 李伟民.法学辞源[M].哈尔滨:黑龙江人民出版社,2002.

[37] 李如森.汉代丧葬礼俗[M].沈阳:沈阳出版社,2003.

[38] 李振宏.居延汉简与汉代社会[M].北京:中华书局,2003.

[39] 李明晓.散见战国秦汉简帛法律文献整理与研究[M].重庆:西南师范大学出版,2011.

[40] 李明晓.两汉魏晋南北朝石刻法律文献整理与研究[M].北京:人民出版社,2016.

[41] 凌文超.走马楼吴简采集簿书整理与研究[M].桂林:广西师范大学出版社,2015.

[42] 刘屹.敬天与崇道——中古经教道教形成的思想史背景[M].北京:中华书局,2005.

[43] 刘昭瑞.汉魏石刻文字系年[M].台北:新文丰出版公司,2001.

[44] 刘昭瑞.考古发现与早期道教研究[M].北京:文物出版社,2007.

[45] 刘雨茂.成都出土历代墓铭券文图录综释[M].北京:文物出版社,2012.

[46] 刘志.魏晋南北朝社会生活与道教文化[M].成都:巴蜀书社,2013.

[47] 刘安志.新资料与中古文史论稿[M].上海:上海古籍出版社,2014.

[48] 卢向前.唐代西州土地关系述论[M].上海:上海古籍出版社,2001.

[49] 鲁西奇.中国古代买地券研究[M].厦门:厦门大学出版社,2014.

[50] 陆明君.魏晋南北朝碑别字研究[M].北京:文化艺术出版社,2009.

[51] 陆娟娟.吐鲁番出土文书语言研究[M].杭州:浙江工商大学出版社,2015.

[52] 罗振玉.蒿里遗珍[M].石印本,1914.

[53] 罗振玉.贞松堂集古遗文[M].石印本,1931.

[54] 罗振玉.罗雪唐先生全集[M].大通书局,1968—1977.

[55] 罗振玉、王国维.流沙坠简[M].北京:中华书局,1993.

[56] 罗振玉.雪堂类稿丙金石跋尾[M].萧文立,编校.沈阳:辽宁教育出版社,2003.

[57] 罗振玉.蒿里遗珍[M].浙江富阳华宝斋影印本,2007.

[58] 罗振玉.罗振玉学术论著集[M].上海:上海古籍出版社,2010.

[59] 罗新、叶炜.新出魏晋南北朝墓志疏证[M].北京:中华书局,2005.

[60] 吕志峰.东汉石刻砖陶等民俗性文字资料词汇研究[M].上海:上海人民出版社,2009.

[61] 吕亚虎.战国秦汉简帛文献所见巫术研究[M].北京:科学出版社,2010.

[62] 马子云;施安昌.碑帖鉴定[M].桂林:广西师范大学出版社,1993.

[63] 毛远明.汉魏六朝碑刻校注[M].北京:线装书局,2008.

[64] 蒲慕州.墓葬与生死——中国古代宗教之省思[M].台北:联经出版公司,1993.

[65] 欧阳希君.欧阳希君古陶瓷探究文集[M].台北:世界学术文库出版社,2005.

[66] [日]仁井田陞.中国法制史研究·奴隶农权法·家族村落法[M].东

京:东京大学出版会,1962.
[67] [日]仁井田陞.中国法制史研究·土地法·取引法[M].东京:东京大学出版会,1980.
[68] [日]仁井田陞.唐宋法律文书の研究[M].东京:东京大学出版会,1983.
[69] 任平.说隶[M].杭州:杭州大学出版社,1997.
[70] 任继愈.中国国家图书馆碑帖精华(第2卷)[M].北京:北京图书馆出版社,2001.
[71] 沙知.敦煌吐鲁番文书研究[M].兰州:甘肃人民出版社,1984.
[72] 沙知.敦煌契约文书辑校[M].南京:江苏古籍出版社,1998.
[73] 山西省考古研究所.汾阳东龙观宋金壁画墓[M].北京:文物出版社,2012.
[74] 沈家本.历代刑法考[M].北京:商务印书馆,2011.
[75] 史金波.西夏社会下[M].上海:上海人民出版社,2007.
[76] 宿白.白沙宋墓[M].北京:文物出版社,1957.
[77] 唐耕耦、陆宏基.敦煌社会经济文献真迹释录[M].北京:书目文献出版社,1986.
[78] 汪维辉.著名中年语言学家自选集汪维辉卷[M].上海:上海教育出版社,2011.
[79] 王宏理.志墓金石源流[M].北京:中国文史出版社,2002.
[80] 王启涛.吐鲁番学[M].成都:巴蜀书社,2005.
[81] 王启涛.吐鲁番出土文书研究[M].成都:巴蜀书社,2005.
[82] 王启涛.吐鲁番出土文献词典[M].成都:巴蜀书社,2012.
[83] 王新英.全金石刻文辑校[M].长春:吉林文史出版社,2012.
[84] 王旭.契纸千年:中国传统契约的形式与演变[M].北京:北京大学出版社,2013.
[85] 王晓光.新出汉晋简牍及书刻研究[M].北京:荣宝斋出版社,2013.
[86] 王晶波.敦煌占卜文献与社会生活[M].兰州:甘肃教育出版社,2013.
[87] 王云路.中古诗歌语言研究[M].西安:世界图书出版西安有限公司,2014.
[88] 吴钢.全唐文补遗(第7辑)[M].西安:三秦出版社,2000.
[89] 《西安韩森寨元代壁画墓[M].北京:文物出版社,2004.
[90] 谢桂华.居延汉简释文合校[M].北京:文物出版社,1987.
[91] 邢心田.焦作文博考古与研究[M].郑州:中州古籍出版社,2008.
[92] 邢义田.地不爱宝:汉代的简牍[M].北京:中华书局,2011.

[93]徐时仪.古白话词汇研究论稿[M].上海:上海教育出版社,2000.

[94]徐时仪.汉语白话史[M].北京:北京大学出版社,2015.

[95]徐自强.古代石刻通论[M].北京:紫禁城出版社,2003.

[96]徐立玉.汉碑全集[M].郑州:河南美术出版社,2006.

[97]许嘉璐.中国古代礼俗词典[M].北京:中国友谊出版公司,1991.

[98]许雄志.新见秦汉魏唐铭刻精选[M].郑州:河南美术出版社,2010.

[99]叶昌炽,著.语石校注[M].韩说,校注,今日中国出版社,1995.

[100]扬州博物馆.扬州古陶瓷[M].北京:文物出版社,1996.

[101]杨树达.汉代婚丧礼俗考[M].上海:上海古籍出版社,2007.

[102]叶程义.汉魏石刻文学考释[M].台北:新文丰出版股份有限公司,1997.

[103]叶贵良.敦煌道经写本与词汇研究[M].成都:巴蜀书社,2007.

[104]叶贵良.敦煌道经词语考释[M].成都:巴蜀书社,2009.

[105]于振波.秦汉法律与社会[M].长沙:湖南人民出版社,2000.

[106]臧克和.汉魏六朝隋唐五代字形表[M].广州:南方日报出版社,2011.

[107]赵超.汉魏南北朝墓志汇编[M].天津:天津古籍出版社,1993.

[108]赵宏勃.法国汉学(第七辑)[M].北京:中华书局,2002.

[109]詹鄞鑫.心智的误区:巫术与中国巫术文化[M].上海:上海教育出版社,2001.

[110]张沛.安康碑石[M].西安:三秦出版社,1991.

[111]张传玺.中国历代契约会编考释[M].北京:北京大学出版社,1995.

[112]张传玺.契约史买地券研究[M].北京:中华书局,2008.

[113]张勋燎;白彬.中国道教考古[M].北京:线装书局,2006.

[114]张家山二四七号汉墓竹简整理小组.张家山汉墓竹简(二四七号墓)[M].北京:文物出版社,2001.

[115]赵超.中国古代石刻概论[M].北京:文物出版社,1997.

[116]郑振满.碑铭研究[M].北京:社会科学文献出版社,2014.

[117]中国科学院考古研究所.居延汉简甲编(1982简)[M].北京:科学出版社,1959.

[118]中国社会科学院考古研究所.居延汉简甲乙编[M].北京:中华书局,1980.

[119]中国社会科学院考古研究所.新中国的考古发现和研究[M].北京:文物出版社,1984.

[120]中国大百科全书总编辑委员会《考古学》编辑委员会.中国大百科全书考古学[M].北京:中国大百科全书出版社,1986.

[121]周波.隋唐道教与习俗[M].成都:巴蜀书社,2012.

三、论文集

[122]冯春艳.浅议"合同契券"与我国古代丧葬文化[M]//邢心田.焦作文博考古与研究.郑州:中州古籍出版社,2008.

[123]李家浩.汉代买地券中的"袁田"[M]//文史(第三十辑).北京:中华书局,1988.

[124]李裕民.岚县元代买地券考[M]//孙进已等.中国考古集成·华北卷(北京市、天津市、河北省、山西省)金元(二).哈尔滨:哈尔滨出版社,1994.

[125]莫志东.桂林地区出土的南朝买地券及其相关问题[M]//陈远璋,吴伟峰.广西博物馆文集(第三辑).南宁:广西人民出版社,2006.

[126]朴汉济.魏晋南北朝时期墓葬习俗的变化与墓志铭的流行[M]//郑欣淼.故宫学刊第6辑.北京:紫禁城出版社,2010.

[127]索安.从墓葬的葬仪文书看汉代宗教的轨迹[M]//《法国汉学》丛书编辑委员会.法国汉学(第7辑).北京:中华书局,2002.

[128]邢义田.《肩水金关汉简(壹)》初读札记之一[M]//陈伟.简帛(第七辑).上海:上海古籍出版社,2012.

[129]余扶危.洛阳出土的东汉《王当买地铅券》及有关问题初探[C]//中原文物河南省考古学会论文选集.郑州:中州古籍出版社,1981.

[130]朱德熙,裘锡圭.战国时代的"料"和秦汉时代的"半"[M]//文史(第八辑).北京:中华书局,1980.

四、期刊论文

[131]曹岳森.买地券研究三题[J].四川文物,2001(2).

[132]陈柏泉.江西出土买地券综述[J].考古,1987(3).

[133]陈柏泉.江西出土"地券"综述[J].江西历史文物,1981(3).

[134]陈进国."买地券"习俗的考现学研究——闽台地区的事例[J].民俗研究,2008(1).

[135]崔红芬.多元文化对西夏丧葬习俗的影响[J].西南民族大学学报,2007(6).

[136]董志翘.也释"怀愫"——兼及"占愫(㤅)"、"占护"、"愫护(㤅护)"、"障愫(㤅)"等词[J].汉语史研究集刊,2009(12).

[137]范常喜.郑孙买地券"酒醉"补议[J].中国国家博物馆馆刊,2012(3).

[138]方诗铭.从徐胜买地券论汉代"地券"的鉴别[J].文物,1973(5).

[139]方诗铭.再论"地券"的鉴别——答李寿冈先生[J].文物,1979(8).
[140]费和平.从泰山到东海抑或是从东海到地下——关于北宋中期以前买地券中一类常见用语的讨论[J].东南文化,2012(3).
[141]郭沫若.由王谢墓志的出土论到兰亭序的真伪[J].文物,1965(6).
[142]河南省博物馆、焦作市博物馆.焦作金代壁画墓发掘简报[J].河南文博通讯,1980(4).
[143]黄景春.王当买地券的文字考释及道教内涵解读[J].南阳师范学院学报(社会科学版),2003(1).
[144]黄景春.西北地区买地券、镇墓文使用现状调查与研究[J].民俗研究,2006(2).
[145]黄景春.买地券、镇墓文研究及其语言文字学意义[J].上海大学学报(社会科学版),2007(5).
[146]黄景春.浙西葬礼中买地券书写与使用习俗调查[J].地方文化研究,2014(5).
[147]贾小军.魏晋十六国敦煌"薄命早终"镇墓文研究[J].社会科学战线,2015(3).
[148]蒋廷瑜.从广西出土的南朝地券看当时社会经济状况[J].广西民族学院学报,1985(7).
[149]李寿冈.也谈"地券"的鉴别[J].文物,1978(7).
[150]李裕群.宋元买地券研究[J].文物季刊,1989(2).
[151]李桥、郭锐瑜.新出土江西地区宋元时期买地券概述[J].保定学院学报,2015(4).
[152]林甘泉.汉代的土地继承与土地买卖[J].中国历史博物馆馆刊,1989总13—14合刊.
[153]鲁西奇.买地券所见宋元时期的城乡区划与组织[J].中国社会经济史研究,2013(1).
[154]鲁西奇.汉代买地券的实质、渊源与意义[J].中国史研究,2006(1).
[155]罗操.从买地券看东汉民众的法律意识[J].甘肃社会科学,2014(2).
[156]吕志峰、周建姣.东汉买地券及镇墓文词汇研究的价值[J].中国文字研究,2002(3).
[157]吕志峰.东汉买地券著录与研究概述[J].南都学坛:南阳师范学院(人文社会科学学报),2003(2).
[158]吕志峰.东汉买地券、镇墓文异体字初探[J].中国文字研究,2010(13).
[159]毛远明.释"忏愡"[J].中国语文,2008(4).

[160]马瑞、宗鸣安.新见郑孙买地券考略[J].中国历史文物,2010(6).

[161]牛太清.常用词"隅""角"历时更替考[J].中国语文,2003(2).

[162]鹏宇.金明昌六年《王立买地券》校释[J].中国国家博物馆馆刊,2014(10).

[163]鹏宇.新见买地券砖释文校正六则[J].郑州师范教育,2012(5).

[164]石俊贵.托克把县发现金代买茔地合同分券[J].内蒙古文物考古,1998(1).

[165]涂白奎.《姚孝经砖文》性质简说[J].华夏考古,2005(1).

[166]王育成.武昌南齐刘觊地券刻符初释[J].江汉考古,1991(2).

[167]王育成.徐副地券中天师道史料考释[J].考古,1993(6).

[168]王育成.略论考古发现的早期道符[J].考古,1998(1).

[169]王志高.六朝买地券综述[J].苏州大学学报(哲社版),1996(2).

[170]汪震.浅析买地券的演变与历史发展的联系[J].福建文博,2002(1).

[171]吴荣曾.镇墓文中所见到的东汉道巫关系[J].文物,1981(3).

[172]吴天颖.汉代买地券考[J].考古学报,1982(1),人大复印资料转载.

[173]吴秉坤.新发现的徽州买地券[J].黄山学院学报,2011(6),人大复印资料转载.

[174]谢洁清.浅谈买地券里的丧葬礼俗、信仰和土地买卖——以馆藏买地券为例[J].科教文汇(中旬刊),2015(6).

[175]偃师商城博物馆.河南偃师东汉姚孝经墓[J].考古,1992(3).

[176]易西兵.广州出土南朝龚韬买地券考[J].东南文化,2006(4).

[177]易西兵.南朝买地券综论[J].东南文化,2009(3).

[178]尹青兰.墓志兼地契的青花瓷碑[J].南方文物,2002(3).

[179]余欣.唐宋敦煌墓葬神煞研究[J].敦煌学辑刊,2003(1).

[180]袁祖亮.汉代《徐胜买地券》真伪考[J].郑州大学学报》(哲社会科学版),1984(1).

[181]赵振华、董延寿.东汉雒阳县男子□□卿买地铅券研究[J].中原文物,2010(3).

[182]赵家栋."忓悇"释义复议[J].宁夏大学学报(人文社科版),2011(1).

[183]张均绍.唐代南巴县令买地券考[J].广东省博物馆刊,1988年,创刊号.

[184]张传玺.论中国历代契约资料的蕴藏及其史料价值[J].北京大学学报(哲学社会科学版),1991(3),人大复印资料转载.

[185]张传玺.中国古代契约资料概述[J].法律文献信息与研究,2005(2).

[186]张雷.河南巩义市北窑湾汉墓出土东汉买地券研究[J].华夏考古,

2014(1).

[187] 章湾、力子.南京西善桥南朝墓志质疑——兼述六朝买地券[J].东南文化,1997(1).

[188] 祝庆.浅析崞州元代买地券[J].文物世界,2015(3).

五、学位论文

[189] 安静.唐代墓志委婉语研究[D].上海:华东师范大学博士学位论文,2013.

[190] 蔡子鹤.汉至唐宋买地券语言研究[D].重庆:西南大硕士学位论文,2009.

[191] 陈杏留.金元明清买地券词语研究[D].重庆:西南大学硕士学位论文,2010.

[192] 郭莉.宋代买地券仪式研究[D].太原:山西大学硕士学位论文,2013.

[193] 韩姣姣.东汉买地券研究[D].太原:山西大学硕士学位论文,2013.

[194] 黑文婷.古代契约文书中的价值、价钱类词语演变研究[D].西安:陕西师范大学硕士学位论文,2013.

[195] 黄景春.早期买地券、镇墓文整理与研究[D].上海:华东师范大学博士学位论文,2004.

[196] 金滢坤.敦煌社会经济文书辑校[D].杭州:浙江大学博士学位论文,2003.

[197] 康彩云.古代契约文书的中保人称谓词语演变研究[D].西安:陕西师范大学硕士学位论文,2013.

[198] 李虹.死与重生:汉代墓葬信仰研究[D].济南:山东大学博士学位论文,2011.

[199] 刘志生.东汉碑刻复音词研究[D].上海:华东师范大学博士学位论文,2005.

[200] 罗操.东汉至南北朝墓券研究[D].上海:华东师范大学博士学位论文,2015.

[201] 王启涛.中古及近代法制文书语言研究[D].成都:四川大学博士学位论文,2001.

[202] 吴蕴慧.敦煌社会经济文献真迹释录研究[D].苏州:苏州大学博士学位论文,2006.

[203] 杨淑红.元代民间契约关系研究[D].石家庄:河北师范大学博士学位论文,2012.

[204] 周建姣.东汉砖文虚词研究[D].上海:华东师范大学博士学位论

文,2006.

[205]赵永军.金代墓葬研究[D].长春:吉林大学博士论文学位论文,2010.
[206]张小艳.敦煌书仪语言研究[D].杭州:浙江大学博士学位论文,2004.
[207]吕志峰.东汉石刻砖瓦等民俗性文字数据词汇研究[D].上海:华东师范大学博士学位论文,2005.

后 记

本书得到了2017年河南省高等学校哲学社会科学优秀著作资助,列入"卓越学术文库",在此特别感谢省市各级领导的关怀。

本书既是中国博士后面上资助项目"买地券词汇专题研究"(资助编号:2016M590528)的进一步深化,也是全国高校古籍整理研究工作委员会项目"历代买地券辑注"(批准编号:1625)和教育部人文社会科学研究项目"汉魏六朝墓券语言研究"(项目批准号:17YJC740012)的阶段性成果。

本人对古代契约文书的关注始于浙江大学的博士后合作导师方一新先生的指导,在此非常感谢。博士生导师华学诚先生也十分关心我的学业和生活,让我感动不已。洛阳理工学院人文与社会科学学院的各级领导与老师们也非常关心我,特此致谢。

在项目研究的过程中,以一己之力完成这么多的内容,无论是资料查找还是个人能力均难胜任,尤其是部分图版和外文资料在国内暂时查找不到。书中观点仅代表一家之言,如有新资料公布或新研究成果问世,愿加以补充修订。

本书囿于个人能力,主要是做了集释工作,因此,本书结论也有待新材料与新研究成果的检验。

褚红

2017年8月